Rudolf Freisauff von Neudegg

Das Salzkammergut, Salzburg und Tirol

Praktisches Handbuch für Reisende

DOGMA

Rudolf Freisauff von Neudegg

Das Salzkammergut, Salzburg und Tirol

Praktisches Handbuch für Reisende

ISBN/EAN: 9783955077129

Auflage: 1

Erscheinungsjahr: 2009

Erscheinungsort: Bremen, Deutschland

Das Salzkammergut,

Salzburg und Tirol.

Praktisches Handbuch für Reisende.

Dreizehnte Auflage

neu bearbeitet von

Rudolf Freisauff von Neudegg.

Mit einer Karte von Tirol-Salzburg-Salzkammergut, Plan von München und einer neuen Specialkarte von Salzkammergut.

Berlin, 1882.

Verlag von Albert Goldschmidt.

Sehenswürdigkeiten, welche besondere Beachtung verdienen, sind durch einen Stern (*) hervorgehoben, auch die empfehlenswerthesten Gasthöfe, Restaurationen etc. auf gleiche Weise bezeichnet.

Sämmtliche Anführungen, Empfehlungen und Auszeichnungen in den Führern aus *Grieben's Reise-Bibliothek* werden vollständig kostenfrei — **einzig und allein im Interesse des reisenden Publikums** — gegeben. Solche Empfehlungen sind **in keiner Weise käuflich**, noch durch Beeinflussungen irgend welcher Art zu erlangen.

Der einzelnen Führern angehängte Anzeigen-Theil steht Jedem unter den üblichen Insertionsbedingungen zur Verfügung.

Die Mittheilung der Erfahrungen auf der Reise, wie Berichtigung etwaiger Irrthümer in dem Buche, sind mir jederzeit willkommen und werden bei Herausgabe der nächsten Auflage in Berücksichtigung gezogen werden.

Für das allgemeine Interesse, welches man den Reiseführern aus Grieben's Reise-Bibliothek in so reichem Maasse zuwendet, spreche ich meinen verbindlichsten Dank aus.

Der Herausgeber von Grieben's Reise-Bibliothek.

Albert Goldschmidt.

Inhalts-Verzeichniss.

(Das Namen-Register befindet sich am Schluss des Buches.)

München.

Die Hauptstadt Bayerns liegt an der Isar, 519 m hoch, in einer 2¹/₂ Quadratmeilen grossen unfruchtbaren Ebene und in einem rasch wechselnden Klima. Das Tragen mässig warmer Kleider ist als Schutz gegen Temperaturwechsel daher Fremden auch im Sommer sehr zu empfehlen.

München zählt nach der letzten Volkszählung 230,000 Einwohner, darunter 24,000 Protestanten, 3,700 Israeliten und die Garnison mit circa 15,000 Mann.

Die **Orientirung** in München ist nicht schwierig. Die Hauptverkehrsrichtung ist gegeben durch die Maximiliansstrasse, Max Josef-Platz, Perusagasse, Theatiner-, Weinstrasse, Marienplatz, Kaufinger-, Neuhauserstrasse, Karlsthor Central-Bahnhof. Als Mittelpunkt der Stadt behalte man die Frauenkirche mit ihren beiden leicht erkennbaren Thürmen im Auge. Für die nördliche Richtung diene das Siegesthor, für die westliche der Bahnhof, für die südliche das Gärtnerplatztheater, für die östliche das Maximilianeum am Ende der Maximiliansstrasse.

Zeit-Eintheilung für drei Tage in München.

1. Tag. *Vormittags:* Spaziergang durch die Maximiliansstrasse in den Hofgarten. Besichtigung der Rottmann'schen Fresken unter den Arkaden. Durch die Ludwigsstrasse zum Siegesthor, rechts die *Ludwigskirche (Cornelius' „Jüngstes Gericht“). *Hofbibliothek (täglich mit Ausnahme der Sonn- und Feiertage). Dann durch die Theresienstrasse zur *Alten Pinakothek (täglich ausser an Samstagen), im Sommer von 9—3 Uhr, im Winter von 9—2 Uhr. In deren Nähe das Polytechnikum, die Propyläen und die *Bonifaciuskirche (*Basilica*).

Nachmittags: Schwanthaler Museum (Montag, Mittwoch und Freitag von 9—2 Uhr), für Fremde täglich gegen 35 Pf. Eintrittsgeld. Theresienwiese, daselbst die Bavaria und Ruhmeshalle.

Abends: Spazierfahrt in den Gasteig-Anlagen, im Englischen Garten, dann Theater oder Café.

2. Tag. *Frauenkirche, Spazierfahrt bis zur Mariahilfkirche in der Vorstadt Au. Durch die neuen Anlagen zum Maximilianeum (der Eintritt in die Bildersäle jeden Mittw. u. Sonnab. 10—12 Uhr), Regierungsgebäude, *Nationalmuseum (Mai bis September von 9 —2 Uhr, October bis April von 10—2 Uhr) oder Residenz (Festsaalbau) und Nibelungensäle tägl., ausser Sonntags, Vormittags 11 Uhr, Trinkgeld ¹/₂—1 *M*; in letztere allein ¹/₂ *M*.

Nachmittags: *Erzgiesserei täglich von 1—6 Uhr, Sonntags von 12—2 Uhr. Entrée 40 Pf., Graf *Schack'sche Gemälde-Galerie, täglich von 2—5 Uhr, ¹/₂—1 *M* Trinkgeld. Nymphenburg. Abends Concert, Theater, Restauration oder Café.

3. Tag. Allerheiligenhofkapelle, von dort zur *Glyptothek (im *Sommer* Montags und Freitags von 8—12 Uhr und von 2 —4 Uhr, Mittwochs von 8—12 Uhr; im *Winter* Montags und Freitags von 9—2 Uhr, Mittwochs von 9—1 Uhr) oder zur Neuen *Pinakothek (Sonntag, Dienstag, Donnerstag, Samstag und zwar im *Sommer* von 8—12 Uhr und 2—4 Uhr, im *Winter* von 9— 2 Uhr). *Alte Pinakothek* (täglich ausser Samstag, 9—3 Uhr, im Winter 9—2 Uhr).

Nachmittags: Kunstausstellungen, Friedhöfe, Theater (innere Einrichtung). Montag und Mittwoch 2—4 Uhr.

Sehenswürdigkeiten in München.

Alte Pinakothek, Barerstrasse 10. Freier Eintritt täglich ausser Samstag 9—3 Uhr (im Winter 9—2 Uhr). Alte Gemälde sämmtlicher europäischen Schulen. Rubens, van Dyck, Murillo, Raphael etc. sind vorzüglich vertreten.

Neue Pinakothek (neben der vorigen). Freier Eintritt. Im Sommer täglich von 8—12 Uhr und 2—4 Uhr; im Winter Sonnt., Dienst., Donnerst., Samst. von 9—2 Uhr. (*Kaulbach's Zerstörung von Jerusalem. *Piloty, „Seni vor der Leiche Wallenstein's", *Schorn, „die Sündfluth" und *C. Rottmann's „griechische Landschaften". *Piloty, „Thusnelda im Triumphzuge des Germanicus".)

Glyptothek, am Königsplatz, rechts von den Propyläen. Eintritt frei. Mont. und Freit. 8—12 Uhr und 2—4 Uhr, Mittw. 8—12 Uhr. Im Winter Mont. und Freit. 9—2 Uhr, Mittw. 9 —1 Uhr. (*Die Aeginetengruppe. Der Barbarini'sche Faun. *Canova, „Paris". *Thorwaldsen, „Adonis". Wandgemälde von Cornelius.)

National-Museum, Maximiliansstrasse, gegenüber dem Regierungsgebäude, Mai—September 9—2 Uhr, October— April von 10—2 Uhr. Eintritt Sonntags und Donnerstags frei, Dienstag,

Mittwoch, Freitag und Samstag 1 ℳ Montags geschlossen. 1855 von König Max II. gegründet, eine der grössten kultur- und kunstgeschichtlichen Sammlungen.

Maximilianeum, Abschluss der Maximiliansstrasse, auf der Gasteighöhe am rechten Isarufer, enthält in 3 Sälen 30 grosse Oelgemälde, die Hauptmomente der Weltgeschichte darstellend. (*Kaulbach, „die Schlacht bei Salamis", *Cabanel, „der Sünden-fall", Richter, „Erbauung der Pyramiden", Ramberg, „Kaiser Friedrich II. in Palermo"; siehe Katalog.) Die Säle und Galerien sind Mittwochs und Samstags von 11—12 Uhr ge-öffnet. An anderen Tagen bedarf es der besonderen Erlaubniss des Directors.

Akademie der bildenden Künste, bisher Neuhauser-strasse 51, vom nächsten Jahr · im neuerbauten Akademie-gebäude (nach Prof. Gottfried Neureuther's Entwurf) am Ende der Ludwigsstrasse neben dem Siegesthor. *Antikensaal,* Sammlung der berühmtesten antiken Werke in Gypsabguss, die Wände bedeckt mit Hautelissetapeten nach Cartons von Raphael.

Akademie der Wissenschaften, Neuhauserstrasse 51, von ganz ausserordentlichem Interesse: 1. *die Palaeontologische Sammlung,* versteinerte Theile der Thier- und Pflanzenwelt; 2. *die Mathematisch-physikalische Sammlung;* 3. *das Mineralo-gische Kabinet;* 4. *das Geognostische Kabinet;* 5. *das *Münz-Kabinet,* enthält 20,000 antike griechische Münzen, im Ganzen etwa 180,000 Stück; 6. *die Zoologisch-zootomische Sammlung.* Geöffnet von Mai bis October Sonntags von 10—12 Uhr, Mitt-wochs und Samstags von 2–4 Uhr.

Anatomie, kgl., mit *anatomisch-physiologischen Sammlungen,* Schillerstrasse 24; tägl. 10—12 Uhr und 2—4 Uhr geöffnet. Trinkgeld.

Anatomisch - pathologische Sammlung, Krankenhaus-strasse 2a, täglich von 9 Uhr Vormittags ab; beim Haus-meister melden.

Antikensaal, siehe oben Akademie d. b. K.

Antiquarium (Neue Pinakothek), Antike Bronzen und Terrakotten. Vom 1. April bis 1. October Dienstags und Sams-tags von 9—1 Uhr. Im Winter Dienstags von 8—12 Uhr. An anderen Tagen nach Anmeldung bei dem Conservator Prof. Dr. Christ.

Aquarium mit permanenter Kunstausstellung, von J. B. Gassner 1881 angelegt, am Färbergraben. Täglich geöffnet von 9 Uhr früh bis 9 Uhr Abends. Entrée 1 ℳ Eine Sehens-würdigkeit allerersten Ranges, Besuch nicht zu unterlassen.

Arkaden im Hofgarten. *Rottmann's Fresken, italienische Landschaften. Täglich.

**Bavaria,* Kolossalstatue von Schwanthaler auf der Theresienwiese, nebenbei die *Ruhmeshalle*. Im Sommer während des ganzen Tages. Trinkgeld 40 Pf.

Bibliothek, Ludwigsstrasse. Eine der reichhaltigsten in Europa, 800,000 Bände, 25,000 Autographen, werthvolle Incunabeln und alte Handschriften. Mit Ausnahme des Sonntags täglich von 8—1 Uhr geöffnet. Von 9—12 Uhr Rundgang in Begleitung eines Dieners. Trinkgeld 50 Pf.

Botanischer Garten mit *Palmenhaus* und Botanischem Museum. Eingang von der Sophienstrasse. Sonntags ausgenommen täglich von 8—5 Uhr. Warm- und Trockenhäuser Dienstag und Donnerstag von 2—5 Uhr.

Chemisches Laboratorium von Justus v. Liebig, Arcisstrasse No. 1. An Wochentagen beim Hausmeister.

Erzgiesserei, Sammlung ausgezeichneter Modelle, Maximiliansvorstadt, Erzgiessereistrasse, Pferdebahn bis in die Nymphenburgerstrasse empfehlenswerth. An Wochentagen von 1—6 Uhr, an Sonn- und Feiertagen von 12—2 Uhr. 40 Pf.

*Ethnographisches Museum, unter den Arkaden des Hofgartens. Mittwoch und Sonntag 9—1 Uhr. Eintritt frei.

Gemälde-Galerie in Schleissheim. 20 Minuten mit der Eisenbahn. Von 2—5 Uhr geöffnet. (Sehr schöne Niederländer, Italiener, Rubens, Teniers, Tintoretto etc.)

*Gemälde-Galerie des Grafen von Schack, Briennerstrasse, ausserhalb der Propyläen links. Enthält die schönsten Gemälde von Schwind, Spitzweg, Böcklin, Steinle, Rottmann, Feuerbach, Genelli, Lenbach etc. Neuestens haben die Räumlichkeiten eine bedeutende Vergrösserung erfahren. Katalog nach den Nummern geordnet wird leihweise abgegeben. Trinkgeld 50 Pf. — 1 ℳ à Person.

Kaulbach-Galerie, Louisenstrasse 8. An Wochentagen von 10—5 Uhr. Nachgelassene Handzeichnungen. Originale zur Goethe-Galerie.

Kaulbach-Museum, obere Gartenstrasse No. 16½. (Nachlass W. von Kaulbach's.) Täglich 1—5 Uhr.

Kirchen. **Allerheiligenkirche*, Marstallplatz, Kirchenmusik an Sonntagen 11½ Uhr. — **Frauenkirche*, Frauenplatz, Kirchenmusik an Sonntagen um 9 Uhr. — *St. Michaels-Hofkirche*, Neuhausergasse, an Sonntagen 9 Uhr alte klassische Musik. — **Basilika*, Karlsstrasse. — *Theatiner-Kirche*, Theatinerstrasse. — **Mariahilfkirche*, Vorstadt Au. — **Ludwigskirche*, Ludwigsstrasse.

Kunstausstellungs-Gebäude, gegenüber der Glyptothek. — Kunstausstellung der Münchener Künstler-Genossenschaft. Von April bis October tägl. 9—5 Uhr. Eintritt 40 Pf.

Kunstgewerbehalle, Pfandhausstrasse 7. (Ausstellung und Verkauf der neuesten und kunstvollsten Erzeugnisse der Münchener

Kunst-Industrie.) Tägl. von 9—6 Uhr. Die oberen Localitäten mit Fresken von Fritz Aug. Kaulbach sehr sehenswerth.

Kunst- und kulturhistorische Sammlung (vormals Maillinger'sche, jetzt Eigenthum der Stadt) am untern Anger, im ehemaligen Landwehrzeughaus.

Kunstverein, Galeriestrasse, täglich von 10—6 Uhr. Entweder Einführung durch ein Vereinsmitglied oder Karte auf 4 Wochen Giltigkeit gegen 2 Mk.

Kupferstich- und Handzeichnungen-Sammlungen in der Alten Pinakothek. Ausgenommen die Samstage sowie die Sonn- und Feiertage von 9—12 Uhr, im Winter nur Dienstag und Freitag von 9—1 Uhr geöffnet.

Marstall und **Sattelkammer** nur mit besonderer Erlaubniss täglich von 11—1 Uhr; Sonn- und Feiertage ausgenommen. (Trinkgeld 50 Pf.)

Münzensammlung in der Akademie d. W., nur mit besonderer Erlaubniss.

Museum von *Gypsabgüssen klassischer Bildwerke* (in den Arkaden). Gewährt einen interessanten Blick auf die Entwicklung der Plastik seit 500 v. Chr. Mittwoch und Samstag von 2—4 Uhr.

Naturalien-Kabinet, siehe Akademie d. W. Für Fremde täglich. Dem Diener ein Glockenzeichen geben!

Nibelungensäle in der kgl. Residenz (s. Residenz.)

Odysseussäle, in der Residenz. (Geschlossen.)

Petrefakten-Sammlung in der Akademie d. W. Mittwoch und Sonnabend von 2—4 Uhr.

Physikalische Sammlung, siehe Akademie d. W.

Porzellan-Gemälde-Sammlung in der neuen Pynakothek, immer wenn diese geöffnet.

Residenz, kgl. Eingang Residenzstrasse, 2. Thor. Sonntag ausgenommen täglich 11 Uhr Vorm. Für den *Festsaalbau* ½—1 ℳ, für die *Nibelungensäle* ½ ℳ Trinkgeld. Die *Odysseussäle* geschlossen. In die *Schatzkammer* und *Reiche Kapelle* nur gegen Karten, welche in beschränkter Zahl im kgl. Obersthofmeisterstab ausgegeben werden. (Trinkgeld in die Schatzkammer 50 Pf. — Reiche Kapelle frei.)

Schwanthaler-Museum, Schwanthalerstrasse 90, auf dem Wege zur Bavaria; Montag, Mittwoch, Freitag von 9—2 Uhr; für Fremde zu jeder Stunde und täglich gegen Eintrittsgeld von 35 Pf.

Sternwarte in Bogenhausen, ¼ St. (Spaziergang durch die Gasteiganlagen), auf Anfrage beim Director zugänglich.

Thierarzneischule, kgl., mit interessanten *anatomischen Sammlungen* (Veterinärstrasse 6) von 10—12 und 2—4 Uhr, Sonntag von 10—1 Uhr.

Theater. *Innere Einrichtung des Hoftheaters. Montag, Mittwoch, Samstag 2 Uhr präcise, Maximiliansstr., 1. Thür. Trinkgeld 40 Pf.

Vasen-Kabinet in der alten Pinakothek. Freier Eintritt Sonntag, Dienstag und Donnerstag 9—1 Uhr.

Wintergärten. Der neue (des Königs Ludwig II.) ist unzugänglich. Der ältere zwischen Königsbau und Residenztheater auf besonderes Verlangen und nur im Winter, gegen Trinkgeld.

Stundenzettel über die nur an bestimmten Tagen zugänglichen Sehenswürdigkeiten in München.

Sonntag. Kunstverein 10—6; Pinakothek (Alte) 9—3; Pinakothek (Neue) 8—12 und 2—4, Festtage ausgenommen; *Porzellangemälde 9—12; Musik in der Frauenkirche 9, Basilika 10, Michaelskirche 9, Allerheiligen-Hofkapelle 11¹/₂, Nationalmuseum 9—2 Uhr. Wachparade vor dem neuen Rathhause 12 Uhr und vor der Feldherrenhalle. Ethnographisches Museum 9—1 Uhr.

Montag. *Festsaalbau 11—12, mit Karte; *Glyptothek 8—12 und 2—4; Handzeichnungen in der alten Pinakothek 11—1; *Hoftheater (Inneres) 2 Uhr; Kaiserzimmer nach Anfrage; *Kunstverein 10—6; *Pinakothek (Alte) 9—3; Vasen 9—1; *Schwanthaler-Museum 9—2; Silberkammer nach Anfrage; *Vereinigte Sammlungen 9—1 Uhr.

Dienstag. Antiquarium von 8 event. 10—12; *Kunstverein 10—6; Kupferstiche 9—12; *Pinakothek (Neue) 8—11 und 2—4; Porzellangemälde 9—12; Sternwarte 8—11; Handzeichnungen und Kupferstichsammlung 9—12 Uhr; Vasensammlung 9—1 Uhr.

Mittwoch. *Petrefakten 2—4; Festsaalbau 11—12, mit Karte; *Glyptothek 8—12; Handzeichnungen 11—1; *Hoftheater (Inneres) 2 Uhr; Kaiserzimmer nach Anfrage; *Kunstverein 10—6; *Pinakothek (Alte) 9—3; *Schwanthaler-Museum 9—2; Ethnographisches Museum 9—1; Vasen 9—1; Silberkammer nach Anfrage; *Verein. Sammlungen 9—1; Militärmusik im Hofgarten 5—6 Uhr Abends.

Donnerstag. *Festsaalbau 11—12, mit Karte; Kaiserzimmer nach Anfrage; *Kunstverein 10—6; *Pinakothek (Alte) 9—3; *Pinakothek (Neue) 8—12 und 2—4; Porzellangemälde 9—12; Nationalmuseum 9—2 Uhr.

Freitag. *Festsaalbau 11—12, mit Karte; *Glyptothek 8—12 und 2—4 Uhr; Kaiserzimmer nach Anfrage; *Kunstverein 10—6; Kupferstiche 9—12; *Pinakothek (Alte) 9—3; Vasen 9—1; *Schwanthaler-Museum 9—2; Silberkammer nach Anfrage; Sternwarte nach Anfrage 1—5; Synagoge Abends; *Vereinigte Sammlungen 9—1 Uhr.

Samstag. Naturalien-Kabinet 10—11; *Hoftheater (Inneres) 2 Uhr; *Pinakothek (Neue) 8—12 und 2—4 Uhr. Naturalien-Kabinet und Petrefakten-sammlung 2—4 Uhr. Militär-Musik beim chinesischen Thurm im chinesischen Garten 5—6 Uhr Abends.

Fiaker und Droschken.

Droschken oder *Einspänner:* für 1—2 Personen pro $^1/_4$ St. 50 Pf.; für 3 Personen 60 Pf.; pro $^1/_2$ St. 1 $\mathcal{M}$ und 1,20 $\mathcal{M}$; pro $^3/_4$ St. 1,50—1,80 $\mathcal{M}$; pro 1 St. 2 $\mathcal{M}$ und 2,40 $\mathcal{M}$; pro 1$^1/_4$ St. 2,50 $\mathcal{M}$ und 3 $\mathcal{M}$; pro 1$^1/_2$ St. 3 $\mathcal{M}$ und 3,60 $\mathcal{M}$ u. s. f. 3 St. 5,60 $\mathcal{M}$ und 6,80 $\mathcal{M}$; jede weitere Viertelstunde kostet 40 event. 50 Pf.

Fiaker oder *Zweispänner:* für 1—4 Pers. pro $^1/_4$ St. 1 $\mathcal{M}$; für 5—6 Pers. 1,10 $\mathcal{M}$; pro $^1/_2$ St. 2 $\mathcal{M}$ und 2,20 $\mathcal{M}$; pro $^3/_4$ St. 2,50 $\mathcal{M}$ und 2,80 $\mathcal{M}$; pro 1 St. 3 $\mathcal{M}$ und 3,40 $\mathcal{M}$; pro 1$^1/_4$ St. 3,70 $\mathcal{M}$ und 4,20 $\mathcal{M}$; pro 1$^1/_2$ St. 4,40 $\mathcal{M}$ und 5 $\mathcal{M}$; pro 2 St. 5,80 $\mathcal{M}$ und 6,80 $\mathcal{M}$; 3 St. 8,60 $\mathcal{M}$ und 9,80 $\mathcal{M}$; jede weitere Viertelstunde 70 event. 80 Pf. mehr. — Für besondere Fahrten gelten auch besondere Taxen. Sie betragen nach:

Ort	Einspänner 1—2 Pers.		Zweispänner 1—4 Pers.	
	$\mathcal{M}$	*Pf.*	$\mathcal{M}$	*Pf.*
Chinesischer Thurm . . .	—	70	1	50
Brunnthal	—	80	1	80
Bavaria	1	—	1	80
Bogenhausen	1	—	2	—
Kleinhesselohe	1	—	2	80
Nymphenburg	2	—	3	60

Diese Tarifansätze gelten nur für die Fahrt nach den angeführten Orten; für die Rückfahrt tritt der obige Zeittarif in Kraft.

Die erste Viertelstunde wird voll bezahlt, ob sie nun verstrichen ist oder nicht; wird sie um 5 Minuten überschritten, ist die Taxe für eine halbe Stunde zu erlegen. Für Beleuchtung bei Abendfahrten ist bis 10 Uhr Nachts pro $^1/_4$ Std. eine Gebühr von 10 beziehungsweise 20 Pf. zu bezahlen; von 10 Uhr Nachts ab doppelte Taxe. Handgepäck ist frei, grösseres bis zu 25 Kilo 20 Pf., darüber 40 Pf.

Pferdebahn, Omnibus etc.

Pferdebahn (Tramway) verkehrt alle 5 Minuten. Central-punkt für die drei bestehenden Linien ist der Karlsplatz. Die Linien sind folgende: 1) Promenadeplatz — Centralbahnhof — Nymphenburgerstrasse bis zum Burgfrieden (die Wagen haben *blaue* Schilder und Abends *blaues* Licht; 2) Centralbahnhof — Sonnenstrasse — Müllerstrasse — Isarbrücke — Ostbahnhof *(roth)*; 3) Theresienhöhe — Centralbahnhof — Maximiliansplatz — Ludwigsstrasse — Schwabing *(grün)*. Taxe 10 und 15 Pf.

Omnibus verkehren nach allen Ausflugspunkten. Taxe 10 und 20 Pf. Bureau Mariannenplatz No. 5.

Das königl. **Postamt** befindet sich am Max-Josefsplatze, das königl.

Telegraphenamt am Bahnhofsplatze. Depeschenannahme erfolgt übrigens auch in den Telegraphenbureaus auf der Post und in der Börse (Maffeistr.)

Bahnhöfe besitzt München drei: den *Centralbahnhof* als Knotenpunkt für sämmtliche Bahnlinien, den *Südbahnhof* (Thalkirchen) und den *Ostbahnhof* (Haidhausen), die beiden letzteren an der Rosenheimer und Braunauer Linie gelegen.

Dienstmänner. Für jeden einzelnen Gang im Stadtbezirke incl. 30 Pfund Gepäck 20 Pf., im äusseren Stadtbezirke 30 Pf.; nach und von dem Bahnhofe 20 Pf. Dienstleistungen auf Zeit nach bestimmtem Tarife.

Hôtels.

„*Vier Jahreszeiten*", Maximiliansstrasse No. 4, in der Nähe des Theaters, Hôtel ersten Ranges. Table d'hôte um 1 Uhr und um 5 Uhr.

„*Bayerischer Hof*", am Promenadeplatz, Table d'hôte um 1 Uhr (3 ℳ) und um 5 Uhr (4,50 ℳ).

„*Englischer Hof*", Dienerstrasse 11.

„*Stephan*" (vormals Stachus), Karlsplatz 23/24.

„*Belle-Vue*",
„*Leinefelder*", } beide am Karlsplatz.

„*Hôtel Detzer*", Kaufingerstrasse No. 23.

„*Hôtel Maximilian*", Maximiliansstrasse.

„*Max Emanuel*", Promenadeplatz.

„*Achatz*" (Gillitzer), Maximiliansplatz No. 8.

„*Hôtel Roth*" (C. Bonnet), Maximiliansstrasse.

„*Hôtel Marienbad*", Barerstrasse.

„*Hôtel de l'Europe*", Sennefelder- und Bayerstrasse.

„*Hôtel Victoria*", Sennefelderstrasse.

Pension *Faller*, Maximiliansplatz.

„*Rheinischer Hof*", Bayerstrasse.

„*Augsburger Hof*", Schützenstrasse.

„*Oberpollinger*", nächst dem Karlsthor.

„*Bamberger Hof*", letzterem gegenüber.

„*Schweizer Hof*", Louisenstrasse.

„*Zum Kappler*", Promenadestrasse No. 13.

„*Zum Franziskaner*", Residenzstrasse No. 9.

Restaurants und Cafés.

Café Dengler unter den Arkaden, Sammelpunkt der feinen Welt; *Café de l'Opéra, Café Maximilian, Café Victoria, Café Lorenz, Café Bonnet,* alle fünf in der Maximiliansstrasse. *Café Probst* und *Café Danner,* beide in der Neuhauserstrasse, nächst dem Karlsthor; dicht neben diesem das Café zum „*Karlsthor*"; *Café Metropole* und *Dall' Armi,* beide am Frauenplatz; *Englisches Café,* am Maximiliansplatz; *Café Bavaria* und *Café Goethe,* beide Weinstrasse; *Café Orient,*

A   **B**   **C**

Turn Pl.

Schelling Str.

1

2

Maximilians Pl.

Sophien Str.

3

Theresien Wiese

4

N. d. Bavaria   Gothe Pl.

B. Walther

5

DIE

Berlin, Verlag v. Albert Goldschmidt.

D E

MÜNCHEN.

1	St Bonifacius K	B 2
2	Frauen Kirche	C 3
3	Hof Kirche	C 2
4	St Michaelis K	B 3
5	St Peters K	C 3
6	Evangelische K	B 3
7	Ludwigs K	D 1
8	Allerheiligen K	C 3
9	St Salvator K	C 2
10	Königl Residenz	C 2
11	Hoftheater	C 3
12	Saalbau	C 2
13	Wittelsbacher Pal	C 2
14	Glyptothek	B 2
15	Pinakothek	B 1
16	Neue	C 1
17	Palais d Prinz Luitpold	C 2
18	Kunstausstellung	B 2
19	Bibliothek	D 1
20	Universität	C 1
21	Feldherrn Halle	C 2
22	Stiglmayers Gies	A 1
23	Polytech Schule	B 1
24	Hof Theater	C 3
25	Odeon	C 2
26	Museum	C 3
27	Post	C 3
28	Rathhaus	C 3
29	Zeughaus	C 3
30	Kunstverein	C 2
31	Glaspalast	B 2
32	Korn Halle	C 4
33	Allgm Krankenhs	A 4
34	Academie	B 3
35	Herzog-Gymnas.	B 3
36	Denkm d Gen Deroy	D 3
37	Rietschule	D 2
38	Cavallerie Caserne	D 2
39	Breitmayer	C 3
40	Westenrieder	C 3
41	Schwanthaler Museum	A 3
42	Residenz Theater	C 3
43	Propylaeen	B 2

Karlsplatz; *Café Ungerer*, Odeonplatz; *Café Central*, Rosenstrasse 10; *Café Perzel*, Marienplatz 13; *Börsencafé*, Maffeistrasse; *Café Impérial*, Schützenstrasse etc.

Weinhäuser: *Grodemange*, Residenzstrasse 19; — *Schleich*, Briennerstrasse No. 8, am Dultplatz; — *Rathhauskeller*, im neuen Rathhaus, Eingang von der Dienerstrasse; sehenswerth wegen seiner mittelalterlichen Einrichtung und der Fresken von Wagner, die Geschichte des Trinkens darstellend. *Schimon*, Kaufingerstrasse 15; — *Junemann*'sche Weinhandlung, Burgstrasse 16; — *Funk*, Promenadeplatz 15; — *Spanischer Weinsalon*, Ottostrasse 3a; — *Eberspacher & Cie.*, Pfandhausstrasse 7; — *J. J. Mittnacht*, Fürstenstrasse; — Weinhaus *d'Orville*, Marienplatz 21; — *Münchener Bürgerkeller*, Ecke der Maffei- und Theaterstrasse etc.

Bierhäuser: *Hofbräuhaus*, am Platzl, nahe der Maximiliansstrasse, Münchener Spezialität. — Gegenüber *Bonnet*; *Orlando di Lasso*; *Regensburger* und *Nürnberger Wurstküche*; — *Oberpollinger*, am Karlsthor; — *Hirschbräu*, Färbergasse; — *Franziskaner*, Residenzstrasse, der Post gegenüber; — *Pschorr* und *Spatenbräu*, beide in der Neuhauserstrasse; — *Kappler*, Promenadestrasse; — *Achatz*, am Dultplatz; — *Sterneckerbräu*, im Thal; — *Hacker*, Sendlingerstrasse u. s. m. Bier meist gut, Comfort mit wenigen Ausnahmen überall gering.

Von den **Sommerkellern**, welche sämmtlich vor den Thoren Münchens liegen, sind die besuchtesten der „Hirschbräu-", — „Augustiner-" und „Stubenvoll-Keller".

Das berühmte starke „Salvatorbier" oder „Zacherl-Oel" wird Anfang April von *Schmederer's Brauerei*, Vorstadt Au, auf der Anhöhe des sogen. Nockerberges ausgeschänkt; „Bockbier", im Mai im *Hofbräuhaus*, wird am Frohnleichnamstag zuletzt geschänkt. *Grüner Baum*, am Isarufer, einfache, aber recht schön gelegene Gartenwirthschaft. *Franziskanerkeller*, in der Au am rechten Isarufer, Aussicht in's Gebirge. *Schiessstadt* bei der Bavaria, Café-Restaurant.

Concert-Locale: *Englisches Café*; — *Kil's Colosseum*, Müllerstrasse; *Café Victoria*, Maximiliansstrasse; *Westendhalle*, Sonnengasse; *Centralsäle*, Neuthurmstrasse 1; *Neue Welt* mit Garten, Blumenstrasse. — Restauration *Alhambra* im *Münchener Aquarium*.

Bade-Anstalten: *Warme Bäder:* *Marienbad*, Barerstrasse 11; — *Wöstermayr*, Müllerstrasse 45; — *Giselabad*, Müllerstrasse 29/30. — *Flussbäder:* In der Isar bei *Wöstermayr*; — *Städtisches Bad* in den Isarauen.

Militärmusik täglich 12 Uhr an der Hauptwache und in der Feldherrenhalle; während des Sommers bei schönem Wetter Mittwoch Abends zwischen 5 und 6 Uhr im Hofgarten, Sonnabends um dieselbe Stunde beim Chinesischen Thurm im Englischen Garten.

Theater.

Königliches Hof- und National-Theater, am Residenzplatz, für Opern und Schauspiele. Fasst über 2000 Zuschauer. Eintrittspreise und zwar Mittelpreise: Parketsitz 4 ℳ, Balkonsitz 1. Reihe 5 ℳ, 2. Reihe 4 ℳ, Parket-Stehplatz 3 ℳ, Parterre 1,40 ℳ, Anfang 6½—7 Uhr. Billetverkauf während des Tages von 9—12 Uhr, Eingang in der Maximiliansstrasse: Vormerkgebühr 30 Pf., bei grossen Opernaufführungen rathsam.

Königl. Residenz-Theater, am Residenzplatz, für Schau- und Lustspiel, Eingang unter dem Königl. Wintergarten, neben dem Hof-Theater. Mittelpreise: Parket 2,50 ℳ, 1. Rang 3 ℳ, 2. Rang 1,70 ℳ. Anfang 6½—7 Uhr.

Theater am Gärtnerplatz, für Volks-, Schau- und Lustspiele, Operetten und Localpossen. Eintrittspreise: Sperrsitz 1,60 ℳ, 1. Rang 2,80 ℳ, 2. Rang 1,60 ℳ.

Münchens Umgebungen.

Der Glanzpunkt der nächsten Umgebung Münchens ist der **Englische Garten**; er beginnt beim Hofgarten der königl. Residenz und umfasst eine bedeutende Fläche. Die · Anlage ist eine wundervolle, zahlreiche mächtige Bäume spenden kühlenden Schatten und allerliebste lauschige Ruheplätzchen laden zum Verweilen ein.

Am Eingange eine Marmorstatue von Schwanthaler sen., nach dem Anfange der Inschrift „*Harmlos*" genannt; links das *Palais des Prinzen Karl;* dann eine Reihe von Villen; die Königinstr. hinauf bis zur *kgl. Veterinärschule.* Von dort führen Wege rechts ab in den Park selbst, zunächst zum *Monopteros*, einem von Klenze zu Ehren der Begründer der Anlagen: Karl Theodor und Maximilian I. erbauten Tempel. In der Nähe *Exedra*, ein halbrunder Ruhesitz, und etwas weiter der *Chinesische Thurm*, mit Kaffeehaus. Wenn man beim Eintritt in den Park rechts dem ersten Wege (gegenüber dem Palais des Prinzen Karl) folgt, so gelangt man zu des Ministers *Grafen Rumford Denkmal*, zum *Paradiesgarten, Dianenbad* und längs dem Eisbach nach *Tivoli.* Weiterhin *Klein-Hesselohe*, mit einem künstlichen See (Kähne werden vermiethet) und den Denkmälern des Generals Werneck und des Intendanten Skell.

Hieran schliessen sich die Vergnügungsorte *Schwabing*, *Biederstein* (Schloss und Garten des Herzogs Max). Den Rückweg zur Stadt wähle man über den Gasteig und zwar zunächst nach Brunnthal am Isarufer.

Schloss **Nymphenburg**, 1663 unter Kurfürst Ferdinand Maria begonnen, 1 St. von München entfernt, in Mitten schöner Anlagen (Fiaker S. 7). In der Nähe des Schlosses die Königl. *Porzellan-Manufactur*, 10 Minuten davon der *Hirschgarten*, ein Wildpark mit zahmen Hirschen und weissem Damwild. Nach Nymphenburg und zwar bis zum Burgfrieden Pferdebahn oder aber Stellwagen, Haltestelle bei Pschorr, Neuhausserstrasse.

Schleissheim, Schloss (Station der Regensburg. Eisenbahn), Ende des 17. Jahrhunderts von Kurfürst *Max Emanuel* erbaut.

(Fahrzeit von München dahin 23—30 Minuten, Fahrpreis I. Kl. 1,15 ℳ, II. Kl. 75 Pf., III. Kl. 50 Pf.) In mehr als 40 Zimmern manche werthvolle Gemälde. Die unteren (altdeutschen und italienischen) Säle sind von 10—1 Uhr, die oberen (Niederländer etc.) von 2—5 Uhr geöffnet.

Gerne besuchte Ausflugspunkte der Münchener sind noch **Dachau**, zweite Station an der Ingolstädter Bahn; **Gross-Hesselohe** entweder per Bahn in 20 Minuten oder lohnender Fussweg von München zur *Menterschwaige*, Wirthschaft in Gross-Hesselohe.

Zu den mit vollem Rechte beliebtesten Ausflügen gehört ein Besuch des ***Starnberger-** oder **Würm-Sees** (593 m), 21 km lang, 4—5 km breit, an seinen Ufern von mässig hohen Bergen umrahmt, südl. im Hintergrunde herrliches Gebirgspanorama. Die hervorragendsten Bergspitzen von W. nach O. sind:

Ettaler Mandl, Wettersteingebirge mit der Zugspitze, Krottenkopf, Heimgarten, Herzogstand, Jochberg, Karwendelgebirge, Benedictenwand, Kirchstein, Brecherspitze, Wendelstein.

Von München nach Starnberg (28 km) Eisenbahn an den Stat. *Pasing, Planegg, Gauting* und *Mühlthal* vorüber. (Von letzterem hübscher Blick in das waldreiche Würmthal.) Fahrzeit 1 St. 5 M. für 2,25, 1,50 und 1 ℳ (Retourbillets 3,40, 2,25 und 1,50 ℳ). — Bahnhof von Starnberg nächst dem Landungsplatze des Dampfbootes.

Starnberg (*Bayrischer Hof; Gasthof zur Eisenbahn; Brunner, nächst dem See; Pellet; Staltacher Hof; Tutzinger Hof; Hôtel Bellevue; Halmburger; Post), ein stattlicher, am Nordende des Sees gelegener Ort, der im Sommer von Fremden sehr stark besucht ist. Lohnender Blick auf die ferne Alpenkette. Seebad 20 Pf.; ein Ruderboot 80 Pf. pr. Stunde. Post- und Telegraphen-Station.

Das *Dampfboot* verkehrt von Starnberg bis Seehaupt und retour (Rundfahrt um den ganzen See) während des Sommers 3 mal täglich, an Sonntagen 8 mal, Dauer der Rundfahrt incl. Aufenthalt 8 St. (2,80 oder 1,60 ℳ). An Sonntagen überdies auch Extrafahrten nach Possenhofen und retour. Bei längerem, wiederkehrendem Aufenthalt empfiehlt sich, eine auf Namen lautende, 2 Jahre gültige Abonnementskarte zu lösen und zwar für 25 Fahrten in beliebiger Ausdehnung auf dem ganzen See I. Kl. 11 ℳ, II. Kl. 9 ℳ; für 15 Fahrten (Sonntage ausgenommen) I. Kl. 5½ ℳ, II. Kl. 4½ ℳ Familienglieder haben 20 Procent Ermässigung.

Nächst Starnberg liegt r. auf der Höhe das zierlich gebaute ehemalige Lustschloss des Prinzen Karl von Bayern († 1875). Am See selbst eine Reihe von Villen, vom Volke „Protzenhausen" genannt, mit der Dampfschiffstation *Niederpöckingen*, dann *Possenhofen* mit dem Schlosse des Herzogs Max in Bayern; der Schlossgarten ist unzugänglich. Vom Landungsplatz 10 Minuten zum Bahnhof; nach **Feldafing** 20 Minuten, *Strauss' Hôtel*, häufig überfüllt, einer der frequentirtesten Punkte am See. Im See die *Roseninsel*, Privateigenthum des Königs und unzugänglich.

Gegenüber von Possenhofen das reizend gelegene **Leoni** (*Probst* mit *Pension Schimon*). Links, 15 Minuten vom Landungsplatze, das kgl. Sommerschloss *Berg* mit Park. (Zutritt verboten.)

Ein Besuch der **Rottmannshöhe* nicht zu unterlassen (20 Minuten·.

Von Possenhofen (w. Ufer) ziehen sich schöne Parkanlagen bis (³/₄ St.) *Garatshausen*, Schloss des Herzogs Max, Dampfschiffstation. Stat. **Tutzing** *(Gasth. Mensch am See; Bernrieder Hof* im Dorfe; *Hôtel zur Eisenbahn am Bahnhof)* mit dem ehemals gräfl. Vieregg'schen Schlosse, jetzt Eigenthum von Ed. Hallberger's Erben in Stuttgart. Die schönen Anlagen sind Mittags dem allgemeinen Besuche geöffnet. Weiter Stat. *Bernried* mit dem ehemaligen Chorherrnstift und nunmehrigen Schloss des Hrn. v. Wendland; endlich am Südende des Sees Stat. *Seehaupt* (**Whs.*). Von hier fährt das Dampfschiff am östl. Ufer über *Ambach* (Wallfahrtskirche *St. Heinrich), Ammerland* (Schloss des Grafen Pocci), und *Allmannshausen* nach Leoni und Starnberg zurück.

Die Rundfahrt um den See gewährt durch die malerisch schönen Uferscenerien und das Panorama der imposanten bayrischen Hochalpen, die gegen das Südende des Sees um so näher rücken, je flacher die Ufer desselben werden, grossen Reiz.

---

1. Von München über Braunau nach Linz.

242 km auf der bayr. Staatsbahn bis Simbach-Braunau, dann auf der Kaiserin Elisabeth-Westbahn bis Linz. (Postz. I., II. u. III. Kl. 10—11 St., Schnellzug I. u. II. Kl. 6¹/₂ St). Nächster Weg nach Linz. Bei Tagfahrten ist jedoch die Route Rosenheim-Salzburg-Linz weit vorzuziehen und viel lohnender.

Stationen dieser 1871 eröffneten Bahn sind *Thalkirchen, Haidhausen, Schwaben* (Zweigbahn nach Erding), stattlicher Markt, *Hörlkofen, Dorfen, Schwindegg.*

Bei *Ampfing*, Schlacht und Gefangennahme Friedrich's von Oesterreich durch Ludwig den Bayer am 23. Sept. 1322; die kleine Kirche rechts von der Bahn wurde zum Andenken an diese Schlacht erbaut. Stat. *Mühldorf*, kleine Stadt am Inn, mit regem Gewerbefleiss. Vom Bahnkörper aus nur die Thürme des tiefliegenden Ortes sichtbar. Stat. *Neu-Oetting* (Post), der gleichnamige Ort liegt 20 Minuten von der Bahn entfernt, jenseits des Inn.

¹/₄ St. östlich **Alt-Oetting**, berühmter Wallfahrtsort mit einem schwarzen Madonnenbild in der Kirche am Marktplatze, das der Sage nach schon im 7. Jahrhundert aus dem Orient hierher gebracht worden sein soll. Zu Zeiten der Karolinger fand hier mehr als ein Hoftag statt, Karlmann schied hier 880 aus der Welt. Seine und Karl's des Dicken Schenkungen bildeten die Grundlage für den späteren Reichthum des berühmten Gotteshauses (Tilly's Grabstätte) mit der sog. heil. Kapelle, deren Schatz mehrere Millionen Thaler betragen soll; Weihgeschenke adeliger und bürgerlicher Wallfahrer in Gold, Silber und Edelsteinen. Stat. *Perach, Marktl, Simbach (Bahnhofsrestaur., Föckerer)*, Grenzstation am l. Ufer des Inn und Gepäckrevision durch österr. Zollbeamte. Am r. Innufer die österr. Stadt Braunau. Stat. **Braunau** (Post), eine alterthümliche Stadt mit spätgoth. Pfarrkirche aus dem 15. Jahrhundert. Auf der Promenade nächst der Spitalkirche das lebensgrosse Standbild des 1806 von den Franzosen hier erschossenen Nürnberger Buchhändlers P a l m.

Folgen die Stat.: *Obernberg, Minning, Gurten;* hierauf Stat. **Ried** (*Bahnhofsrestaur.*), zugleich Stat. der von hier nach *Steinach* im Ennsthale und nach *Schärding* am Inn führenden Salzkammergutbahn. *Ried* ist eine lebhafte, betriebsame Stadt, Hauptort des österr. Innkreises, besitzt ein schönes, neues Obergymnasium. In der Schwanthalerstrasse das Stammhaus des berühmten Bildhauers S c h w a n t h a l e r. Auf der Fahrt von Ried bis Stat. *Pram-Haag* rechts schöne Blicke auf das *Hausruck-Gebirge*. Stat. *Neumarkt*, Knotenpunkt der Passauer Bahnlinie, weiter Stat. *Grieskirchen* mit dem stattl. Schlosse *Tollet*, links auf einem Hügel. Stat. *Wallern* und hierauf **Wels** *(Bahnhofsrestaur. Bauer, Post)*, Ovilabis der Römer, nach Linz und Steyer die grösste Stadt Oberösterreichs. Sitz eines k. k. Kreisgerichtes und einer k. k. Bezirkshauptmannschaft; neue evangelische Kirche im gothischen Stile. In der alten fürstlich Auersperg'schen Burg starben 1519 Kaiser Max I. und 1690 Herzog Karl von Lothringen. Jenseits der Stadt grosse Cavallerie-Kaserne. Samstags immer grosser Getreidemarkt.

Ausflüge: a) 2 Meilen südöstlich von Wels liegt die berühmte Benedictiner-Abtei **Kremsmünster** mit dem gleichnamigen Orte. (Kaiser Maximilian, Fuchsjäger; tägliche Postomnibus-Verbindung mit Wels.) Karl der Grosse schenkte der 777 von Herzog Tassilo von Bayern gegründeten Abtei (1877 im August elfhundertjährige Jubiläumsfeier) den 2¹/₂ Meilen entfernten Albensee (Almsee) mit dem ganzen Gestade. Das schlossartige Stiftsgebäude stammt aus dem 18. Jahrhundert und enthält eine werthvolle Bibliothek von über 30,000 Bänden, 1700 Handschriften und circa 2000 Incunabeln. Die reich ausgestattete, 3 Stock hohe Sternwarte enthält grosse naturgeschichtliche Sammlungen von hohem Werthe.

1 St. von Kremsmünster entfernt Bad **Hall**, die brom- und jodreichste Soolquelle Deutschlands, ein in neuerer Zeit sehr besuchter Badeort (vorzugsweise von an Scrophulose Leidenden), jährlich circa 12—15,000 Kurgäste. Neues Kurhaus mit Salon und den dazu gehörigen Conversations-, Café- und Lese-Localitäten. Kurmusik Morgens und Abends im Kurgarten und während der Speisestunden auf dem Marktplatze. Theater, regelmässige Soiréen, Bälle und gemeinschaftliche Ausflüge in die schöne Umgebung.

b) Nach Kirchdorf (Post) mit täglich zweimaliger Postverbindung, im reizenden Kremsthale am Fusse der *Falkenmauer* gelegen, für längeren Aufenthalt sehr geeignet. Standquartier für zahlreiche lohnende Ausflüge nach *Micheldorf*, zum *Kremsursprung*, auf die alte Veste *Pernstein*, auf den *Hirschwaldstein* u. a. m.

Die Bahn durchschneidet nun die *Welser Haide*, r. die Schlösser Pernau und Trauneck, mitten inne Stat. *Marchtrenk* (Stammort des Freih. v. Trenk), in dessen Gemeindehause eine eiserne Wiege aufbewahrt wird, in welcher noch im 16. Jahrh. zänkische Eheleute von Amtswegen öffentlich gewiegt wurden. Nach der Stat. *Hörsching* folgt Linz.

2. Linz und Umgebung.

Bahnverbindung: Nach Wien; über Gaisbach nach Budweis; über St. Valentin nach Steyr-Bruck etc.; nach Salzburg; über Neumarkt nach Passau resp. München; über Wels nach Lambach und Gmunden etc. Die *Kremsthalbahn:* von *Linz* nach *Kremsmünster*, Sommer 1881 eröffnet, an Wochentagen zwei, an Sonn- und Feiertagen drei Züge tour und retour.

Dampfschiff: Täglich nach Wien in 8—9 Stunden für 7 beziehungsweise 4 fl. 40 kr.; aufwärts von Wien in 18—19 Stunden für 3 respective 2 fl. Nach Passau täglich.

Tramway: Vom Bahnhof bis in die Stadt 5 Kr.

Gasthöfe: **Erzherzog Carl; *Goldener Adler; *Rother Krebs*, alle drei an der Donau. — **Kanone*, Landstrasse; *Stadt Frankfurt*, Franz Josef-Platz; *Goldenes Schiff*, Landstrasse; **Goldener Löwe*, Franz Josef-Platz; *Zu den 3 Mohren*, Promenade 17; *Zum grünen Baum*, Bethlehemstrasse 4; *Bayrischer Hof* und *Lamm*, oberhalb der Brücke.

Cafés: Café *Reith*, Donaulände neben Hôtel Krebs; Café *Steinböck*, Franz Josef-Platz; Café *Seitz*, untere Donaubrücke; Café *Brückl*, Herrenstrasse und Steingasse; Café *Derflinger*, Landstrasse u. a. m.; in Urfahr Café *Wolkenstein*.

Landestheater, an der Promenade. Vom 1. September bis 1. Juni täglich Vorstellung. — **Volksgarten** mit Restauration nächst dem Bahnhofe, Abends namentlich im Sommer häufig Concerte. — Jos. Rappel's „Orpheum" mit Singspielhalle.

Postamt, Domgasse 1. — **Telegraphenbureau**, Untere Donaulände. — **Hauptzollamt**, ebenda. — **Polizei-Amt** im Rathhause.

Linz, Hauptstadt von Oberösterreich, am r. Donauufer gelegen, zählt ohne Garnison mit den Vororten ca. 35,000 Einwohner, und ist durch eine 280 m lange, auf sechs Granitpfeilern ruhende Eisengitterbrücke mit dem Markte Urfahr verbunden. Linz ist Sitz eines k. k. Statthalters, des Militärcommandos, eines Landesgerichtes und anderer Behörden, sowie eines Bischofs.

Auf dem schönen **Franz Josefs-Platze** eine *Dreifaltigkeitssäule*, errichtet von Kaiser Karl VI. 1723 zum Gedächtniss der glücklich überstandenen Gefahren und Drangsale durch feindliche Einfälle und Seuchen. Am Beginne der hübschen Promenade das alte *Landhaus*, weiter das *Landestheater*, die *Redoutensäle*, das *Casino*; am Ende derselben das *Denkmal* zu Ehren der bei Montebello 1859 Gefallenen des 3. Jägerbataillons, von diesem errichtet.

Das *Landesmuseum mit interessanten Sammlungen von Waffen, Antiquitäten, Holzschnitzwerken, Münzen etc.; geöffnet täglich von 10—12 und 3—5 Uhr. Entrée frei. — Eine öffentliche Bibliothek mit 32,000 Bänden und 500 Incunabeln.

Nächst der oberen Promenade der im Bau begriffene neue **Mariendom**, nach Plänen des Kölner Baumeisters Vinc. Statz; die Votivkapelle bereits vollendet und zum Gottesdienste benutzt. An der Spittelwiese das neue *Gymnasium*, ein schöner Bau.

In der alten *Domkirche* eine Himmelfahrt Mariä nach Bellucci, in der *Stadtpfarrkirche* Altarbilder von Altamonte und Sandrart; in der *Kapuzinerkirche* das Grabmal des kaiserl. Feldherrn Grafen R. v. Montecuccoli († 1680).

Nicht uninteressant sind die 32 sogenannten *Maximilian'schen Thürme*, davon 23 am rechten und 9 am linken Donauufer. Ehe Erzherzog Maximilian jedoch an den Bau dieser Befestigungsthürme ging, erbaute er auf dem *Freinberg* einen Thurm, der später mit einer gothischen Kirche verbunden und den Jesuiten übergeben wurde. Von der Plattform dieses Thurmes *Aussicht, nur Herren zugänglich (bis 7 Uhr Abends). Nebenan das *bischöfliche Seminar*.

Ausflüge auf dem rechten Donau-Ufer: Ueber den *Freinberg* zum *Jägermayer* (Restaur.), von da zur lohnenden **Donauaussicht** (1 St.); zur *Türkenschanze*, zum *Calvarienberge* und in's *Zauberthal*. Südl. die Salzburger und Steirischen Alpenketten; besonders hervortretend der Traunstein.

Auf dem linken Donau-Ufer:

1. **St. Magdalena** mit Wallfahrtskirche, Gasthaus und reizender Aussicht.

³/₄ St. — Von hier aus zum *Haselgraben* und weiter an der alten, aber gut er-
haltenen Veste *Wildberg* vorüber nach (1³/₄ St.) Bad *Kirchschlag* (894 m) und
zur *Giselawarte* (955 m), von Linz 2¹/₂ St. entfernt. Vom Aussichtsthurm sehr
umfassende und lohnende Fernsicht.

    2. Der **Pöstlingberg** (537 m) nordwestl. von Urfahr (1 St.). Reizende und
umfangreiche Aussicht, besonders schön bei Abendbeleuchtung. Oben eine
Wallfahrtskirche und einfaches Wirthshaus.

3. Von Linz in's Salzkammergut.

    Das *Salzkammergut*, eine österreichische Krondomaine, be-
rühmt durch seine reichen Salzwerke und die Fülle von Naturschönheiten, hat in landschaftlicher Hinsicht viel Aehnliches
mit der Schweiz, zumal auch hier neben grotesken Felsen und
reicher Flora malerische Seen nicht fehlen. Man kann wohl
sagen, dass kein deutsches Land im Verhältnisse zu seiner Grösse
dem Reisenden mehr Sehenswerthes bietet, als eben das Salzkammergut. Es umfasst 12 ☐Meilen mit ca. 18,000 Einwohnern,
wovon 3500 Protestanten, und wird von der *Traun* durchströmt.

    Zum flüchtigen Besuche des Salzkammerguts mit Salzburg
dürften 8—10 Tage genügen; doch wird man darin auch Monate
lang genussreich zubringen können. Wie in den meisten Gebirgs-
gegenden, so auch hier erschliessen sich die schönsten Natur-
schätze nur dem Fusswanderer.

    Die neue *Salzkammergutbahn* (von *Scherding* bis *Steinach*)
hat eine Länge von 174 km und wurde im Herbste 1877 eröffnet.
Die Anlage derselben stiess auf nicht geringe Schwierigkeiten,
wenn man bedenkt, dass sie 11 Tunnels in einer Gesammtlänge
von 3504 m, 15 Brücken, viele Viaducte, bedeutende Uferbauten
zählt und ansehnliche Steigungen zu überwinden hat. Sie
durchzieht herrliche Landschaften und ist überhaupt für Jedermann hochinteressant.

    Bahn von Linz nach Wels (Route 1 S. 13). Jenseits Wels
tritt die Bahn in waldige Gegend, die ziemlich einförmig bis
Stat. *Gunskirchen* bleibt. Dann folgt Stat. *Lambach.*

    · **Lambach** (335 m, *Rössl, Bahnhofsrestaur.* mit Nachtquartier)
ist ein an stattlichen Bauten auffallend reiches Städtchen. Namentlich zu erwähnen die grosse *Benedictiner-Abtei*, 1032 gegründet, mit einer werthvollen Kupferstichsammlung, einer
Bibliothek von über 30,000 Bänden, Manuscripten, Incunabeln.
In der Stiftskirche Altarblätter von Sandrart.

    Auf der nahen Höhe (¹/₄ St.) die dreieckige Wallfahrtskirche
Paura, mit 3 Thürmen, 3 Fenstern, 3 Altären, 3farbigem Marmor-
fussboden, kurz alles dreifach, 1722 von dem damaligen Abte zu
Ehren der heil. Dreifaltigkeit um den Preis von 130,000 fl. er-

baut. (Nach einer anderen Version betrug die Bausumme 333,333 fl., der übrig gebliebene Rest wurde unter 333 Arme vertheilt.)

Von Lambach zweigt links die Gmundener Bahn ab, die nach 1³/₄ St. nach *Gmunden*, dem Hauptorte des Salzkammergutes, gelangt (seit Eröffnung der Salzkammergutbahn weniger benutzt). Stationen der Gmundener Bahn sind: *Roitham*; *Traunfall* (Aussteigen zur Besichtigung des herrlichen *Traunfalles*, 20 m.); *Eichberg-Steyrermühle* mit grosser Papierfabrik; *Laakirchen*; *Oberweis*; *Gmunden* (Seebahnhof).

Lambach als Ausgangspunkt zum Besuche der schönsten Punkte des Salzkammergutes angenommen, empfiehlt sich folgende Rundtour: 1. Tag: Lambach — Traunfall — Gmunden — Ebensee — Ischl. 2. Tag: Ischl — Strobl — St. Wolfgangsee — St. Gilgen. 3. Tag: St. Gilgen, Fusstour nach Schärfling (Dampfbootstation), Mondsee, Attersee, Kammer, Vöcklabruck (Stat. der Kaiserin Elisabeth-Westbahn), von hier Abends Weiterreise nach Salzburg.

Die Bahn verlässt hinter Lambach das Traunthal und tritt in das Agerthal. Es folgen die Stat. *Breitenschützing* und *Schwanenstadt* und hierauf *Attnang*, Knotenpunkt der Salzkammergutbahn. Die letztere überschreitet die *Aurach*, durchschneidet das liebliche *Aurachthal* und geht über *Aurachkirchen* (465 m) nach *Gmunden* (439 m). Der Bahnhof liegt auf dem halben Wege zwischen Gmunden und Pinsdorf, w. oberhalb vom ersteren, ¹/₂ St. vom See entfernt.

Gmunden.

Gasthöfe. Ersten Ranges: *Hôtel Austria* am See; *Hôtel Bellevue*, freie Lage und Aussicht, mit Badeanstalt; *Goldenes Schiff* nächst dem Landungsplatze der Dampfschiffe; *Hôtel Laufhuber*. — Zweiten Ranges: *Goldener Brunnen*; *Goldene Sonne*; *Hirsch*; *Gasthaus am Kogl*, mit schöner Aussicht u. a.

Kaffeehäuser: Café *Driethaller* am Landungsplatze; *Casino*, am See mit Restaur., Lesekabinet u. s. w.

Bäder: *Bellevue* (zugleich Kurhaus); Greimelmeyer's *Theresienbad*, Elisabethstrasse.

Trinkhalle für Mineralwässer, Molken etc. an der Esplanade.

Theater neben dem Casino, Saison von Juni bis September.

Kurtaxe bei achttägigem Aufenthalt 4 fl.; Musiktaxe 2 fl., für Familienglieder 1 fl. und 50 kr. Musikbeitrag.

Schwimmschule an der Esplanade (Bad mit Wäsche 30 kr.).

Lohnkutscher für Fahrten in der Stadt Einsp. 70 kr., Zweisp. 1 fl. — *Traunfall* in 1¹/₂ St. 3¹/₂ und 6 fl. — *Weissenbach* am Attersee in 6 St. 9 und 15 fl. — *Almsee* ebenso. — Retourfahrt ist mit einbegriffen und 1 St. Aufenthalt; bei längerer Dauer 50 und 70 kr. pr. Stunde mehr. Bei Tagfahrten 1 fl. und 1 fl. 20 kr. Trinkgeld.

Schiffertaxe. Zeitfahrten pr. Stunde mit einem Schiffer 60 kr., mit 2 Schiffern 1 fl. Mit einem Ruderer nach Ort oder Weyer 30 kr.; Grünbergergut 40 kr.; Prillinger 60 kr.; Altmünster 80 kr.; Ebenzweier, Englgut, Kleine

Ramsau 90 kr.; Hoisengut 1 fl.; Lainaustiege 1 fl. 30 kr. (Rückfahrt ist überall einbegriffen); — bei 2 Ruderern im Durchschnitt die Hälfte mehr. — **Post- und Telegraphenstation.**
Dampfschifffahrt: Dreimal täglich u. zw. im Anschluss an die Züge der Salzkammergut- und Westbahn verkehren zwei Dampfboote von Gmunden nach Ebensee; Fahrpreis 1 fr.; Fahrtdauer 1 St.

Gmunden (425 m), ein freundliches Städtchen in überaus malerischer Lage am Traunsee. Vielbesuchter Sommersitz und Kurort, zählt ca. 7000 Einwohner, ist der Sitz einer k. k. Salinen- und Forstdirection. Sehenswerth die neue protestantische Kirche und die alte Pfarrkirche mit dem 1656 von Schwanthaler geschnitzten Hochaltar. Gmunden wurde wiederholt schwer heimgesucht, so 1440 durch Brand, dann in den Bauernkriegen 1625 bis 1626. Am 15. November letztgenannten Jahres fand hier zwischen den Aufständischen unter dem Studenten Glacianus von Leonfelden und General Gottfried von Pappenheim eine mörderische Schlacht statt, in welcher die Ersteren vollständig geschlagen wurden. 4000 Bauern sanken unter den Streichen der Kaiserlichen, die Stätte, wo sie begraben liegen, heisst noch heute der „Bauernhügel" (ausser Gmunden bei Pinsdorf).

Von der am westl. Seeufer sich hinziehenden, $^1/_4$ St. langen *Esplanade* herrliche Aussicht auf den Traunsee und die ihn einschliessenden Berge.

Der *Traun-* oder *Gmundener See* ist 12 Kilm. lang, 4 Kilm. breit, 28—191 Kilm. tief und einer der schönsten Gebirgsseen. Rings von Bergen eingeschlossen, die sich theils durch ihren wilden Charakter und ihre gigantische Felsbildung auszeichnen, theils durch ihr üppiges Grün das Auge entzücken, gewährt er durch seinen Reichthum an Naturreizen einen wunderbaren Anblick. Gleich links der *Grünberg*, an ihn schliessen sich an: der fast senkrecht aufsteigende *Traunstein* (1691 m), der schön geformte *Erlakogl* (1570 m), r. im Hintergrunde der *Wilde Kogl* (2093 m), in den See vorspringend und diesen scheinbar abschliessend der *Kleine Sonnstein* (923 m), an seinem Fusse *Traunkirchen*, rechts die *Sonnstein-Höhe* (1045 m) und vor dieser die *Fahrnau* (1201 m), endlich der *Kranabitsattel*, das *Höllen-* und *Hochleckengebirge*.

Ausflüge in die Nähe: N. Die * *Wunderburg* (10 Min.) und der * *Calvarienberg* ($^1/_4$ St.), von beiden herrliche Aussicht über den See; — W. *Villa Satori* mit schönem Parke (kl. $^1/_2$ St.) und am *Annenwäldchen* ($^1/_2$ St.) die *Villa Barber*, beide am Wege nach Altmünster; — S.W. *Ort* ($^1/_2$ St.) mit dem im See gelegenen, von den Ministerialen Hartneid und Berloch von Ort auf einer künstlich geschaffenen Insel 1062 erbauten Seeschlosse durch eine 60 m lange Brücke verbunden. Das Landschloss, mit 4 Thürmen ausgestattet, ist jüngeren Ursprunges; — *Altmünster* $^3/_4$ St.; *Ebenzweier* (1 St.) mit Schloss der Gräfin Chambord. Am östl. Seeufer: zum *Grünberger Gut* $^1/_2$ St.; zum *Prillinger* 10 Min.

weiter; zum *Engel* 5 Min. weiter: zum *Hoisengut* ¹/₄ St.; zum *Steininger* (König von Hannover) ¹/₂ St.; alle mit Restaurationen. Hin- oder Rückfahrt mit dem Kahn.

Weitere Ausflüge und Bergtouren: *Traunkirchen* (2 St.) s. unten. — Ueber Pinsdorf auf den *Gmundener Berg* (819 m), mit schöner Aussicht, 1¹/₂ St., hinab zur *Reindlmühle* (2 St.) im Aurachthale, mit Restaur., zurück über *Ebenzweier* (im Ganzen 4¹/₂ St.). — Am l. Traunufer nach *Altmühle* (³/₄ St.), nach *Ohlstorf* (Whs.) 1¹/₄ St. Auf der Vöcklabrucker Strasse zur *Dichtlmühle* (1¹/₄ St.); zur *Rabenmühle* (2 St.) — Zum *Traunfall zu Fuss (nicht lohnend) 2 St.; empfehlenswerther pr. Bahn nach Stat. *Traunfall* oder mit einem der tägl. verkehrenden Salzschiffe (10 Uhr Vormittags) auf der Traun in 1¹/₂ St. zum Fall (interessante und gefahrlose Fahrt 1 fl.; zurück pr. Eisenbahn). — Ueber die *Himmelreichwiese*, *Schneewiese* und das *Hochgschirr* (957 m) mit Blick auf den Dachstein, zum *Laudachsee* (881 m); zurück über *Franzl im Holz* oder das *Hoisengut* und mit Kahn nach Gmunden. — Besteigung des *Traunstein* (1688 m) mühsam, wenig lohnend, nur mit Führer! — *Almsee*, lohnende Tagespartie (pr. Wagen 4¹/₂ St.) über *Mühldorf* im schönen *Almthal* nach *Grünau* und zum See (589 m), am Nordrande des Todten Gebirges gelegen und Eigenthum des Stiftes Kremsmünster.

Von Gmunden nach Ischl. Wenn möglich, ist die Dampfbootfahrt über den Traunsee vorzuziehen, weil lohnender. — Die Bahn, welche hinter der Villa Sartori vorbeigeht, nähert sich allmählich dem Traunsee, Anfangs hoch über demselben gelegen, geht über Stat. *Ebenzweier* nach Stat. *Altmünster*, Dorf mit der ältesten Kirche der Gegend; in dieser das Grabmal des aus den Bauernkriegen bekannten Grafen Adam Herberstorf. — Die Landschaft gewinnt nach und nach einen ernsteren Charakter, das grüne Hügelland macht hohen Bergen Platz: östl. der Traunstein, hinter ihm der *Hochkogl* (1483 m), weiter der *Erlakogl* (1570 m). — Man erreicht 91 Kilm. Stat. **Traunkirchen**, ¹/₄ St. südöstl. am See gelegen das gleichnamige Dorf (Post, Café Fellner, am See) auf einem Vorsprunge der Fahrnau, der schönste Punkt am See. Der Grund zu Traunkirchen, bis in's 13. Jahrhundert Neumünster genannt, wurde 907 von den Markgrafen von Steyr durch Erbauung der jetzigen Pfarrkirche gelegt. Hier bestand ehedem ein Nonnenkloster (1115 von Ottokar IV. von Steyr gegründet), an das sich eine interessante Sage knüpft. Ein junges Mädchen soll von grausamen Eltern in dies Kloster gesperrt worden sein. Ihr Geliebter, ein junger Ritter Namens H e r z h e i m e r, entdeckte ihren Aufenthalt und erbaute sich am jenseitigen Seeufer, Traunkirchen gegenüber, ein kleines Schloss. Allnächtlich schwamm er über den See, um mit seinem Liebchen kosen zu können. Ein Lichtlein, das die Nonne brennen liess, diente ihm als Wegweiser. In einer stürmischen Nacht verlosch das Licht, der Ritter konnte das Ufer nicht erreichen und fand sein Grab in den Wellen. Die

2*

Nonne aber stürzte sich vom Söller herab in die dunkeln Fluthen des Sees und fand im Tode die heissersehnte Vereinigung mit dem Geliebten. Der Platz, wo sie sich in den See stürzte, heisst noch heute der *Antlos-Platz* („Antlos" altdeutsch „der Leichnam"). Diese „Hero- und Leander-Sage" wurde von Otto Prechtler und Hammer-Purgstall in trefflichen Balladen poetisch bearbeitet. — Die Bahn geht durch vier kurze Tunnels, durchfährt endlich den Sonnenstein in einem 1428 m langen Tunnel, eilt noch kurze Zeit am See entlang, überschreitet die Traun bei ihrer Mündung in denselben und erreicht (98 Kilm.) Stat. **Ebensee (425 m)**. Diese Station umfasst die Dörfer *Ebensee* (Bahnhofrestaur. und Hôtel *Kern*) und *Langbath* (**Post*, **Krone*), letzteres am linken Ufer der Traun, welche zusammen ca. 4800 Einwohner zählen. Ersteres besitzt ein grosses, 1607 errichtetes Salzsudwerk, welches die Soole von Hallstadt und Ischl durch eine 17,657 m lange Holzröhrenleitung bezieht, ist der Sitz eines k. k. Oberforstamtes und einer k. k. Salinenverwaltung.

Spaziergänge längs der Soolenleitung zum *Steinkogl* (Whs.) ³/₄ St., schöner Aussichtspunkt, und zum **Rinnbachfall* (in der Mühle Erfrischungen). — Nach (westlich) den *Langbathseen* 2¹/₂ St.; Fahrstrasse längs des Langbathbaches in die *Krehrau* zu den Seen. Der vordere Langbathsee (675 m) ist 1200 m lang, 450 m breit und mit dem hinteren, kleineren aber schöneren See (727 m) durch einen reizenden Weg, über bemooste Steine durch eine schattige Fichtenau, verbunden.

Von Langbath aus wird der östl. Ausläufer des *Höllengebirges*, der *Kranabitsattel*, in 3¹/₂ St. bestiegen. (Führer 2 fl.) Vom *Feuerkogl* (1591 m), dem vorderen Gipfel, herrliche Aussicht über das Salzkammergut (Flachland bis zum Böhmerwald) und die Steirischen Alpen; noch umfassender und grossartiger ³/₄ St. weiter vom Alberfeldkogl (1706 m). — Südöstl. von Ebensee, am Frauenweissenbach entlang, der bei Roith in die Traun einmündet, in 2 St. zum *Offensee* (651 m), 858 m lang, 759 m breit; von hier auf romantischem Gebirgspfade zum *Albensee*, der namentlich in mondhellen Nächten ein interessantes Bild bietet und ein sehr deutliches Echo hat.

Die Bahn geht nun fort am r. Traunufer durch das hübsche Traunthal nach *Roith* an der Mündung des Frauenweissenbach, als Verladestation für ärarisches Holz von Wichtigkeit, gelangt endlich (r. Dorf *Langwies*) nach (109 Kilm.) Stat. *Attersee-Weissenbach*, Absteigestation für Besucher des Attersees.

Der Weg zu demselben führt durch das an Naturschönheit reiche *Weissenbachthal* zur der Ortschaft *Weissenbach* (Post) am Ausflusse des gleichnamigen Baches gelegen, unstreitig der schönste Punkt des Attersees; gegenüber das kleine *Unterach* (*Post* bei *Kiener*, mit „Seepavillon", am Landeplatz des Dampfschiffes; *Mittendörfer*, **Hofwirth*) in reizender Lage, als Sommerfrische stark besucht.

Der *Atter- oder Kammersee (465 m) ist der grösste unter den österr. Seen: 20 km lang und 2—3 km breit, umfasst er einen Flächeninhalt von 46 ☐ km; einen grossartig schönen Gebirgscharakter entfaltet er aber nur an seinem Südende, gegen Norden verflachen sich die Ufer mehr und mehr. Im Süden bei Unterach erhebt sich, unmittelbar aus dem See aufsteigend, der interessante *Schafberg;* östlich davon zieht sich das Hochlecken- und Höllengebirge gegen den Traunsee hin.

Dampfbootfahrten auf dem Attersee von *Kammer* nach *Unterach* während des Sommers 2mal tägl. und zwar um $8\frac{1}{2}$ Uhr Vorm. und 3 Uhr Nachm. in $1\frac{3}{4}$ St. I. Kl. 1 fl. 60, II. Kl. 1 fl. 3 kr.

Das Dampfschiff fährt von *Kammer*, Seebad mit gräfl. Khevenhüller'schem Schloss am Nordende des Attersees (*Hôtel Attersee*, Wohnungen auch im Schloss und in der Meierei), über den See nach Dorf *Attersee* (Hager), am Fusse des Buchbergs reizend gelegen; von da hinüber zu dem am östl. Ufer gelegenen Pfarrdorf *Weyregg* (Post); berührt weiter *Nussdorf* am westl., *Steinbach* (Whs.) am östl. Ufer und gelangt, dicht an den schroffen Felswänden, welche das Südende des Sees umgeben, hinfahrend, nach *Weissenbach*. Von hier aus quer über den See nach *Unterach*, der Endstation der Dampfschifffahrt.

Von Unterach führt dem l. Ufer der Ach entlang eine Fahrstrasse nach dem *Mondsee* zur Dampfbootstation *See* daselbst. (Siehe Route 5 S. 29.)

Von Unterach aus führen auch verschiedene Wege auf den *Schafberg*, der bequemste jedoch vom Mondsee aus. Von der Dampfbootstation *Schärfling* an letztgenanntem führt eine gute Fahrstrasse in $1\frac{1}{4}$ St. nach *St. Gilgen* und dem *St. Wolfgangsee*. (Siehe Route 5 S. 26.)

Von der Stat. *Attersee-Weissenbach* geht die Bahn weiter und gelangt, l. auf einem Felsen ein sogenanntes Schifferkreuz, dem bald ein zweites folgt, nach Ischl.

4. Ischl.

Gasthöfe sind im Hochsommer überfüllt und mit geringen Ausnahmen sehr theuer. Ersten Ranges: **Hôtel Elisabeth; Hôtel Bauer* (auf einer Anhöhe, nächst dem Calvarienberge, mit reizender Aussicht); **Post; *Erzherzog Franz Karl; Hôtel Victoria; Hôtel Austria* an der Esplanade. Zweiten Ranges: **Bayrischer Hof; *Stern; *Krone; Kreuz.*

Neues Kurhaus mit Café, Restaur., Lesezimmer etc.

Café's: *Ramsauer*, der „Post" gegenüber; *Café Walter* mit Conditorei, an der Esplanade.

Kurtaxe bei mehr als achttägigem Aufenthalte 8 fl., für minder Bemittelte 6 fl., **Frauen** 2 fl., Kinder, Gouvernanten, Bonnen etc. 1 fl., Dienstboten 50 kr. pr. Person.

Musiktaxe bei 8 Tage überschreitendem Aufenthalte 3 fl., jedes Familienglied 1 fl.

Leihbibliothek in der Mänhardt'schen Buchhandlung.

Wechselstube bei Karl Gottwald am Kreuzplatz.

Theater vom 15. Juni bis Ende September täglich.

Kaltwasserheilanstalt von Dr. Herzka, am Ende der Esplanade.

Bäder. Ausser den Soolbädern stehen den Kurgästen und Fremden Fichtennadel-, Schlamm-, Schwefel-, Salzdampfbäder u. a., Molken, sowie eine Schwefel- und eine Salzquelle als Kurmittel zu Gebote. — *Schwimmschule* und *Gymnast. Heilanstalt* am 1. Ufer der Ischl.

Lohnkutscher nach Tarif, der in allen Gasthöfen ersichtlich ist.

Omnibusverbindungen nach *Steg* zum Hallstädter Dampfboot und nach *St. Wolfgang* für die Schafberg-Besteiger.

Sesselträger neben dem Posthofe (nach Taxe).

Telegraphenbureau neben dem Hôtel zur „Post" nächst dem Theater im I. Stock; parterre die Briefpost. —

Ischl (468 m), Marktflecken mit ca. 4500 Einwohnern, liegt an der Mündung der *Ischl* in die Traun. Von allen Seiten mit Bergen umgeben, scheint es von der übrigen Welt fast gänzlich abgeschlossen und besitzt alle Reize alpiner Natur im reichsten Masse. Seit dem Jahre 1828 als Badeort bekannt, nimmt es gegenwärtig in Folge seiner reichen und heilkräftigen Soolquellen unter den österreichischen Bädern einen hervorragenden Rang ein und erfreut sich alljährlich eines sehr starken Besuchs (ca. 4000 Kurgäste, 6—8000 Touristen). Es besitzt ein recht nettes Theater, einen mit allem Comfort eingerichteten neuen *Kursalon* (1875 eröffnet), Molken-, Soole-, Dampf- und Kalte Bäder, schöne Gartenanlagen (*Rudolfsgarten* und *Wirergarten*, in letzterem die kolossale Büste Dr. Wirer's von Rettenbach († 1844), von dem „dankbaren Ischl seinem Wohlthäter errichtet") und in der *Sophien-Esplanade* eine wahre Musteranlage, die durch ihre schattigen, mit Bänken reich versehenen Spazierwege zu einem wirklichen Labsal für die Kurgäste wird.

Ueber das Alter Ischls lässt sich Genaues nicht angeben. Zuerst erscheint es als Dorf; bereits 1192 besass es Salinen, denn Herzog Leopold VI. schenkte in diesem Jahre dem Kloster Garsten 62 Fuder Salz aus den Ischler Salinen. 1292 gewährte Kaiser Albrecht dem Orte viele Freiheiten und 1466 wurde es von Kaiser Friedrich IV. zum Markte erhoben.

Merkwürdig ist die *Pfarrkirche* mit Altarbildern von Kupelwieser und Freskogemälden von Mader; am Kaiser Ferdinand-Platz der grosse *Molkensaal* und das Badhaus; in der Nähe das *k. k. Sudwerk*, daneben das *Salzdampfbad* und w. das *Giselabad*. An der *Esplanade* (Kurmusik von $6^1/_2$ bis $8^1/_2$ Uhr Abends, Sonntags auch von 12 bis 1 Uhr Mittags) ein kleines Standbild der Hygiea aus Erz mit der Inschrift auf dem Sockel: „Man nennt als grösstes Glück auf Erden, gesund zu sein — ich sage nein! ein gröss'res ist, gesund zu werden!" — Eine schöne Zierde für Ischl bildet der monumentale Brunnen, welcher im J. 1881 als Zeichen dankbarer Erinnerung an die grössten Wohlthäter und Gönner des Badeortes, den Erzherzog Franz Karl und die Erzherzogin Sophie, die Eltern des Kaisers von Oesterreich, errichtet wurde.

Die Badeeinrichtungen des Kurortes sind vorzüglich; ausser den oben angeführten Badeanstalten besitzt Ischl noch das *Rudolfsbad* im Rudolfsgarten und eine *Schwimmschule*. Nächst der letzteren ein 1874 gegründetes Museum mit naturhistorischen Gegenständen u. a. aus dem Salzkammergut.

Nähere Ausflüge von Ischl.

Am l. Traunufer:

1. Die *Esplanade* mit ihren herrlichen Anlagen. Im Anschlusse an dieselben der *Molkensieder* (Milch und Kaffeewirthschaft); weiter südlich (1 St. von Ischl) die Ruine *Wildenstein*. Die Veste Wildenstein war 1288 im Besitze des Otto Häusler von Wildenstein, 1393 Eigenthum Rüdigers von Starhemberg; 1647 ging das Schloss an den Freiherrn von Spindler über, dem es von Kaiser Ferdinand III. verliehen wurde. Kaiser Karl VI. löste es dieser Familie wieder ab. bis es endlich 1715 durch Feuer zerstört wurde und dem gänzlichen Verfalle anheimfiel. — Auf dem schattigen Fussweg neben der Soolenleitung nach dem Markte *Laufen* (1 St.).

2. Auf den **Calvarienberg* ($^1/_4$ St.); einer der reizendsten Spaziergänge führt über diesen nach der kleinen Ortschaft *Pfandl* an der Salzburgerstrasse und nach dem kleinen, aber ungemein malerisch gelegenen *Nussensee* (seit Sommer 1881 am See Restauration.) — Zum *Ahornbühel* ($^1/_3$ St.).

3. Die **Kaiserliche Villa* mit ihren herrlichen Anlagen am Fusse des *Jainzen*. (Während der Anwesenheit der kaiserl. Familie, meist Juli bis September, unzugänglich).

4. Zum *Carolinen-Panorama* ($^1/_4$ St.) und zur *Neuen Schmalnau* ($^3/_4$ St.), lohnende Ausblickspunkte auf Ischl und die ringsum liegenden Berge.

5. **Sophien-Doppelblick* entweder durch den kaiserlichen Park oder auf der oberen Brücke über die Ischl und hinan. Aussicht auf: Ischl den Dachstein und in's Wolfgangthal. Von hier in 15 Minuten zur **Dachstein-Aussicht* und zu dem *Hohenzollern-Wasserfall*. Zurück über *Trenkelbach*, oder lohnender und schöner durch das *Jainzenthal* ($1^1/_2$ St.).

6. Zur *Ziemitzwildniss* (1 St.) am Fusse der Ziemitz. Pittoreske und wildromantische Felsenscenerie.

7. Ueber die Neue Schmalnau in die *Gstätten* (Whs.), beliebter Nachmittagsausflug der Ischler.

Am r. Traunufer:

8. Der *Syrius-* oder *Hundskogl* mit der *Henriettenhöhe*, von der aus ein wunderbarer Fernblick sich bietet.

9. Zur *Redtenbach-Mühle* ($^1/_2$ St.), von da in die *Redtenbach-Wildniss* mit hübscher Klamm ($^1/_4$ St.); zurück über *Sterzen's Abendsitz* nach Ischl.

Weitere Ausflüge und Bergtouren.

1. Zum Ischler *Salzberg* (996 m) $1^1/_2$ St.; von der Laufner Strasse in *Reiterndorf* (Bachwirth) links ab und nach *Pernegg*. Daselbst erhält man im Berghaus die Erlaubniss zum Befahren des Salzberges; dann noch $^1/_2$ St. auf steilem Fusswege aufwärts. Von Pernegg aus Besichtigung der *Rosa-Wasserfälle*.

Der Salzberg enthält 12 wagrecht übereinander liegende, in den Berg getriebene Stollen oder Galerien. Eingang durch den mittleren oder „Kaiserin Maria Ludovika-Stollen". Der Besuch dieses Bergwerkes für Jene, welche die sehenswerthen Werke bei Hallein und Berchtesgaden nicht kennen, immerhin interessant. Die Art des Befahrens ist die gleiche, wie anderswo. Illumination der Galerien wöchentlich einmal, sonst gegen 5—6 fl. Um die Soole zu gewinnen, wird Süsswasser eingeleitet, das vier bis sechs Wochen lang die Salzadern aussaugt und als gesättigte Soole mittelst Holzröhren nach Ischl und Ebensee geleitet und dort versotten wird.

Vom Salzberg aus auf die *Hütteneck-Alpe* mit wundervoller Aussicht auf den Dachstein etc. Unten der Hallstädter See.

2. Zum *Schwarzensee* und *Wirerstrub* ($2^1/_2$ St.). Längs der Wolfgangerstrasse 1 St., dann dem *Russbache* entlang zur *Hofmühle*, von dieser in einer guten Stunde zum Schwarzensee und Wirerstrub. Höchst lohnend.

3. *Gmundener See* und *Traunfall* (S. 18) mit Eisenbahn und Dampfschiff, 1 Tag, in Gmunden Mittag.

4. St. **Wolfgang** und der ***Schafberg** (S. 27), am besten Nachm. zu Wagen in 2 St. nach *St. Wolfgang*, zu Fuss in $3^1/_2$—4 St. auf den Schafberg, am andern Morgen über St. Gilgen zurück.

5. *Weissenbach* am **Attersee** (S. 21), zu Wagen nach Weissenbach ($2^1/_2$ St.). Von hier Boot nach *Unterach* ($^3/_4$ St.) und über den *Mondsee* und *St. Gilgen* (S. 28) oder von Unterach über den *Schafberg* nach *St. Wolfgang* und Ischl (1 und $1^1/_2$ Tag).

6. **Hallstadt**, ein Tag, zu Wagen nach *Gosau-Mühl*, dann Boot nach Hallstadt oder mit der Bahn nach Steg, von hier mit dem Dampfboot nach *Gosau-Mühl*, *Hallstadt* (Besuch des

Rudolfthurms und Salzberges), *Obertraun* und von hier wieder mit der Bahn zurück nach Ischl.

7. **Gosau** und *Hallstadt*, ein Tag; Eisenbahn bis *Steg;* zu Wagen über *Gosau-Mühl*, *Gosau* zum *Gosauer Schmied* in 2¹/₂ St. Fusstour zum Vordersee, dann zurück und per Wagen zur Gosau-Mühl (4 St.); über den See nach Hallstadt mittels Dampfschiffs ¹/₂ St. Besuch des Waldbachstrub (1¹/₂ St.), zurück nach Hallstadt, Steg und von hier mittels Bahn nach Ischl.

8. *Hallstadt* und **Aussee** (S. 35), zwei Tage.

9. Auf die *Hohe Schrott* (1830 m), von der Redtenbachmühle über die *Kothalpe* in 5¹/₂ St. zum Gipfel. Herrliche Aussicht auf die Seen des Salzkammergutes, den Schafberg, Dachstein u. s. w.

10. Auf die *Ziemitz* (1745 m) Aufstieg über die Leonsbergalpe. Minder beschwerlich über *Rothau* und *Kienbach* durch die *Lagergraben*. 5—5¹/₂ St. Panorama gleich jenem von der Hohen Schrott.

11. Auf den *Katherberg* oder die „*Kathrein*" (1460 m); über den Lattenbachgraben durch die Kaltenbachau am *Nussensee* vorbei. Vom Gipfel, „Heinzen" genannt, der Sonnenaufgang wundervoll zu schauen.

5. Von Ischl nach Salzburg.
Der Schafberg.

Post von Ischl nach Salzburg im Sommer tägl. (zweimal, Nachmittags und Abends) in 7¹/₂ St. für 5 fl. 40 kr. — *Postomnibus* nach Strobl im Sommer täglich einmal (früh) in 1¹/₂ St., 1 fl.; von da mit Dampfschiff über den See nach St. Gilgen, 1 St. — 1 fl. 10 kr.; das Dampfschiff verkehrt täglich viermal zwischen Strobl und St. Gilgen. — Von letzterem nach Salzburg 4¹/₂ St. für 3 fl.

Kein Besucher des herrlichen Salzkammergutes sollte es unterlassen, den *Schafberg* zu besteigen; die Aussicht von seiner Spitze aus ist eine der schönsten und grossartigsten in den deutschen Alpen. Von Ischl aus wird er gewöhnl. über St. Wolfgang bestiegen; minder beschwerlich ist der Aufstieg von St. Gilgen her, den die vom Attersee und Mondsee Kommenden meistentheils benutzen.

Der Weg von Ischl bis Strobl bietet wenig Interesse. *Strobl* (Sarsteiner), am Ostende des *Aber*- oder *St. Wolfgangsees* gelegen, Dampfschiffstation. Die Strasse von Strobl nach St. Gilgen (Post) führt längs des Sees (links) dahin (3¹/₄ St.). Hinter St. Gilgen steigt die Strasse und gewährt einen lohnenden Rückblick auf den See und seine Umgebung. In der Folge monoton, bietet die Gegend nunmehr wenig Abwechslung. Rechts *Fuschl* (Mohr) mit dem 1 St. langen und schmalen *Fuschlsee;* weiter

Hof (Post), *Guggenthal* mit grosser Brauerei am Fusse des *Nockstein* (links), endlich *Salzburg* (S. 40). Von Strobl nach St. Wolfgang entweder über den See, Dampfschiff oder Kahn (mit 1 Ruderer 50 kr.) oder zu Wagen um die östl. Bucht des Sees. Der Seeweg für alle Fälle vorzuziehen.

Der **Aber-** oder St. **Wolfgangsee** (549 m ü. M.), 114 m tief, 12 km lang, bis 2 km breit, nimmt einen Flächenraum von 28,7 ☐km ein und ist reich an malerischen Scenerien. Er wird nördlich vom Schafberg überragt; südlich zeigt sich ein Halbkreis kühn aufsteigender Berge: zunächst der interessant geformte *Sperber*, der *Hochzinken* 1761 m, das *Königshorn* 1620 m, und der *Illingerberg* 1539 m, der gegen St. Gilgen hin das Westende dieses Halbkreises abschliesst. Oberhalb St. Wolfgang, an der schmalsten Stelle des Sees, hat 1844 der Grosshändler Grohmann aus Wien einen schlossartigen (Leucht-) Thurm erbaut. Nördl. an der Felswand des *Falkenstein* berühmtes Echo. An derselben Seite, jedoch mehr östlich auf Felsriffen, zwei Kreuze, das *Hochzeitskreuz* und das *Ochsenkreuz*. An beide knüpfen sich Sagen. Nach der ersten soll eine ganze Hochzeitsgesellschaft, die in frevelhaftem Uebermuthe auf dem Eise sich belustigte, eingebrochen und im See zu Grunde gegangen sein. Nur das Brautpaar rettete sich durch einen kühnen Sprung an's Ufer. — Nach der zweiten Sage soll einem Fleischer ein Ochs wild geworden und in den See gestürzt sein. Der Fleischer hinterdrein, habe den Ochsen am Schweife gepackt und sei so an's jenseitige Ufer geschwommen.

St. **Wolfgang** (*Grömmer* zum *Weissen Ross*; zum *Kortisen* bei *Hutterer*, beide am See; *Peterbräu*, nicht theuer; *Hirsch*, am See, einfacher) ist ein uralter Markt mit 100 Häusern und ungefähr 700 Einwohnern. Seine Lage ist im wahrsten Sinne des Wortes pittoresk. Besonders sehenswerth die gothische **Pfarrkirche**. In dieser der *Hochaltar*, eine altdeutsche Kunstschöpfung von seltener Schönheit und Vollendung, geschnitzt von Michael P a c h e r aus Bruneck in Tirol 1481; ausserdem ein Flügelaltar mit altdeutschen Gemälden, welche angeblich von *Wohlgemuth*, dem Lehrer Albrecht Dürer's, herstammen sollen. Im Vorhofe zur Kirche bemerkenswerth ein aus Glockenspeise 1515 zu Passau gegossener Brunnen mit Reliefs und der Inschrift:

Zu nutz und frumen den armen Pilgrump, die nit haben Geld und Wein, die sullen pei diesen Wasser frellich sein.

Einen der schönsten Aussichtspunkte bietet der gräfl. Falkenhayn'sche Garten (Dienstag und Freitag dem allgem. Besuche geöffnet). St. Wolfgang hat eine höchst interessante Vorgeschichte. 829 wurde die Herrschaft rings um den Ort von Ludwig dem

Frommen den Benedictinern von Mondsee geschenkt. 982 flüchtete sich der heil. Wolfgang, Bischof von Regensburg, hierher, baute sich am Falkensteine eine Klause und ein Kirchlein und führte durch volle 5 Jahre daselbst ein Einsiedlerleben, bis er 987 entdeckt und wieder in seine Diöcese zurückgeführt wurde. Von ihm hat der ·Markt und See den Namen. In St. Wolfgang verweilte auch während der Belagerung Wiens durch die Türken längere Zeit hindurch Kaiser Leopold I.

F ü h r e r auf den *Schafberg* 2 fl., mit Gepäck 2 fl. 50 kr.; über den Schafberg nach St. Gilgen 2 fl. 50 kr., mit Gepäck bis zu 8 Klgr. um 70 kr. mehr; Sessel (4 Träger) 12 fl.; ein Maulthier 9 fl., St. Gilgen inbegriffen 10¹/₂ fl. Alle diese Preise vorher festzustellen, ist zu empfehlen.

Der *Schafberg*, 1780 m (1238 m über dem St. Wolfgangsee), ist unstreitig einer der schönsten Aussichtspunkte Deutschlands und Oesterreichs. Aufstieg 3¹/₂ St. Der Schafberg lässt sich zwar, wenn man der nachfolgenden genauen Beschreibung des Weges folgt, ohne Führer besteigen; ein solcher ist aber schon des Gepäckes wegen fast unentbehrlich, insbesondere für weniger geübte Bergsteiger. Zur Besteigung empfehlen sich die frühen Morgenstunden, weil man da vor der Sonne bewahrt ist. Vom Wirthshaus zum Kortisen gegenüber führt ein Fusspfad über Wiesen hinan nach 10 Minuten in den eigentlichen Schafberg-Weg. Nach den letzten Häusern des Marktes (5 Min. vom Gasthaus) bleibt nach 10 Min. ein Haus rechts, nach 5 Min. desgl., nach·3 Min. links Mühle im Thale. In diesem Thale unmittelbar an dem vorletzten (5 Min.) Haus vorbei über eine kleine Brücke, in 8 Min. bis zum obersten, letzten Hause, das links liegen bleibt. Nun den Pfad bergan, nach 20 Min. über eine kleine Balkenbrücke; in 25 Min. erreicht man die Dorner Alp; später l i n k s! am Zaun ermüdender Aufstieg auf Staffeln im Wald. Von der neuen *Holzbrücke* im Zickzack zur *Schafberg*- oder *Oberalp* (1361 m), einer Alpe mit 10 Sennhütten, von der man rechts der Brunnenleitung folgend in 25 Min. das *untere Wirthshaus* zur „Ramsauerin", am Fusse des eigentlichen Gipfels gelegen, erreicht. Prächtige Aussicht gegen W. auf den Thorstein, Uebergossene Alm, Hohe Göll, Watzmann und den Untersberg. Von hier zum Gipfel (1 St.) für ungeübte Bergsteiger ein ermüdender Weg.

Das Gasthaus auf dem Gipfel (*Grömmer*) ist ziemlich gut, aber theuer. Ueberzieher unentbehrlich.

Die Aussicht ist, wie schon erwähnt, wundervoll. Die Alpenketten und Seen (*Atter-, Mond-* und *St. Wolfgangsee; der Egel-, Grotten-, Alm-, Grün-, Mönch-* und *Schwarzensee*) des Salzkammergutes, Oberösterreichs bis zum Böhmerwald, die Alpen der Steiermark und Salzburgs, die bairische Ebene bis zum Chiemsee und Waginger See bieten ein so reiches und herrliches

Panorama, wie es das Auge nur wünschen kann. Leider stören oft tückische
Nebel den Genuss.

Panorama: NW. der Mondsee mit dem Drachenstein; gegen Süden der
Fuschlsee, der Nockstein, der Gaisberg bei Salzburg mit dem Höcker zur
Rechten, Stauffen, Untersberg, Hochkaiser, Hochkalter, Watzmann, der Hohe
Göll, das Steinerne Meer, die Uebergossene Alm, das Tännengebirge und unten
der St. Wolfgangsee; r. im Osten: Ankogl, Hafnereck, Radstadter Tauern,
Haberfeld, Thorstein und Dachstein, Hochwildstelle, Sarstein, Hohenwart,
Grimming, Hohe Schrott, Spitzmauer, Grosse und Kleine Priel, das Höllen-
gebirge, das Hochleckengebirge und dahinter der Traunstein; endlich am
nordöstl. Fusse des Schafberges der grosse Attersee. — Vom Wirthsh. eine
Viertelstunde entfernt die 37 m lange, 9 m hohe und breite *Adlerhöhle.*

Preise: Für 1 Bett im Kommunezimmer 80 kr.; für 1 Zimmer im Unter-
dach mit 2 Betten 2 fl.; im 1. oder 2. Stock 4 fl.; Tagbett 60 kr., Heizen 1 fl.
Gewöhnlicher weisser Wein 60 kr. pro Flasche; 1 Flasche Bier 65 kr.; 1 Flasche
Vöslauer 1 fl. 80 kr. Wer sich ein Bett sichern will, thut am besten, sich beim
Rösselwirth in St. Wolfgang eine Karte zu nehmen.

Wer nach Salzburg reist und in *St. Gilgen* eine Fahr-
gelegenheit abwarten will (namentlich Mittags), wende sich
zurück über die Oberalp (35 Min.), dann rechts durch Gehölz
auf den Weg (¹/₄ St.), nach 15 Min. l. in den Wald, 18 Min.
Gaisalm, 20 Min. aus dem Walde, 10 Min. kleine Wiese, durch
das Gatter (beim Hinaufsteigen, hier also links, durch das Gatter)
bis *Winkel* an der Landstrasse zum Mondsee, unweit des
Schlosses Hüttenstein (s. u.), von wo noch ¹/₂ St. bis nach St.
Gilgen (s. oben).

Von St. Gilgen ein sehr lohnender Ausflug über *Brunnwinkel*
durch die *Aich*, eine Einsattelung zwischen dem Schafberge und
dem Drachenstein an dem am *Krottensee* gelegenen fürstlich
Wrede'schen Schlosse *Hüttenstein* vorüber an den Mondsee
(1 St.). Man besteigt in *Scharfling* (Wesenauer) das Dampfboot, fährt nach *Plomberg, Loibichl* (Haltestation für das Schiff)
und gelangt nach dem wunderbar gelegenen stattlichen Markte
Mondsee (481 m; *Post; Vinzenz; Traube* u. a.; **Wührer's
Hôtel Königsbad* am See), 1500 Einwohner. Mondsee entstand
784 durch die Gründung einer Benedictiner-Abtei, welche
Herzog Odilo von Bayern hier in's Leben rief. Ausgrabungen
eines römischen Begräbnissplatzes daselbst geben die Ge-
wissheit, dass hier eine römische Niederlassung bestanden habe
(wahrscheinlich das historische *Tarnantone*). 923 wurde die
Abtei durch die Ungarn zerstört, bald darauf wieder erbaut,
von Josef II. 1789 endlich gänzlich aufgehoben. Napoleon be-
lehnte 1809 den bayrischen General von Wrede mit der Herrschaft Mondsee als Majorat, dessen Familie noch heute im Besitze derselben ist.

Die grosse, in edlem Baustile gehaltene Pfarrkirche birgt

gute Holzschnitzarbeiten aus dem Beginne des 17. Jahrhunderts, ein Altarbild von Sandrart und ein schönes Speisegitter aus Marmor.

$^1/_4$ St. von Mondsee entfernt das *Königsbad*, zu welchem vom Markte aus eine schöne Allee hinführt. Das ziemlich grosse Etablissement enthält 50 Cabinen und eine gute Restauration. An den Ufern des Mondsees stehen bereits einige Villen. Bei der wunderbaren Lage der mit allen Reizen der Natur ausgestatteten Umgebung dürften zweifellos bald andere nachfolgen, zumal ja auch die Frequenz von Jahr zu Jahr steigt.

Der **Mondsee** ist 2$^1/_2$ St. lang, $^1/_2$ St. breit. Eine Rundfahrt auf demselben mit dem Dampfboote sehr lohnend. Da liegen im weiten Umkreise die *Weissenbacher Steinwände*, der *Schafberg*, *Koppenstein*, die *Kienberggwand*, der *Griesberg*, der *Drachenstein*, *Schober*, *Kolomansberg* und der *Mondseeberg*. Vom Mittelpunkte des Sees aus der *Traunstein* sichtbar.

Von der Dampfbootstation *See* (Whs.) durch die weit verstreuten Häuser in der *Au* nach *Unterach* am *Attersee* (S. 21).

Wer vom Schafberge nach Ischl will, kann diese Partien in folgender Weise machen: Vom Schafberge hinab über Hüttenstein oder direct nach Scharfling (3$^1/_2$ St.), über den Mondsee nach der Sägemühle bei *Ort* ($^3/_4$ St.), zu Fuss nach Unterach ($^3/_4$ St.), über den schönsten Theil des Attersee nach *Weissenbach* (1$^1/_4$ St.), wo ein reizend gelegenes Gasthaus (*Post), und zu Fuss oder mit Wagen durch das grossartige, bergige *Weissenbachthal* über *Inner-Weissenbach* nach Ischl (4 St.) — Ischler Kurgäste fahren häufig nach St. Wolfgang, senden den Wagen zurück und bestellen ihn andern Tags nach Weissenbach.

6. Von Ischl über Aussee, Steinach, Bischofshofen nach Salzburg.

Ischl (s. Route 4, S. 21). Ausserhalb Ischl tritt die Bahn auf das linke Traunufer und erreicht Stat. **Laufen**, von dem gleichnamigen, am r. Ufer malerisch gelegenen Markte (479 m; *Rössl* mit Garten; *Post*) $^1/_4$ St. entfernt. Die Traun hat hier ungemein starke Stromschnellen, der „wilde Laufen" genannt. Laufen, unter Kaiser Rudolf I. zum Markt erhoben, wird schon im 8. Jahrhundert urkundlich genannt. In der sehr sehenswerthen alten Kirche eine Madonna, welche dem Erzbischofe Thiemo von Salzburg, als er sich auf der Flucht nach Admont im 8. Jahrhundert hier aufhielt, ihr Entstehen danken soll. Die Kirche, „Maria Schatten" genannt, ist das Ziel zahlreicher Wallfahrer. Bei der *Anzenmühle* nächst Laufen das sogenannte

Höllen- oder *Teufelsloch*, eine Höhle, 227 m lang und 58 m breit, an welche sich manche Sage knüpft.

Die Bahn übersetzt die Traun wieder und gelangt nach Station **Anzenau** (487,₆ m); ihr gegenüber am l. Ufer *Ober-Weissenbach* mit grossen Holzlagern an der Ausmündung des Weissenbachthales. In letzterem (1 St.) die *Chorinsky-Klause*, grossartig angelegt und für die Holztrift auf dem *Oberweissbache* bestimmt. Das Oeffnen oder Schlagen der Klause ist ein herrlich schönes Schauspiel, das alljährlich eine grosse Menge Schaulustiger anzieht. — Es folgt Stat. **Goisern** (500 m *zur Wartburg*), grosses, uraltes Dorf mit ca. 1000 Einwohnern, die grösste evangelische Gemeinde des Salzkammergutes. Hier soll das „Gössodunum" der alten Boyer gestanden haben. Waldgraf von Enns und Goiserwald, Adalbert der Raugraf, Bruder des Markgrafen Ottokar I. von Steyer, erbaute die Goisernburg und und 1080 die alte Martinskirche. Im Laufe der Jahrhunderte hatte Goisern verschiedene Herren. Erst den Babenbergern gehörig, kam es im 14. Jahrhundert an die Herren von Schekhen, 1396 an Heinrich von Zelking; Kaiser Rudolf II. verlieh es als Lehen dem Hieronymus Nütz von Goisernburg, später wieder den Landesfürsten. 1495 zerstörte ein verheerender Brand Markt und Burg. Ersterer erstand bald wieder, letztere aber verfiel und verschwand seither gänzlich, so dass heute nicht einmal ihr früherer Standplatz auffindbar ist.

An den Ortschaften (links) *Lasern*, *Wiesen* und *Stambach* vorüber nach Stat. **Steg** (516 m), gleichzeitig Landungsplatz für das den *Hallstädter See* befahrende Dampfboot, am Nordende des Sees gelegen. Vom Bahnhof Fahrstrasse über die Traun nach dem Dörfchen (10 Min.) Steg. Die Bahn läuft am östl. Seeufer nach *Obertraun* und *Aussee*.

Das Dampfboot fährt von *Steg* nach *Gosau-Mühl* (30 kr.), von letzterem nach *Hallstadt* (40 kr.) und von diesem nach *Obertraun* (30 kr.). — Am Bahnhof in Steg Omnibusse und andere Fahrgelegenheiten nach Gosau-Mühl, Hallstadt und Gosau-Schmied; — Von Gosau nach *Abtenau* und *Golling* Postverbindung täglich Vormittags 10 Uhr.

Der **Hallstädter See** (494 m) ist 8 km lang, 1—1¹/₂ km breit und gehört unstreitig zu den interessantesten Binnengewässern Europas. Bewundert man den Traunsee ob seiner Lieblichkeit und Anmuth, so wirkt beim Hallstädter See dessen Erhabenheit und düsterer Charakter überwältigend auf den Besucher ein. Von drei Seiten umschliessen ihn dräuende Bergriesen: östl. erhebt sich der *Saarstein* (1973 m); westlich der *l'lassen* oder *Plassenstein* (1952 m), *Gosauhals* und das *Ramsauer Gebirge*; südlich der *Krippenstein* (2105 m), *Zwölferkogl* (1978 m) und *Hirlatz* (1933 m).

Statt der Dampfbootfahrt von Steg nach Hallstadt ziehen Viele die Fusstour über Gosau-Mühl zum *Gosauzwang* — den sogenannten „*Promenadenweg*" —
vor; von hier Fusssteig 1. hinan auf dem bequemeren Weg, der endlich in die
Schlucht des *Mühlbachs* einbiegt und auf Holztreppen hinab zum *Rudolfsthurm*
und weiter nach Hallstadt führt. Diese Tour ist ungemein lohnend und Fussgängern unbedingt zu empfehlen.

    Hallstadt (*Seeauer* und *Grüner Baum*, beide am See; *zur
Post*) liegt am südwestl. Ende des Sees. Der Markt zählt ca.
2400 Einwohner, von denen die Hälfte Protestanten, welche
theils in den Salzwerken, theils im Holsschnitzen ihren Verdienst
suchen und finden. Der Ort besitzt eine Holzschnitzereischule,
welche ein vom Staate besoldeter Fachlehrer leitet. Den besten
Blick auf Markt und See geniesst man vom Plateau der katho-
lischen Kirche aus; ein Besuch der Letzteren lohnend, enthält
einen sehr schön geschnitzten Altar aus dem 16. Jahrhundert.
Die Lage Hallstadts ist eine reizende. Terrassenförmig liegen
die Reihen der kleinen, niedlichen Häuser übereinander, sich
am Felsen gleichsam festklammernd. Am Gestade steht die einfache, aber schöne evangel. Kirche; höher oben auf einem Fels-
vorsprung die katholische. Hoch über Hallstadt aus üppigem
Buchenwalde schaut stolz der *Rudolfsthurm* herab. Vom Salzberge niederstürzend, bildet der Mühlbach in Mitte des Ortes
einen Wasserfall. — Südl. in der Lahn, einem kleinen angeschwemmten Vorlande, steht das *k. k. Sudwerk* mit Salinenamt.
Der ganze Verkehr wird zu Wasser unterhalten; die Frohn-
leichnamsprocession, wie bei Traunkirchen, auf Booten bewerkstelligt; Pferde giebt es hier nicht. Die Berge rücken bei Hallstadt so nah aneinander, dass während zweier Wintermonate
kaum ein Sonnenstrahl auf den Ort fällt.

    Zum *Rudolfsthurm* (890 m über dem Meere, 396 m über
dem See) führt von Hallstadt aus ein guter Weg in vielen
Windungen in 1 St. (Sesselträger $2^1/_2$ fl., Maulthier $3^1/_2$ fl.,
zum Salzberg 4 fl. 70 kr.). — Der Rudolfsthurm wurde 1299
von Kaiser Albrecht dem Weisen aus Anlass der wegen der
Gosauer Salzwerke mit den Salzburger Erzbischöfen entbrannten
Fehden zum Schutze des dortigen Bergbaues erbaut. In seiner
Nähe wurden seit 1846 zahlreiche Grabstätten, wahrscheinlich
keltischer Arbeiter, aus dem 3. und 4. Jahrhundert n. Chr. aufgefunden, aus welchen Gerippe von ungeheurer Grösse, Waffen,
Schmuckgegenstände etc. ausgegraben wurden, die unter dem
Namen „Hallstädter Funde" zum grössten Theil im Wiener
Antikenkabinet, der Rest in den Museen zu Linz und Salzburg
aufbewahrt werden: ein geringer Theil ist im Rudolfsthurm
zurückgeblieben. Von letzterem $^3/_4$ St. aufwärts der **Hallstädter
Salzberg** (1120 m), Berghaus und Eingangsstollen. Der Bergbau daselbst ist der älteste des Salzkammergutes. Das Salz

kommt in grösseren Flötzen vor und wird durch Sprengen oder Hauen gewonnen. Der Besuch des Bergwerkes nimmt ungefähr 1 St. in Anspruch und ist mit grösseren Beschwerden verbunden, als jener des *Ischler Berges*. Karten im Rudolfsthurm, der Wohnung des Bergmeisters. Im Jahre 1504 besuchte Kaiser Maximilian das Bergwerk. Dieses Ereigniss wurde in einer, auf halbem Wege zum Rudolfsthurme, in den Felsen eingemauerten Tafel verewigt. Die diesbezügliche Inschrift lautet:

Hie. hat. gerast. der. hochlöbl. Rö. kunig. Maximilia. alls. er. gangen. ist. die. Salzperg. zu. besehen. den. 5. tag. Januarj. Ao. 1504.

Einige hundert Schritte aufwärts der Franz Josef-Stollen, aufgeschlagen vom Kaiser Franz Josef I. am 13. October 1856. Diesem zunächst alter keltischer Begräbnissplatz, aus welchem viele werthvolle Funde stammen, welche zum grössten Theil nach Wien in das dortige Antikenkabinet gesandt wurden; ein kleiner Theil noch im Rudolfsthurm zu sehen.

Ein Besuch des **Waldbachstrub** (1 St. südwestl. von Hallstadt) nicht zu versäumen. Durch das *Echernthal* zum Wasserfall, der in 3 Absätzen aus einer Höhe von 100 m herabstürzt. In der Nähe der fast gleich hohe *Schleierfall*. Beide indess nur nach Regentagen lohnend. 1 St. höher die Klauskoglfälle. Mit dem *Waldbachstrub* kann auch gleichzeitig die *Klausalpe* bestiegen werden, an welcher von einem Standpunkte aus ein prächtiger, etwa 50 m hoher und 8—10 m breiter Wassersturz zu schauen ist, der in pittoresker Beziehung den Waldbachstrub noch übertrifft.

Bergtouren (Führer: *Riezinger, Schupfer* und *Seeauer* in Hallstadt). Auf den **Plassen** oder **Plassenstein** (1952 m) 4 St. (Führer 3 fl.), lohnend, von der Spitze schöne Rundsicht. — **Sarstein** (1973 m) von *Obertraun* über die *Sarsteiner Alp* (5 St., Führer 3 fl.) sehr lohnend. — Die weitaus interessanteste, wenn auch beschwerlichste Partie ist die Besteigung des **Dachsteins** (2996 m), höchster Gipfel der nördlichen Kalkalpen. (9—10 St., Führer 10 fl.) Aufstiege entweder von Hallstadt oder vom *hinteren Gosausee* aus. Wer Anstrengungen nicht scheut und düstere Felsenwildniss liebt, besteige den Dachstein von Hallstadt aus über den See nach *Obertraun*, dann zu Fuss durch den *Wallnergraben* zum *Schafeck* (2¹/₂ St.), rechts vom *Krippenstein* über die *Schar* und den *Krippenbrunn* zum *Krippeneck*, weiter über die *Gjaidsteinspitze* (3 St.), durch Klüfte zum *Taubenkar* (2 St.) und Karls-Eisfelde (¹/₂ St.). ¹/₄ St. von dort das Unterkunftshaus **Simony-Hütte.** Auf dem Rückwege kann man den *Waldbachstrub* (siehe oben) besuchen.

Besteigung vom *hinteren Gosausee* aus (S. 88). Die drei

höchsten Erhebungen des Dachsteines sind: der „*Grosse Dach-stein*", der „*Thorstein*" und der „*Kleine Dachstein*". Der Glet-scher, 20,000 □ m im Umfange, theilt sich in 3 Eisfelder, von welchen das grösste das „*Karls-Eisfeld*" ist, so genannt zur Er-innerung an die 1812 vom Erzherzog Karl unternommene Be-steigung des Dachsteins. Die Aussicht von der Spitze ist eine wahrhaft grossartige und beherrscht Theile von 8 Ländern.

Ein weiterer, äusserst reizender und lohnender Ausflug von Hallstadt aus ist' ein Besuch der **Gosau**, eines anmuthigen, 2 St. langen Wiesen- und Waldthales, in dessen sich erweitern-der Mitte das grosse Dorf *Vorder-Gosau* (766 m; **Brandwirth;* zum *Dachstein*) liegt. Zur *Gosaumühl* durch den *Gosauzwang* (eine 133 m lange, von 7 Pfeilern getragene Ueberbrückung des Thales für die Soolenleitung) in das Gosauthal zum Dorfe. Den grossartigen Hintergrund desselben bilden im Süden die schroffen Wände der *Donnerkogeln* (2052 m). Der Fahrweg endet in *Hinter-Gosau* (820 m) beim *Gosau-Schmied* (Whs.). Von hier Fussweg durch Wald zum schönen waldumkränzten **Vordern Gosausee* (908 m), 1¹/₂ Kilm. lang, ¹/₂ Kilm. breit (kl. Restau-ration an der Seeklause); im S.-O. der grossartig schöne Dach-stein mit den beiden Gosaugletschern, rechts der Thorstein und die Donnerkogeln. 1¹/₂ St. weiter der um die Hälfte kleinere hellgrüne **Hintere Gosausee* (1156 m), von öden Kalkfelsen um-geben. Zum Gosaugletscher von hier 3 St. beschwerlichen Weges (nur mit Führer! 4 fl.). Der Weg auf den Dachstein von hier aus viel beschwerlicher als von Hallstadt führt über den *Grub-stein* (1¹/₂ St.), durch die *Kogelgasse*, über den *Berwurzenkogel* und *Grünberg* längs der *Schreiberwand* nach dem **Karls-Eis-felde*, wie der nördliche Abhang des Dachsteingletschers genannt wird. Hier die grossartigste Fernsicht. Weiter zu klimmen, ist gefährlich; bis zum Gipfel des Dachsteins sind noch 3 St.

Vom Dorfe Gosau geht der Fahrweg über 1 St. zum Pass *Gschütt* (971 m), der Grenze zwischen Salzburg und dem Salz-kammergute, empor; östl. die Gosau mit den Donnerkogeln; westl. das *Tännengebirge*. Nördl. von *Russbach* (¹/₂ St.), einem kleinen Dorfe, das *Haber*- oder *Gamsfeld* (2024 m), Besteigung (3 St.) ohne Schwierigkeiten und sehr lohnend. Weiter durch das an Versteinerungen reiche *Russbachthal* zur Lammerbrücke und ziemlich steil empor zu dem stattlichen Markte **Abtenau** (712 m; *Post; Rother Ochs*). In dessen Nähe die schönen *Schwarzbachfälle*.

Um vieles lohnender ist eine Wanderung über die ***Zwiesel-alpe** nach Abtenau. Vom Dorfe Vorder-Gosau 3 St., vom Gosau-Schmied 2 St. (Führer bis Abtenau 3 fl. 50 kr., Trag-sessel 11 und 16 fl.) Von Vorder-Gosau Reitweg (Führer nicht nöthig). Die *Zwieselalpe* ist mit Recht einer der besuchtesten

Punkte des Salzkammergutes, die Aussicht von derselben, eine
der schönsten des ganzen Landes, umfasst eine grossartige Ge-
birgsrundsicht.

Panorama: Unmittelbar neben den Donnerkogeln in der Ferne südl. Radstadter Tauern, Kärnthener Alpen, Nassfelder-, Rauriser- und Fuscher-Tauern
bis zum Grossglockner, daneben das Wiesbachhorn und im Hintergrunde
rechts der Grossvenediger; südwestl. der Hochkönig, die Uebergossene Alm,
im Vorgrunde das Tännengebirge; westl. der Hohe Göll, rechts der Untersberg; über dem Gosauthale östl. der Dachstein, tief unten der kleine hintere
Gosausee.

Von der Zwieselalpe *direct nach dem Pinzgau* führt der
Weg nach den 3 westl. unter der Zwieselalpe liegenden Sennhütten; von hier in 2 St. nach *Annaberg* (2 Whs., das ältere
besser), wo Wagen zu bekommen sind; nach (2 St.) *St. Martin*
und nach 2½ St. *Hüttau*, Bahnstation.

Nach *Abtenau* geht der Weg (3¼ – 4 St.) nordw. bergab
durch den Wald und an einzelnen Bauernhöfen vorüber zur
(2 St.) *Lammerbrücke;* von hier entweder direct in 1½ St., oder
vor der Brücke r. zur (½ St.) Hönnk'schen Kuranstalt (gute
Unterkunft für Passanten) und von dieser über die Gosauer
Strasse nach (1 St.) Abtenau.

Von *Abtenau nach Golling* (4½ St., zu Wagen 3 St.) w.
durch das *Schwarzbachthal* am nördl. Fusse des *Tännengebirges*
hin, in dessen Wand das *Frauenloch*, eine grosse Höhle, den
Strubberg steil hinan, dann über eine kleine Ebene, von der aus
es dann ebenso steil zur Lammerbrücke (2 St.) hinabgeht. Von
hier aus am r. Ufer der Lammer fort über (1 St.) *Scheffau* nach
(1 St.) *Golling*. Links das *Tännengebirge*, westl. über dem
Markte der *Hohe Göll* (2528 m). Zum *Wasserfall, Pass Lueg*
und zu den *Oefen* (siehe später).

––––––––––

Von Steg, wie oben erwähnt, geht die Bahn am östl. Ufer
des Hallstädter Sees, am Fuss des jäh abstürzenden Sarstein
fort, passirt den 160 m langen *Wehrgrabentunnel*, die *Wehr-
grabenbrücke* (über eine 50 m tiefe Seebucht) und erreicht, r. an
dem Schlösschen *Grub* vorüber, Stat. **Obertraun** (516,₆ m, J. M.
Hinterer's Whs.), ein kleines protestantisches Dorf am östl. Ende
des Sees (Dampfboot nach Hallstadt S. 31; Ruderboot mit zwei
Schiffern 60 kr.).

Von *Obertraun* aus wird der (4 St.) *Sarstein* bestiegen. — Von Obertraun
nach Aussee über den *Koppen* 3 St.; für Fussgänger eine äusserst lohnende
Partie, meist durch Wald. Mit dieser Tour leicht zu verbinden ein Besuch
der *Koppenbrüllerhöhle* (Führer und Fackeln nöthig), 1 St. von Obertraun, aber
nur im Frühjahr lohnend, wenn der unterirdische Bach durch das Schnee-
wasser angeschwollen ist.

Die Fahrt von Obertraun nach Aussee durch das wild-romantische *Koppenthal* (r. das *Koppengebirge*, Vorgebirge des Dachstein, links der Sarstein) wird vielfach mit dem „Gesäuse" im Ennsthal zwischen Hieflau und Admont verglichen. Die Bahn überschreitet ausserhalb Obertraun die Traun, passirt den *Mühlwerksteintunnel* (35 m) und dringt in das Koppenthal ein, geht dicht an den Ufern der brausenden Traun fort, überschreitet dieselbe noch zwei weitere Male und erreicht endlich aus der Thalschlucht hervortretend Stat. *Aussee* (510,₆ m, *Bahnhofs-restaur.*).

Aussee (*Erzherzog Karl*, früher Post; *Karl Hackl; Sonne; Seeauer; Wilder Mann; Lamm; Adler.* — *Kurhaus* an der Mecsery-Promenade. — Fiaker vom Bahnhof in den Markt einsp. 1 fl. 40 kr. — zweisp. 2 fl. — nach *Grundlsee* oder *Alt-Aussee* und retour 3 fl. 40 kr. und 4 fl. 20 kr. incl. Trinkgeld. — Hin-fahrt allein einsp. 1 fl. 90 kr.; zweisp. 3 fl. 40 kr.), Markt stammt aus dem 12. Jahrhundert und· verdankt sein Entstehen dem Salzbau, der schon 1147 in dem etwa 1 St. entfernten Salzberge auf Kosten des Zisterzienser-Klosters Rain, bei Graz, betrieben wurde. Der Markt zählt ca. 1500 Einwohner und ist Hauptort des steyerischen Salzkammergutes. Seine Lage an der dreiarmigen Traun (Alt-Ausseer-, Grundlseer- und Oedenseer- oder Kainisch-Traun) ist eine überaus reizende, seine Umgebung eine wundervoll schöne. Als Kurort hat Aussee in den letzten Jahren sehr gewonnen und wird namentlich durch die Salz-kammergutbahn noch mehr aufblühen. Von interessanteren Bauten erwähnen wir: das *Kurhaus* an der Mecsery-Promenade; die Spitalkirche mit schönem Flügelaltar (1449); die Pfarrkirche; am Südeingange derselben ein Verzeichniss der in den Kriegs-jahren 1848 und 1849 gefallenen Soldaten des Ausseer Gemeinde-bezirkes, 60 an der Zahl oder 1 Proc. der 6000 Seelen zählen-den Bevölkerung. Auf dem Friedhofe Grabmal des 1828 ver-storbenen Postmeisters· Plochl, Schwiegervaters des Erzherzogs Johann. An Promenaden besitzt Aussee die oben erwähnte *Mecsery-Promenade*, die *Elisabeth-Promenade*, den *Lenauhügel* und den *Prater*. Der Kurort ist meist von Lungenkranken be-sucht. Auf dem Wege nach *Alt-Aussee* das *Badehôtel Elisabeth*, früher Dr. Schreiber's Sanatorium und Wasserheilanstalt. (Pen-sion theuer.)

Ausflüge und *Bergtouren:* Nach *Alt-Aussee (Kitzerwirth), Dorf mit ca. 300 Einwohnern. Sehr lohnend. Fiaker s. oben. *Omnibus* tägl. 1¹/₂ Uhr für 50 kr. (von der „Sonne"). Durch das waldige Thal der Alt-Ausseer Traun nach Alt-Aussee und *Fischerndorf* (Whs. am See). Der kl. *Alt-Aussee*, ³/₄ St. lang, ¹/₄ St. breit, wird östl. von der *Driesselwand*, südl. vom *Tressenstein* (1214 m), nördl. vom *Loser* (1836 m) und *Sandling* (1716 m) begrenzt; im Westen zeigen sich die Eisfelder des Dachstein. Vom Wirthshaus am See schöner Ueberblick

derselben. — Von Alt-Aussee auf die *Pflintsberg-Alpe* (mit Wasserfall und
lohnender Aussicht) 1½ St. — Zum *Ausseer Salzberg* durch den Fludergraben
1 St. — Die „*Drei-Seen-Tour*": Zum *Grundlsee* (709 m), 1½ St. lang, über
¼ St. breit, von den Vorbergen des Todten Gebirges im Halbkreis umgeben.
(Fiaker s. S. 35. Omnibus 2 Mal tägl. in ¾ St. 50 kr.) Fahrstrasse meist
durch schattigen Wald. Vom Grundlsee (Schramlwirth) in ¾ St. am Ladner
Whs. vorbei zum Dörfchen *Gössel;* von hier durch das romantische *Kammthal*
zum (¼ St.) *Toplitzsee*, mit 2 Wasserfällen. ½ St. davon entfernt in düsterer
Einsamkeit der kl. *Kammersee* am Fusse der „*Weissen Wand*". — Auf den
Loser (1836 m) über die *Augster Alm* von Alt-Aussee aus. Besteigung selbst
für Damen nicht beschwerlich. Für Unterkunft auf demselben durch zahlreiche Almhütten vorgesorgt. Aussicht herrlich: auf die oben berührten Seen,
den Hochgolling, das Todte Gebirge, den Dachstein, Gr. Glockner, Wiesbachhorn, Venediger, das Tännengebirge und die umliegenden Thäler. — Zum
Oedensee.

Die Bahn übersetzt ausserhalb Aussee die *Kainischtraun*,
welche in dem ½ St. von Kainisch gelegenen *Oedensee* entspringt, und geht längs derselben bis Stat. *Kainisch* (769 m),
ein kleiner Ort mit bedeutendem Torfstich. An den Orten
Pichl, *Reith* und *Knoppen* (l.) und *Mühlreith* (r.) vorüber, passirt
die Bahn das enge *Mürrnthal*, beim Austritt l. das stattliche
Obersdorf, führt an dem Dorfe *Redschitz* vorüber nach Stat.
Mitterndorf (802 m, Post), eine hübsche Ortschaft mit 113 Häusern und 600 Einw., ¼ St. vom Bahnhofe entfernt. Vor Mitterndorf am sogenannten *Knoppenmoos* die Wasserscheide zwischen
der Enns und der Traun. Den Zauchenbach überschreitend r.
der *Grimming*, im Hintergrunde das *Todte Gebirge* mit dem
Grossen Tragl (2159 m) und dem *Scheiblingtragl* (2157 m), die
Dachsteinvorgebirge nach Stat. *Klachau* (833 m; Maierl einf.),
höchster Punkt der Salzkammergutbahn; ein unbedeutender Ort,
von dem aus der *Grimming* (2346 m), von den Alten irrthüm-
lich *mons altissimus Styriae* genannt, am leichtesten bestiegen
werden kann. Die Bahn übersetzt ausserhalb desselben den
Grimmingbach, geht durch den romantischen Engpass der
Klachau; l. das uralte Dorf *Pirgg,* hierauf durch den die
Pirggerwand durchbohrenden Burgstallertunnel (332 m) und
weiter durch den 180 m langen Unterburger Tunnel nach Stat.
Steinach (642 m, Whs. am Bahnhof), Markt mit ca. 500 Einwohnern. ¼ St. vom Stationsplatze entfernt Schloss Trautenfels, links ab, am rechten Ennsufer (¾ St.), an der Mündung
des *Donnersbachthales*, der alte Markt *Irdning*, ca. 600 Einw.;
hier lebte als Pfarrer Aenäas Sylvius Piccolomini, der nachmalige Papst Pius II. (1458—1464). Vor der Einfahrt in die
Stat. Steinach rechts in der Tiefe Dorf *Untergrimming* am
Fusse des Bergriesen Grimming.

Steinach ist der Endpunkt der Salzkammergutbahn, welche hier in die Giselabahn einmündet.

Die Bahn übersetzt die kleine und grosse *Grimming*, den *Mühlbach* (r. Schloss Trautenfels), geht am Fusse des Grimming entlang, dann über die Enns nach Station *Oeblarn* (679 m, Fleischer), Dorf mit 600 Einw., am Fusse des Grimming, gegenüber dem Ausgange des Walchernthales sehr schön gelegen. Westlich der Stoderzinken. Ueber den *Sölkbach* an der Berglehne hin nach Stat. **Gröbming** (674 m; *Post; Mandl; Bräuer*), Markt mit ca. 900 Einw., vom Bahnhof $^1/_2$ St. nördl. am l. Ennsufer.

Partien: *Stoderzinken* (2042 m); nach Mitterndorf, lohnend, in das *Sölkthal*, ein herrliches Thal bei Stein. 1 St. von da theilt sich dasselbe in das westl. oder *Klein-Sölkthal* und in das östl. oder *Gross-Sölkthal*.

Es folgt Stat. *Haus* (669 m; Neuwirth), Dorf mit etwas über 400 Einw. Diesem zunächst das Dorf *Aich* (Grabenwirth) mit über 500 Einw., dann Stat. **Schladming** (736,85 m; *Restaur. Nuss* beim Bahnhof; *Post; Bräuhaus; Fleischer; Carlwirth*), ein alter Markt in herrlicher Lage am r. Ennsufer mit ca. 950 Einw. Schladming, unter den Salzburger Erzbischöfen eine reiche Bergstadt, wurde in den Bauernkriegen hart mitgenommen. Für Touristen ein vorzüglicher Ausgangspunkt für interessanteste Bergtouren und Wanderungen.

Von *Schladming:* a) In die *Ramsau* (1027 m), von da auf den **Brandriedel;* b) in's *Unterthal, Hohe Wildstelle* (2741 m) 5$^1/_4$ St., für geübtere Bergsteiger Führer nicht nöthig. Aufstieg vom Jagdhaus am *Rissachsee* im *Rissachthale.* — *Hochgolling* (2863 m) 5$^1/_2$ St., lohnend; im Steinriesenthal hinan über die *obere Steinwender Alpe* (1696 m Nachtherberge) zum *Schartl* (2426 m); von hier nw. steil zum Gipfel. Abstieg durch den *Göriachwinkel* nach *Tamsweg* in 5$^1/_2$ St. Diese Partie indess nur in Begleitung eines Führers (E. Bachler und Lechner). — *Höchstein* (2604 m) 3 St. — Bequemste Route auf den **Dachstein**, jedoch nur in Begleitung eines Führers auszuführen. Die Dachsteingruppe besitzt 10 Gipfel bis nahezu und über 2700 m, von welchen die Scheuchenspitze (2662 m) am mindesten beschwerlich zu besteigen ist. Die Eisfelder des Dachstein bedecken ungefähr $^1/_4$ Quadratmeile. — c) Nach *Gosau* (Zwieselalpe, sehr lohnend).

Das Ennsthal wird enger; die Bahn geht hart am l. Ennsufer hin, übersetzt mehrere kl. Bäche, die Kalte Mandling und gelangt nach Stat. *Mandling* (810,85 m), dicht an der Grenze Steyermarks gelegen. Nördl. der *Rettenstein* (2245 m), sehr lohnender Aussichtspunkt. Es folgt Stat. **Radstadt** (825 m; **Post; Thorwirth; Stöckl; *Obergloner; Untergloner*), alte Stadt, auf einer Felsenhöhe gelegen, mit nahezu 900 Einw. Seit 1285 mit Ringmauern umgeben, wurde es zweimal, 1781 und 1825, ein Raub der Flammen, hat den Ehrennamen „Die Getreue". Kirche interessant und sehenswerth. (Erzeugungsstätte des weithin bekannten Radstädter Käse.)

Von Radstadt aus wird bestiegen:

Der *Rossbrand* (1786 m); ein vom deutsch-österr. Alpenverein hergestellter Weg lässt die lohnende Partie in 2¹/₂ St. leicht machen; prachtvolle Aussicht auf die nördlichen Kalkalpen und die Tauern. — Das *Grieskareck*, ca. 2000 m, lohnend, 6¹/₄ St., mit Führer. — Der *Lackenkogl* (2033 m) von Flachau östl. in 4 St. — Ausser diesen Bergtouren lassen sich von hier aus lohnende Touren nach (3¹/₂ St.) *Wagrain*, in die *Flachau* mit dem *Mosermandl* (2556 m), dem *Faulkogl* (2630 m) und den Uebergängen östl. auf die *Radstädter Tauernstrasse*, südl. über das *Windsfeld* (2145 m) nach *Zederhaus*, endlich westl. über die *Kraxe* (2433 m), schöner Aussichtspunkt, nach Kleinarl machen. — In den *Lungau*. Auf der interessanten Radstädter Tauernstrasse über Untertauern in 4¹/₂ St. zur Tauernhöhe 1738 m (Tauernhaus und Kirche) am *Schaidberg* (Whs.) vorüber nach *Tweng* (Post). Von hier führt die Poststrasse nach Mauterndorf, St. Michael, Tamsweg und Spital im *Lungau*.

Vom Tauernhaus aus werden bestiegen: Das *Hundsfeld* (2280 m) und von diesem die *Seekarspitze* (2328 m) 2¹/₄ St. — Abstieg nach Mandling; — der *Wildenseespitz* (2446 m) und über die Hirschwand, die obere *Pleisslingalpe*; lohnender Weg, Abstieg nach Flachau; — über die obere Pleisslingalpe das *Windsfeld* (2145 m).

[Der **Lungau,** diese wenig bekannte und besuchte Gebirgsgegend des Salzburger Landes, ist reich an schönen und lohnenden Touren und bietet in Folge dessen dem Alpenfreunde das mannigfaltigste Interesse. Die Hauptorte des Gaues sind:

a) *Tamsweg* (1021 m; Post, Prandstätter; Lebzelter), ein Markt mit ca. 950 Einw., Sitz einer k. k. Bezirkshauptmannschaft; von der alten und sehenswerthen St. Leonhardtskirche (1433 erbaut) überschaut man das Thal.

Einige *Bergtouren:* Lasabergalpe (1934 m) lohnend; in ca. 1 St. nach Lasaberg, von hier in 2 St. auf die Höhe; Abstieg nach *Ramingstein* (1¹/₂ St.), lohnender durch den *Greulbachgraben* nach *Predlitz* im Murthale (2 St.). — *Hochgolling* (2863 m), lohnend, aber beschwerlich und nur für geübte Bergsteiger. Nach *Hintergöriach* (2¹/₂ St.), von da in 3 St. zu den hinteren Hütten, r. von der Gollinger Scharte auf den Schladminger Weg (2¹/₂ St.), zum Gipfel 1 St. — *Preberspitze* (2742 m), Fahrweg zum schwarzen *Prebersee* (2 St.) l. aufw. zur (¹/₂ St.) *Prodingerhütte*, r. zu den 2 Hütten über den Bach auf die Schneide (2¹/₂ St.) und auf den Gipfel (¹/₂ St.); Abstieg nach *Krakau* über die *Hoferalpe.* —

Uebergänge von Tamsweg aus: Nach Schladming, nach Murau (*Schilcherhöhe* 2150 m), nach Millstadt (*Eisenhut* 2440 m), lohnend, beschwerlich; *Königsstuhl* (2334 m), lohnend.

b) *Mauterndorf*, Markt mit 870 Einw. (Post.) Auf das *Gurpitscheck* 2524 m über Tweng in 5 St. Abstieg in's Weissbriachthal und nach Tamsweg.

c) *St. Michael* (1068 m; Post; Wastlwirth), Markt mit ca. 750 Einw. Sitz eines k. k. Bezirksgerichts.

Uebergänge: Nach *Zederhaus* (vom Jägerhause nächst der Schwarzbühel-kapelle; Führer: Jäger *Einhorn*); — auf. das Mosermandl (2556 m, 5 St.); auf das *Weisseck* (2769 m, 5 St.); — von den Riedinghütten im *Riedinggraben:* auf die *Glingspitze* (2431 m, 2½ St); über das *Hassljoch* am *Schiedeck* zur *Tappen-karalpe* (3 St.). — In's *Murthal:* Auf der Zederhauserstrasse, dann links in's Murthal (2 St.) nach *Muhr;* von hier durch das schöne *Rothgüldenthal* nach *Hintermuhr.* Von letzterem 1) zum Mureck (1725 m); 2) Uebergang in's *Gross-arlerthal.* — In's *Lieserthal:* Ueber den *Katschberg* (1641 m) nach *Rennweg* und *St Peter* (*Neuwirth;* Führer: Jäger Florian). Von St. Peter in 2 St. zu den Oberdorfer Hütten, an schönen Wasserfällen vorüber zur Lanischhütte. Von letzterer auf das **Hafnereck,* 3060 m. Lohnend; nur für geübte Bergsteiger.]

Die Bahn verlässt die Enns, dis 3 St. südw. in der Flachau entspringt, und geht nordw. nach Stat. *Eben* (851 m), kl. Dorf mit etwa 150 Einw. Von hier Fahrstrasse über St. Martin, Anna-berg nach Abtenau. — Die Bahn übersetzt den *Fritzbach* auf kühn gebauter Brücke (r. Blick auf den Dachstein), geht westl. durch das enge *Fritzthal,* den Bach wiederholt passirend, nach Stat. *Hüttau* (715 m, Post), Dorf mit ca. 250 Einw. Eisenwerk; alte Kirche (1472).

Die Bahn durchfährt den 50 m langen *Abfaltertunnel,* über-setzt 6 mal den Fritzbach, dringt durch einen 600 m langen ge-mauerten (*Kreuzberg-*) Tunnel in das Salzachthal ein, übersetzt die Salzach und fährt in Stat. **Bischofshofen** ein.

Bischofshofen-Salzburg siehe Route 11, S. 68.

7. Von Linz nach Salzburg.

Kaiserin-Elisabeth-Westbahn, Fahrzeit: Courierzug 3 St. 5 Min., gewöhnl. Zug 4½ St.

Von *Linz* bis *Attnang* siehe 3. Route, S. 16.

Von Attnang aus weiter liegt l. Schloss Puchheim, das Höllengebirge im Hintergrunde. — Stat. **Vöcklabruck** (433 m, *Mohr, Post, Forstinger)*, Städtchen an der *Ager*, mit alten Thoren und Mauerresten; östl. auf einer Anhöhe die alte gothische Kirche von *Schöndorf.* Evangelische Kirche. Von Vöcklabruck in 1 St. nach Kammer am Attersee. Gegenwärtig ist die Bahn-strecke Vöcklabruck-Kammer im Bau begriffen. Es folgen die Stationen *Timmelkam, Redl-Zipf* mit grosser Brauerei, *Vöckla-markt, Frankenmarkt,* grosser Marktflecken, *Steindorf.*

Von Steindorf nach *Braunau,* Eisenbahn in 2½ St. mit den Stat. *Friedburg-Lengau, Munderfing, Mattighofen, Uttendorf-Hellpfau, Mauerkirchen, St. Georgen, Braunau am Inn* (S. 19).

Von Stat. *Strasswalchen* zeigt sich links das Horn des Schaf-

berges und der Schober. Es folgt Köstendorf, Stat. für das
10 Minuten entfernte Neumarkt, freundlich gelegener Marktflecken,
der im März 1879 nahezu gänzlich einem verheerenden Brande
zum Opfer fiel. Von Neumarkt aus ein Besuch des aussichtreichen
Thannberges (784 m) sehr zu empfehlen. Vom Bahnhof nordw.
in 1¹/₄ St. bequem zu ersteigen.

Vor Stat. Seekirchen tritt die Bahn an den 1¹/₂ St. l. Waller-
oder Seekirchener See, überschreitet mehrmals die reissende
Fischach, wendet sich dann l. in das Salzachthal (l. Gaisberg,
r. Untersberg, Watzmann, dann Maria Plain, im Hintergrunde
der Stauffen) und fährt endlich in den schönen, ¹/₄ St. von der
Stadt entfernten Bahnhof von Salzburg ein.

8. Salzburg und Umgebung.

Gasthöfe: Rechtes Ufer der Salzach: *Hôtel de l'Europe, vis à vis dem
Bahnhof, mit Pension; *Hôtel Nelböch mit Pension; *Hôtel d'Autriche. Einfacher:
Zum *Stein; Regenbogen; *Traube; zum *Gablerbräu; zum Tiger. — Linkes Ufer
der Salzach: *Hôtel Erzherzog Karl; *Hôtel Schiff, am Residenzplatz nächst der
Post und dem Telegraphenamt, ganz neu adaptirt; *Krone; *Illersberger's
Gasthof, vormals Raith, (Café und Restaurant); *Mohr; *Horn, gut bürgerliches
Haus mit guter Küche, gutem Keller; Hirsch; zur *Hölle, einfach aber gut,
schöne Terrasse gegen die Salzach; Mödlhammer; zum *Krimpelstätter in Mülln›
mit billiger, guter Pension, schönem Garten. — Pension *Forstner im Aignerthal, herrlich gelegen. Billige Preise. Zu empfehlen.

Restaurationen: *Mirabellgarten, schönste Sommerrestauration Salzburgs;
*Kurhaus mit gedeckter Terrasse, vorzüglicher Küche; einzige Pilsnerbierquelle
Salzburgs aus dem bürgerl. Brauhaus (nicht Flaschenbier). *Greimel's Zipfer-
Bierhalle, Schwarzstrasse, einfach, aber gut.

Kaffeehäuser: Tomaselli, am alten Marktplatz; Koller, Linzergasse; Café
Oberkogler, Westbahnstrasse vis à vis dem Kurgarten, nach Art der Wiener Cafés, 3
Billards, Spielzimmer, vollkommen neu und elegant; Café Lobmayr, Collegienplatz;
Café Wiesenberger, Judengasse; Café Endres, Linzergasse; Café Felber, Makartplatz.

Weinhäuser: St. Peterkeller; *Mohr; zum *Pflegerwirth, Weinstübl mit
guter Küche und allen österr. und ungar. Weinen, Kaigasse.

Bierkeller: Am l. Ufer: Stieglkeller (auf dem Wege zur Festung); *Stern-
bräugarten (schattig und kühl, mitten in der Stadt); Mödlkammerkeller, vor dem
Klausenthor, schöne Aussicht; diesem zunächst Schreiner's Bierhalle; Bräustübl
bei den Augustinern, ähnlich dem Münchener Hofbräuhaus; am r. Salzachufer:
Bergerbräuer's Bierhalle in Fünfhaus; *Gablerkeller, schönster Schankgarten, vor
dem Linzerthor.

Badeanstalten: Städtisches Bad im Kurhause, mit allem Comfort eingerichtet; alle Arten von Bädern; — k. k. Schwimmschule in Leopoldskron;
Ludwigsbad in Moos, Stellwagen tour und retour vom „Hirschen" ab, ¹/₂ St.;
Moorbad. — *Marienbad, gleichfalls stark besuchtes Moorbad mit allem Komfort eingerichtet; Stellwagen vom „Gold. Horn" in ³/₄ St. —

Wechselstuben: Am r. Ufer *C. Steininger*, Dreifaltigkeitsgasse; am l. Ufer *C. Scheibl*, am Kranzelmarkt.

Dienstmänner: 5 kr. pro Viertelstunde, Gepäck bis 10 Klgr. z. Bahnh. 20 kr.

Fremdenführer: Ganzer Tag ohne Verpflegung 2 fl., weitere Partien 3 fl. pro Tag; loco Salzburg für jede Stunde 25 kr. Auf den Mönchsberg 50 kr.; zur Festung 40 kr.; Kapuzinerberg 70 kr.: Gaisberg 2 fl., mit Gepäck 2 fl. 50 kr.

Sesselträger: Standort am Residenzplatz. Festgesetzter Tarif.

Fiakerstandplätze: Auf dem Residenzplatz; in der Schwarzstrasse nächst dem Hôtel d'Autriche. Taxe für Ein- und Zweispänner: Zwischen Bahnhof und der Stadt sammt Gepäck bei Tag 60 kr. und 1 fl.; bei Nachtzeit 90 kr. und 1 fl. 60 kr.; zwischen Bahnhof und den Vorstädten mehr um 20 kr. und 30 kr. Bei einstündigem Aufenthalt nach *Aigen* und retour 2 fl. und 3 fl.; nach *Fürstenbrunn* und retour 2 fl. 80 kr. bis 4 fl.; nach *Grödig* und retour 2 fl. 40 kr. und 3 fl. 70 kr.; nach *Hellbrunn* und retour 2 fl. und 3 fl.; nach *St. Jakob* und retour 4 fl. und 6 fl. 20 kr.; nach *Königssee* (für den ganzen Tag) 8 fl. und 12 fl.; nach *Marienbad* und retour 2 fl. und 8 fl.; nach *Maria Plain* und retour 2 fl. 40 kr. und 3 fl. 70 kr.; nach *Mondsee* (Hinfahrt allein) 6 fl. und 10 fl.; nach *Berchtesgaden* (für den ganzen Tag) 6 fl. und 10 fl. Nach anderen als obigen Punkten: für den *halben Tag* (6 Stunden) 3 fl. 20 kr. und 5 fl., darüber für die erste Viertelstunde 30 kr. und 40 kr., für jede weitere Viertelstunde 20 kr. und 30 kr.; für den *ganzen Tag* 6 fl. und 9 fl.

Post- und Telegraphenbureau im Regierungsgebäude auf dem Residenz-platze. Eingang rechts neben der k. k. Hauptwache.

Photographieen von Gebirgsansichten. *Würthle* und *Spinnhirn.*

Galanterie- und Schnitzwaaren: *Gregor Baldi,* beide Schwarzstrasse.

Salzburg, die Hauptstadt des Herzogthums gleichen Namens, liegt unter 30⁰ 43′ östl. Lg. und 47⁰ 48′ nördl. Br. an beiden Ufern der Salzach zwischen dem Mönchsberg (links) und dem Kapuzinerberg (rechts.) „Die Gegenden von Salzburg, Neapel und Konstantinopel halte ich," — sagt Humboldt — „für die schönsten der Erde." Und wahrlich, dieser begeisterte Ausspruch des grossen Autors hat in Bezug auf Salzburg seine volle Be-rechtigung. Salzburg gleicht in der That einem Eldorado, das selbst den ärgsten Stoiker entzücken muss. Die eigenartig ge-bauten Häuser, die altehrwürdigen Gassen und Gässchen der inneren Stadt, die stolze Veste Hohen-Salzburg, ringsum aber ein Panorama der Gebirgswelt, wie es herrlicher kaum noch ge-funden wird, dies Alles umgürtet den alten Bischofssitz mit un-vergleichlichen Reizen, die Herz und Auge erfreuen. In einem grossen Halbkreise umschliesst der Berge stattliche Kette das üppig schöne, von der grünen Salzach durchzogene Thal, in dem Salzburg so malerisch gelegen ist. Stolz heben die Bergriesen ihr Haupt empor, als wüssten sie, wie sehr sie dazu beitragen, dieses kleine Stück Erde zu einem der schönsten der Welt zu machen. Ist es auf der einen Seite die herrliche Gebirgswelt, die unsere Bewunderung erregt, so fesselt auf der anderen die frisch grüne Ebene, die sich nach Bayern hin ausdehnt, nicht minder unseren Blick. Herrliche Wiesen- und Waldgründe, belebt mit zierlichen Villen und stattlichen Weilern, breiten sich, so weit das Auge sieht, aus und bilden einen ebenso anziehenden, als abwechslungsreichen Kontrast zu dem Gebirgspanorama, das sich an entgegengesetzter Seite zeigt.

Durch die Bahnen brach dem kleinen Salzburg eine neue Aera an. Der Fortschritt machte seine Rechte mächtig geltend und schuf aus der ehemaligen, von Ringmauern beengten bischöflichen Residenz in kurzer Zeit eine Saisonstadt im wahrhaften Sinne des Wortes. Auf den Stadterweiterungs-Gründen, ein Geschenk Sr. Majestät des Kaisers Franz Josef I., erstanden neue, stattliche Gebäude, die mit allem Komfort der Residenzstadt ausgestattet sind; die öden Sandflächen an beiden Ufern der Salzach verwandelten sich in reizende Kais mit freundlichen Gartenanlagen, eine 1875 eröffnete Wasserleitung spendet der ganzen Stadt gesundes, quellfrisches Wasser, herrliche Gärten laden zum Spaziergange ein, eine Kur- und Badeanstalt, wie sie schöner und zweckmässiger wohl nur selten getroffen wird, macht Salzburg auch zum Kurorte. Dazu kommt noch die frische, gesunde Alpenluft, ein herrliches Klima, so dass man mit Fug und Recht sagen kann: hier haben Menschenhand und Mutter Natur gesorgt, um ein der Menschheit angenehmes Heim zu schaffen.

Die Stadt Salzburg ist der Sitz des k. k. Statthalters des Herzogthums, der Landesregierung, des Landesausschusses, eines Landes-, zugleich Handelsgerichtes, eines Bezirksgerichtes, einer Landes-Forstdirection, einer Finanz-Landesdirection, der Handels- und Gewerbekammer, eines Stations-Kommandos, des Erzbischofes und Domkapitels, eines Bahn-, Post- und Telegraphenamtes. Salzburg besitzt 24 Kirchen (darunter eine evangelische). An Lehranstalten befinden sich in Salzburg: eine theologische Facultät und ein Priester-Seminar, eine Lehrerbildungsanstalt, ein Gymnasium, eine Unter- und Oberrealschule, eine Staatsgewerbeschule, eine 8 klassige Bürgerschule und 4 katholische, sowie eine protestantische Volksschule. An humanitären Anstalten zählt Salzburg 4 Spitäler, 6 Versorgungshäuser; — ausserdem 8 Klöster, 36 religiöse und 56 weltliche Vereine. Die Bevölkerung beträgt, die Garnison mit einbegriffen, circa 25,000 Seelen und ist bis auf eine kleine Anzahl Protestanten (ca. 500) und Israeliten (ca. 60) katholisch.

Von der neuen *Staatsbrücke*, dem Verkehr übergeben am 10. Mai 1877, durch den sogn. *Obpacherbogen* auf den *Rathhausplatz* mit dem *Rathhause* l. Dieses besteht seit 1407, 1675 umgebaut, gegenwärtig Sitz der städtischen Behörden und Aemter. R. vom Platze die Getreidegasse mit *Geburtshaus Mozart's*, gegenüber dem Gasthof zur Krone. Seit dem Jahre 1880 ist auch **Mozart's Geburtszimmer**, Dank der pietätvollen Fürsorge der Internationalen Stiftung: *Mozarteum*, dem Publikum zugänglich. Dasselbe ist an Wochentagen von 8—11 Vormittags und 1—4 Uhr Nachmittags, an Sonn- und Feiertagen von 10— 12 Uhr Vorm. geöffnet; es befindet sich im III. Stockwerke und enthält das *Mozart-Museum* (früher Mozart-Archiv), eine äusserst interessante Sammlung von Mozart-Reliquien, sowie das *Mozart-Album*, eine Sammlung von werthvollen Autographen berühmter Compositeure, Künstler, Schriftsteller und Mozart-Verehrer. Eintrittspreis in das Geburtszimmer 50 kr. ö. W. Für Besichtigung des Mozart-Albums ist bei dem Ausschuss-Mitglied und Archivar Herrn *J. Horner* (Sigmund-Haffnergasse Nr. 2 I. Stock) eine Separatkarte von 20 kr. ö. W. zu lösen. — Ein Gang durch die Getreidegasse zu empfehlen, um die alten Firmaträger, wirklich schöne Producte alter Schmiedetechnik, zu besichtigen. Vom Rathhausplatze links über den Kranzelmarkt auf den alten Marktplatz mit dem altehrwürdigen *Marktbrunnen* (1687) mit kunstvoll gearbeitetem Gitter, jetzt vollständig restaurirt und eine Zierde des Platzes. An diesen reiht sich der *Residenzplatz*, Centralpunkt der Salzburger Prachtbauten; ihn ziert der **Hofbrunnen*, wie allgemein behauptet wird, der schönste in ganz Deutschland. 1664 unter Erzbischof Guidobald von Antonio Dario begonnen, wurde er erst 1680 unter Erzb. Maximilian Gandolf vollendet. Er ist 14 m hoch und hat ein Gesammtgewicht von 4000 Centnern. Die vier Flusspferde sind aus je einem Stücke gearbeitet, ebenso die Atlantengruppe; oben ein Triton, den in verschiedene Becken fallenden Wasserstrahl aus 2,6 m h. Horne sendend. Das unterste Becken hat einen Fassungsraum von 2400 Eimern. Westl. vom Hofbrunnen die **Residenz**, zu der Erzb. *Wolf Dietrich* 1592 den Grundstein legte; vollendet 1724 unter Erzb. Franz Anton. Enthält drei geräumige Höfe und mehrere sehenswerthe Säle mit schönen Wand- und Deckengemälden u. s. w., so den Ritter-, Karabiner- und Marcus Sitticussaal. (Wegen Besichtigung wende man sich an den Portier.) Oestl. vom Hofbrunnen der **Neubau**, Residenz des k. k. Statthalters, Sitz mehrerer Behörden, des Telegraphen- und Postamtes. Einen integrirenden Theil des Tractes gegen den Residenzplatz, gerade oberhalb der Hauptwache, bildet der *Glockenspielthurm*. Das Glockenspiel umfasst 37 Glocken, wurde 1703 unter Erzb. Johann Ernest Thun von dem Uhrmacher Sautter verfertigt, spielt (tägl. um 7, 11 und 6 Uhr) im Ganzen 22 Melodien, welche allmonatlich wechseln.

Vom Residenzplatz auf den Mozartplatz, mit ***Mozart's Standbild.** (Mozart, geb. 27. Januar 1756 zu Salzburg, gest. 5. Decbr. 1791 zu Wien.) Die Statue (3,8 m hoch) wurde nach dem Modelle Schwanthaler's von Stiegelmaier in München gegossen und am 4. September 1842 feierlich enthüllt. Das Postament (5,7 m hoch), auf welchem die Statue ruht, trägt auf der Vorderseite die Worte: „Errichtet MDCCCXXXXII." Die allegor. Reliefs am Postamente beziehen sich auf das Requiem, die Oper, das Concert und die Huldigung des Mozart'schen Genius. Gelegentlich der Fundamentirung des Denkmales fand man Ueberreste eines römischen Hauses und zwei herrliche Mosaikfussböden, von welchen ein Theil in das Salzburger Museum, der grössere und schönere aber nach Wien abgegeben wurde. Die Kosten des Denkmals beliefen sich auf 28,000 fl. Cmze. und wurden durch freiwillige Spenden und Beiträge gedeckt.

Vom Mozartplatz durch die Kai- und Chiemseegasse in den Chiemseehof, ehemals bischöfl. Palais der Suffragane von Chiemsee, 1305 erbaut, 1697 renovirt, endlich 1876—1877 gründlich restaurirt und modernisirt. Gegenwärtig Sitz des Landeshauptmannes und Landesausschusses.

Den Hof des Palais durchschreitend, durch ein kl. Gässchen l. zur *Cajetanerkirche* mit anstossendem ehemaligen Cajetanerkloster, gegenwärtig zum Militärspital adaptirt. Die Kirche, 1685 begonnen, 1697 vollendet, von dem Architekten Zugalli aus München erbaut, enthält sehenswerthe Fresken und Altarbilder von Paul Troger; „die heil. Familie" ist ein Werk Michael Rottmayer's. — Der Kirche fast gegenüber die *Frohnveste*. Durch die Kaigasse (rechts) und die Kapitelgasse (links) auf den *Kapitelplatz* mit der *Kapitelschwemme* von Pfaffinger unter Erzb. Leopold 1732 erbaut und der Fontana Trevi in Rom nachgebildet. Durch die Arkaden (Dombögen) auf den *Domplatz*; in dessen Mitte die *Marienstatue*, von den Brüdern Johann und Wolfgang Hagenauer unter Erzb. Sigismund 1771 in Blei gegossen. Die östl. Seite des Platzes nimmt die Hauptfaçade der *Domkirche ein, ein Prachtbau italienischer Renaissance. Der Plan zu demselben wurde im Auftrage des Erzb. Wolf Dietrichs von Vincenzio Scamozzi aus Florenz entworfen, der Bau aber erst unter Marcus Sitticus begonnen und in den Jahren 1614—1628 von Santino Solari nach diesem Plane ausgeführt. 1859 wurde im Innern des Domes eine durchgreifende Restaurirung vorgenommen. Kurz vor Beendigung derselben brach durch Unvorsichtigkeit ein Brand aus, der den ganzen Dachstuhl und die hohe Kuppel der Kirche vernichtete und wodurch namentlich auch die Gewölbe-Fresken sehr beschädigt wurden. Im Jahre 1875 wurde eine neuerliche Restaurirung vorgenommen. Die Ausschmückung des Innern der Kirche ist eine geschmackvolle und edle, bis auf die bunten Kreuzwegstationen, welche der Geschmacklosigkeit des gegenwärtigen Erzbischofs von Salzburg zu danken sind und wohl in eine Dorfkirche, nie aber in den herrlichen Dom passen, dessen Mittelschiff durch dieselben geradezu ver-

unziert wird. Die Deckengemälde stammen von Mascagni und
Solari jun. her, haben aber durch die Restaurirung nicht gewonnen. Von Gemälden sind hervorzuheben das Hochaltarblatt
von Mascagni, die beiden Wandgemälde oberhalb der Chorstühle,
beide von Solari. An Denkmälern sind nur zehn Epitaphien
von einzelnen Erzbischöfen im Querschiffe der Kirche vorhanden,
die aber nur geringen Kunstwerth haben. Interessant ist das
Taufbecken nächst dem Hauptportale l. (1321 unter Erzb.
Friedrich III. aus Glockenmetall gegossen); sehr sehenswerth
der *Domschatz, in welchem unter Anderem eine *Monstranz*,
mit 1792 Edelsteinen besetzt, besonders hervorzuheben ist.
Dieselbe wurde unter strengster Ueberwachung 1697 bei einem
Salzburger Goldschmied gemacht, dessen Geschäft noch heute
von seinen Nachfolgern (Firma C. Beck) neben Dieter's Hof-
buchhandlung als erstes am Platze betrieben wird. Weiter zu
erwähnen die Domorgel auf dem grossen Musikchore, eine der
grössten Oesterreichs, ein Werk des ehemal. Salzburger Orgelbauers Ludwig Moser (3 Manualen, 72 Register). Der Dom ist
durch Galerien einerseits mit dem Stifte St. Peter, andererseits
mit der Residenz verbunden.

Durch die der Hauptfaçade gegenüberliegenden Bögen gelangt man zur *Franziskanerkirche* mit Kloster. Die Kirche trägt
die Merkmale der verschiedenartigsten Baustyle an sich. Das
dreitheilige Längenschiff stammt aus dem 13., der Chor aus dem
15. Jahrhundert, die neun den Chor umgebenden Seitenkapellen
endlich aus der Glanzepoche der Renaissance. Unter den vielen
Gemälden erwähnenswerth jenes' des heil. Franz von Assisi, von
Rottmayer (1698). Ein Kunstwerk ist die von Michael Pacher
1480 in Holz geschnitzte Madonna auf dem Hochaltare. Kirche
und Kloster (1686—1689 erbaut) sind durch einen Gang verbunden. In letzterem lebt der bekannte Musik-Schriftsteller und
Organist P. Peter Singer.

P. Peter Singer erfreut sich als Verfertiger sinnreicher Instrumente (Pan-
symphonicon, das den Klang verschiedener Instrumente, als Violine, Violoncell,
Flöte, Fagott, Clavier, Orgel u. s. w. täuschend nachahmt), Musiker, Com-
ponist u. s. w. eines bedeutenden Rufes und ist täglich in seiner Zelle um
11 Uhr Vormittags für Musikfreunde zu sprechen und zu hören.

Damen selbstverständlich ausgeschlossen.

An das Franziskanerkloster grenzt die berühmte Benedictiner-
Abtei St. Peter. Im Hofe ein hübscher Fischbrunnen. Die *Stiftskirche*, ursprünglich (1131) romanische Säulenbasilika, wurde 1626
renovirt, 1754 im Zopfstyl restaurirt. Beachtenswerth das romanische Portal aus der ersten Hälfte des 13. Jahrhunderts. In der
Kirche besonders hervorzuheben die aus dem 16. und 17. Jahrh.
stammenden Wandgemälde im Kirchenschiffe, Kreuztragung und

Kreuzigung darstellend, beide von hohem Kunstwerthe; zahlreiche interessante Grabdenkmäler; im r. Seitenschiffe jenes von St. Rupertus (582—623), von Michael Haydn, Bruders des Componisten der „Schöpfung", von „Nanerl Mozart", Schwester des grossen Tondichters; im l. Seitenschiffe das Grabmal Johann Werner's von Raitenau, Vaters des berühmtesten Salzburger Erzbischofs Wolf Dietrich, dann vorne bei den Chorstühlen der Denkstein des Fr. Johannes († 1375), genannt der „Mönch von Salzburg".

Das Benedictinerstift St. Peter ist das älteste in Salzburg und so zu sagen der Grundstein zum heutigen Salzburg. Das gegenwärtige Stiftsgebäude entstand 1661—1674 unter Erzb. Max Gandolf. Das alte wurde 582 von St. Rupertus gegründet und blieb bis 1110 Residenz der Bischöfe und Erzbischöfe von Salzburg. Das Kloster ist reich an interessanten Sammlungen (Naturhistorische, Kupferstich- und Alterthümersammlung), besitzt eine Bibliothek, welche 40,000 Bände, 223 Pergamentmanuscripte, 600 Incunabeln enthält. Höchst sehenswerth die *Schatzkammer* des Stiftes, um vieles interessanter als der Domschatz. Dicht anstossend an die Abtei der durch seine malerische Lage hochinteressante *St. Peter-Friedhof*, enthält in den ihn von drei Seiten einschliessenden Arkaden-Grüften die Erb-Grabstätten zahlreicher Salzburg'scher Geschlechter. An die Klosterkirche angebaut die *Katharinen-Kapelle*, gegründet 1227 von Herzog Leopold II. von Oesterreich; dieser schräg gegenüber die *Kreuzkapelle* aus dem 11. Jahrhundert, angeblich an der Stelle des von heil. Rupertus gegründeten Klosters; oberhalb derselben, zum Theil in den Felsen hineingebaut, die *Gertrudenkapelle*, durch eine Felsenstiege mit der *Einsiedelei* des heil. *Maximus*, einer ziemlich geräumigen Höhle, verbunden, von der aus dieser Heilige mit 50 Glaubensgenossen durch die Heruler 477 bei der Zerstörung Juvavia's herabgestürzt wurde. In Mitte des Friedhofes die *Margarethenkapelle*, 1483 an Stelle einer von St. Rupertus errichteten Votivkirche erbaut, 1864 renovirt; enthält schöne Glasgemälde und Epitaphien. Angrenzend an den Abschluss der Arkaden die *St. Veitskapelle* (1130) mit dem Grabe des Abtes Johannes von Staupitz († 1524), des Freundes Luther's. — Der Friedhof enthält neben schönen modernen Denkmälern auch zahlreiche und interessante alte Grabdenkmäler. (Führer: der Todtengräber, besitzt die Schlüssel zu allen Kapellen, wohnt hinter den Arkaden; 30 kr. Trinkgeld.)

Vom Friedhofe in den Hofraum zurück gleich links Eingang in den **Peterskeller**, eine Specialität, gleich dem Münchener Hofbräuhause, das Rendezvous aller Fremden und Touristen, Ausschank österreichischer Weine. Im 1. Stock das *Haydn-*

stübchen und das alterthümlich eingerichtete Stübchen der *Gesellschaft für Salzburger Landeskunde.* Am Ende desselben Tractes im II. Stock der *Salzburger Kunstverein*, permanente Gemäldeausstellung, im Sommer täglich, im Winter nur an Sonn- und Feiertagen, sowie an Donnerstagen von 9—3 Uhr geöffnet. Entrée 30 kr.

Durch das dem Eingange in den Friedhof gegenüberliegende obere Ausgangsthor in die Festungsgasse (Stieglkeller) auf den *Nonnberg*, den Sitz eines adeligen Benedictiner-Nonnenstifts, welches vom heil. Rupertus für seine Verwandte, die hier begrabene erste Aebtissin Sta. Ehrentraudis, auf den Trümmern des Merkurtempels 585 erbaut wurde; 1009 baute Kaiser Heinrich II. eine Kirche, die 1423 abbrannte, 1464 neu erstand. Darin ein aus dem 16. Jahrhundert stammender spätgothischer Hochaltar, ein aus Elfenbein geschnitzter Stuhl sammt Pastorale und 4 alte Gemälde im Glockenhause aus dem 9. Jahrhundert. Schöne Aussicht auf den Gais- und Untersberg, den Hohen Göll und das Tännengebirge. Zu Füssen liegt die Vorstadt *Nonnthal*; mehr rechts **Leopoldskron**, ehemals Lustschloss des Königs Ludwig von Bayern, in freundlicher Lage an einem grossen Weiher (Nachen zur Miethe), mit Schwimmschule und Restauration.

Den Weg wieder zurück, die Festungsgasse rechts liegen lassend, links hinauf zur Festung *Hohen-Salzburg, die man nach Passirung des *Keutschachbogens* und *Schlangenthores* betritt. Durch einen Zwinger, an dessen oberem Ende das von Erzb. Leonhard von Keutschach errichtete Aufzugswerk die „Reise" ist, über eine Stiege in den Festungshof. Daselbst erhält man Eintrittskarten (à 30 kr.) und Führer.

Die Festung *) (540 m) wurde 1077 von Erzb. Gebhard gegründet, im 12. und 15. Jahrhundert wiederholt von den Erzbischöfen bewohnt. Erzb. Leonhard von Keutschach erweiterte 1497 dieselbe, indess seine Nachfolger Matthäus Lang, Paris Lodron und Max Gandolf dieselbe noch mehr befestigten. Matthäus Lang hielt sich durch nahezu 3 Monate, vom 5. Juni bis 1. September 1525, in derselben gegen die aufständischen Bauern und Städter. Vom Jahre 1612 bis zu seinem Todestage, den 16. Juni 1617, schmachtete Erzb. Wolf Dietrich auf Befehl des Papstes als Gefangener auf Hohen-Salzburg. Im grossen Schlosshofe die *St. Georgskapelle*, ein Werk Leonhard's von Keutschach (1502); an deren Aussenseite die Bildsäule ihres Erbauers, im Innern die 12 Apostel als spätgothische Skulpturen

---

*) Ist als solche seit 1862 aufgelassen und dient gegenwärtig nur noch als Kaserne. Im sogenannten Feuerthurme ist die Feuerwache untergebracht, welche im Stadtrayon ausgebrochene Brände durch Kanonenschüsse anzeigt.

sehenswerth. Anstossend an das Kirchlein die von Matthäus Lang angelegte Cisterne, neben dieser Aufgang zum „Horn", einer Walzenorgel mit 200 Pfeifen, welche während des Sommers tägl. Abends 7 Uhr spielt.

Ausserdem noch sehenswerth die *Fürstenzimmer*, 1500 erbaut, 1851 restaurirt; sie enthalten reiche Schnitzornamentik und einen prachtvollen Majolicaofen (1489). Im Reckthurme die Folterkammer; von der Plattform dieses Thurmes wundervolle Aussicht.

Panorama: Zu Füssen der Festung die Stadt Salzburg mit dem Kapuzinerberge und dem Mönchsberg, im weiten Umkreise die Berge: Gaisberg mit dem Nockstein; Gaisbergfager; im Hintergrunde Schwarzberg, Ochsenhorn, Gennerhorn, Elsbether Fager; hinter letzterem Schmittenstein und Schlenken, Schwarzenberg bei Golling, Tännengebirge, Hochthron, Tirolerköpfe, Pass Lueg, Kratzspitze; das Göllgebirge mit dem Freieck und Hohen Göll, vor demselben das Rossfeld, am Fusse die Orte Golling, Hallein und Dürrnberg, Kaltenhausen und Anif, Guetrat, Gartenau, St. Leonhard; im Hintergrunde das Steinerne Meer mit der Wildalmkirche, Scheibe und Stuhlwand; der Untersberg, das Lattengebirge, das Müllnerhorn, der Ristfeichtkogel, das Sonntagshorn und der Stauffen.

Ist man im Abstiege beim Lodronbogen angelangt, so erblickt man vor sich die „*Hohe Katze*", eine während des 30jährigen Krieges erbaute, weit vorspringende Bastion. Gegenwärtig Restauration und schöner Aussichtspunkt. L. das Schartenthor. Durch dasselbe führt der Weg nach dem *Mönchsberg*. Zunächst die „*Ludwigsaussicht*", oberhalb des sogenannten Bürgermeisterthores. An der *Freyburg*, einem reizenden Schlösschen in mittelalterlichem Baustyle (r.), weiter dem *Achleitnerthurm* (l.), Entrée 10 kr., einem der herrlichsten Aussichtspunkte, vorüber zur *Carolinenhöhe*, der höchste Punkt des Mönchsberges. Dieser zunächst das Reservoir der Fürstenbrunner Wasserleitung, eröffnet 1876. Von der Carolinenhöhe gegen Westen zur Bürgerwehre. Vom *Bürgerwehrsöller* (Restaur.) dankbare Aussicht auf die Stadt u. s. w. Vom Söller zurückkehrend entweder über die Stiege (l.) hinab in die Stadt, oder rechts fort, durch einen Thorbogen, am *Marketenderschlösschen* (Restaur.), *Johannisschlösschen* vorüber durch die *Monikapforte* hinab nach Vorstadt *Mülln* mit dem *Augustinerkloster* (gegründet 1605 von Erzb. Wolf Dietrich) und der *Augustinerkirche*, 1453 unter Erzb. Sigismund I. erbaut; enthält einige interessante Bilder von Rensi und Troger.

In Mülln noch hervorzuheben das grosse *St. Johannisspital*, das *Irrenhaus*, *Waisenhaus*, *Leprosenhaus*.

Vom Leprosenhaus südl. die Strasse verfolgend durch das *Clausenthor*, an dem *Ursulinenkloster*, mit 1713 vollendeter Kirche im Zopfstil, vorüber zum *Museum am Franz-Josef-Kai. Ein Besuch des *Museum Carolino-Augusteum*, dessen Gründer ein Privatmann, V i n z e n z S ü s s, war, ist nicht zu versäumen, zumal es sich, abgesehen von seiner Reichhaltigkeit, auch durch seine originelle Eintheilung auszeichnet. Der frühere Direktor Schiffmann hat nämlich eine Reihe von Gemächern im Stile des 16. und 17. Jahrhunderts ausgestattet und dadurch Leben und Gewohnheiten jener Zeit auf höchst anschauliche Weise vor Augen geführt. Im Parterre die *Antiken-Halle*, ziemlich reichhaltige Sammlung römischer Alterthümer. Im ersten Stockwerk eine höchst interessante *Musikhalle;* eine *Costumehalle;* eine *Waffenhalle;* eine *mittelalterliche Küche;* zwei *Wohnzimmer* aus dem 16. und 17. Jahrhundert; ein *Jagdzimmer* aus dem Ende des 16. Jahrhunderts; ein *Schlafzimmer* (17. Jahrhundert); ein *Speisezimmer* (16. Jahrhundert); eine Burgkapelle in romanischem Stile; endlich ein reizendes *Zunftstübchen*. Im zweiten Stockwerke ist die historisch-topographische Abtheilung, sowie die Bibliothek (20,000 Bände) untergebracht. Besonders hervorzuheben die *prähistorischen Funde,* darunter ein keltischer Helm, ein wahres Prachtstück, auf 20,000 fl. geschätzt, dann eine sehr werthvolle *Münzsammlung* (2000 Stück), eine reiche *Mineraliensammlung* und zwei *Riesenherbarien,* die ganze Salzburger Flora umfassend.

Das Museum ist während des Sommers täglich von 9—1 und 2—5 Uhr geöffnet; im Winter Donnerstags und an Sonn- und Feiertagen. Entrée 30 kr.

Im linksseitigen Stadttheile noch sehenswerth das *Bürgerschulgebäude,* ein wahrer Prachtbau; am Universitätsplatz die *Collegienkirche,* nach dem Plane Fischer's von Erlach 1696—1707 unter Erzb. Johann Ernst erbaut; enthält Gemälde von Rottmayer und eine sehr schöne Orgel, ein Werk des rühmlichst bekannten Orgelbauers M a u r a c h e r. Anstossend an die Kirche das *Collegium,* ehemals die von Erzb. Paris 1622 gegründete, 1810 aufgehobene Universität. Gegenwärtig birgt das grosse Gebäude die noch bestehende theologische Facultät, das Gymnasium, die Lehrerbildungsanstalt und Uebungsschule. Im Hintertrakte die grosse *Studienbibliothek* mit mehr als 70,000 Bänden, darunter 4626 Inkunabeln und 1270 Manuscripte mit werthvollen Miniaturen. Täglich (Mittw., Sonn- und Feiertage ausgenommen) von 9—2, an Samstagen von 9—12 und 2—4 Uhr geöffnet. Im August und September geschlossen. Weiter die *freiherrlich Schwarz'sche Mineraliensammlung,* ungemein reichhaltig an seltenen und herrlichen Exemplaren. Geöffnet an Sonntagen von 10—12 Uhr Vorm. Entrée frei. Hinter dem Collegium der ehemals hochfürstliche *Marstall* der regierenden Fürsterzbischöfe, gegenwärtig Kavallerie-Kaserne (erbaut 1607

von Wolf Dietrich) mit *Sommer-* und *Winter-Reitschule;* erstere
einem Amphitheater ähnlich, mit Felsen-Galerien, letztere mit
Deckenfresken von Rottmayer ausgeschmückt. Neben dem Marstall das *Neuthor,* ein mächtiges Felsenthor durch den Mönchsberg unter Erzb. Sigismund am 15. Mai 1765 begonnen,
15. Nov. 1767 dem Verkehr übergeben und 1774 unter Erzb.
Hieronymus ganz vollendet.

Neben dem Neuthor eine *Pferdeschwemme* mit einer Gruppe
von M. B. Mandl, 1695 erbaut; daneben die *Bürgerspitalskirche,*
entstammt dem 11., beziehungsweise 14. Jahrhundert.

Auf dem **rechten** Salzach-Ufer, am *Platzl,* im Eckhause
No. 397, wohnte und starb (1541) der berühmte Wunderdoctor
und Naturforscher Theophrastus Paracelsus von Hohenheim; sein
Bild ist aussen am Hause. — In der Vorhalle zur **Sebastianskirche**
(1512 unter Erzb. Leonhard erbaut, 1754 unter Erzb. Sigismund
umgebaut, 1820 nach dem Brande wieder hergestellt) ein Denkmal für den genannten Paracelsus, der auf dem angrenzenden
*Friedhofe ruht. Der Friedhof wird von 4 Galerien mit Arkaden und Familiengrüften umgeben und besitzt schöne Denkmäler: des Paracelsus von Hohenheim (renovirt 1752), des Malers
Sattler († 1847) u. a. Hier ruhen auch der auf einer Reise
1847 gestorbene preuss. General Rühle von Lilienstern, die
Wittwe Mozarts, Constantia von Nissen († 1842).

Schloss *Mirabell,* Eigenthum der Stadt, wurde 1607 von
Erzb. Wolf Dietrich begonnen, von seinem Nachfolger Marcus
Sitticus vollendet, fiel 1818 dem verheerenden Brande, der nahezu
den ganzen rechtseitigen Stadttheil vernichtete, zum Opfer, und
wurde auf Veranlassung Kaiser Franz I. wieder aufgebaut.
Wunderschönes Stiegenhaus gegenüber dem Haupteingange des
Schlosses. In dem Schlosse wurde König Otto von Griechenland
(1. Juni 1815) geboren, hier starb auch 1858 der berühmte
Kapuziner Pater Haspinger. Anstossend an das Schloss ein
grosser, schön angelegter Garten mit Skulpturen geschmückt;
im sogenannten *Zwergelgarten* ein reizendes Sommertheater.
Am Nordende des Mirabellgartens die *Volière,* eine Sammlung
lebender in- und fremdländischer Vögel (Entrée 10 kr.). Durch
den Garten auf den *Makart-* früher (Hannibal-) *Platz* mit dem
k. k. *Theater,* ursprünglich Ballhaus. Vis-à-vis *Mozart's Wohn-
haus.* Vom Platze aus zur *Dreifaltigkeitskirche,* 1699 vom Erzb.
Johann Ernst erbaut, enthält sehenswerthe Fresken.

Durch die Schwarzstrasse, mit der *evangelischen Kirche,*
zum *Kurgarten* und *Kurhaus.* In ersterem Büste des Ober-
baurathes K a r l   F r e i h e r r n   v o n   S c h w a r z, ihm zu Ehren
von der Stadt um der vielen Verdienste willen, welche sich
derselbe um die Entwicklung Salzburgs erworben, errichtet,
weiter *Sattler's Kosmoramen und Panorama.* Sehenswerth.

Entrée 30 kr. Im Kurparke sowohl, als im Mirabellgarten ab-
wechselnd während des Sommers Promenade-Concerte. Entrée
30 kr.

Das *Kurhaus* mit Restaurations-Lokalitäten und einem
grossen, höchst eleganten Kursaal, in welchem Concerte und
Elitebälle stattfinden.

Dem Hôtel l'Europe gegenüber, ausserhalb Fünfhaus, der
Bahnhof mit vorzüglicher Restauration.

Von der Linzergasse aus Aufstieg zum Kapuzinerkloster und
Kapuzinerberg. Ersteres 1599 unter Erzb. Wolf Dietrich an
Stelle des alten Trompeterschlosses erbaut. Dasselbe r. liegen
lassend, durch ein geschlossenes Thor (Läuten! dem Pförtner
beliebiges Trinkgeld für das Oeffnen) auf den *Kapuzinerberg*,
620 m. Gegenüber dem Eingange das *Mozarthäuschen* (Entrée
10 kr.); seit 1874 durch Schenkung seitens des Fürsten Camillo·
Starhemberg in dem Besitze der Internationalen Stiftung „Mozarteum". Von dieser hier aufgestellt (während des 1. Salzburger
Musikfestes 1877), birgt es eine Masse von Widmungskränzen
und Schleifen, sowie das Gemälde A. Romako's „Mozart am
Spinett", ein sehr gelungenes Bild. In dem Häuschen vollendete
bekanntlich Mozart die herrlichste seiner Opern, „die Zauber-
flöte".

Schattige Waldwege führen vom Häuschen weg in ungefähr
20 Minuten zum *Franzisci-Schlösschen* mit trefflicher Restauration und lohnendster Aussicht vom I. Stocke aus. Besuch dieses
Punktes am besten zu empfehlen Morgens oder zum Sonnenuntergang.

Ausflüge auf dem *rechten* Salzachufer: **Maria Plain**,
ein bekannter Wallfahrtsort. Die Kirche 1674 vom Erzb. Max
Gandolf erbaut; von dem Vorplatze derselben eine wundervolle
Fernsicht, gleichzeitig die schönste Ansicht von Salzburg und
seiner nächsten Umgebung. — **Guggenthal** mit dem **Nockstein**.
Fahrweg über Dorf Gnigl den steilen Berg hinan zu der kleinen
Kirche des Ortes und dem stattlichen Bräu-Etablissement der
Firma Hatschek & Winter. Der Name Guggenthal, entstanden
aus „Guck in's Thal", hängt mit einer Drachensage zusammen.
Von dem kl. Orte führt ein Fussweg, 10 Min., auf der Strasse
oberhalb des Ortes fort, bei dem Wegweiser r. ab auf den *Nockstein*, eine Felsspitze mit herrlicher Aussicht (2¹/₂ St.). Abstieg
wieder zurück nach Guggenthal. — *Aigen* (1. Stat. der Giselabahn), im wundervoll schönen Aignerthal gelegen. Schloss Aigen,
mit anstossendem, von Renk angelegtem Park, ist Eigenthum
des Cardinals Fürsten Schwarzenberg. (Neben dem Schlosse
gute Restauration.) Von zahlreichen Promenadenwegen durch-
zogen, enthält der Park eine Reihe der schönsten Aussichtspunkte, als: der *Stadtplatz*, der *Göll-*, *Watzmann-* und *Unters-*

4*

bergplatz; der schönste und lohnendste Punkt ist aber die *Kanzel*, von der Restauration aufwärts, dem Bache folgend, zum oberen Wasserfalle, dann rechts zur Kanzel; von dieser wundervoller Blick auf Salzburg und Umgebung.

Von *Aigen* über *Stanzinghof* (Whs.) und die neue Salzachbrücke nach *Hellbrunn* (S. 49) zu Wagen, sehr lohnende Partie. Von Aigen aus wird auch der **Gaisberg** (1287 m) bestiegen. Führer überflüssig. Der Weg führt am l. Ufer des Baches entlang, der den Park durchzieht, aufwärts zum Weichselbaüer, von hier links zur *Zistelalpe (Nettes Gasthaus, kalte Küche, Bier und Wein) mit Jägerhaus und dem dazu gehörigen, etwa 5 Min. entfernten Hochegger Gute. Sämmtliche drei, sowie das Maierhaus, für Touristen eingerichtet, enthalten 30 nette Fremdenzimmer, welche allen Comfort bieten, den man auf solcher Höhe verlangen kann. Von der Zistelalpe in $^3/_4$ St. auf die Spitze. Daselbst ein neues, im Schweizerstile erbautes *Hôtel, Besitzer *Jos. Cathrein*, enthält 20 Zimmer und gemeinsame Schlafsäle mit zusammen 60 Betten von 50 kr. bis 2 fl. 50 kr., Speisesaal, Musikzimmer mit dem kleinsten gegenwärtig existirenden Flügel, eine reichhaltige Bibliothek, *Aussichtsthurm*. Preise sehr mässig und überall affigirt, z. B. Suppe 15 kr., Fleischspeisen von 45 kr. bis 90 kr. u. s. w. Küche und Keller vorzüglich. Im Interesse der übernachtenden Gäste findet nach 11 Uhr Nachts im Hôtel Niemand mehr Aufnahme bis zum Sonnenaufgang. Es empfiehlt sich gegen Abend aufzusteigen und auf der Spitze zu übernachten. Ein Sonnenaufgang auf dem Gipfel des Gaisberges lässt im Beschauer einen bleibenden Eindruck zurück, denn die Rundsicht von hier ist eine geradezu wundervolle. Sie steht jener vom Schafberg nicht nach, ja übertrifft sie sogar in Manchem. Nahezu sämmtliche Bergspitzen von dem im Westen gelegenen Grossen Kaiser in Tirol angefangen bis zum Traunstein im Osten bieten sich dem entzückten Blicke; dazwischen liegen der Mondsee, Wallersee, Mattsee und Traunsee, der Abstorfer-, Waginger- und Chiemsee. Gegen Norden das herrliche Oberösterreich mit seinen zahlreichen Ortschaften.

Abstieg über den neuen in Serpentinen angelegten Alpenvereinsweg auf der Nordseite des Gaisberges nach der *Gersberg-* oder *Zeisberger Alpe* (*Whs.); von hier nach Parsch (kl. Dorf), an den Apothekerhöfen vorüber nach Salzburg.

In Salzburg und zwar am *Rudolfs-Kai* nächst dem demolirten Michaelerthor, das vom Mozartplatze in diesen Kai mündet, *Reitthiere* auf den Gaisberg. Ein Ritt auf die Spitze 5 fl., retour ebenso viel; ausserdem auch Fahrgelegenheiten, besonders Damen zu empfehlen. — Das Projekt einer Zahnradbahn wird bereits in diesem Jahre in Angriff genommen.

Von Aigen über Stanzinghof nach der Ziegelau (Whs.); von

hier l. Seitenstrasse nach dem auf einem Hügel stehenden Schlosse *Thurn* (urspr. Eigenthum der um 1030 aus Ungarn eingewanderten Familie Thurn, 1647 an die Grafen Platz verliehen) mit der Wallfahrtskirche **St. Jacob am Thurnberge.** Neben der Kirche Gasthaus, daselbst lohnender Aussichtspunkt.

Am *linken Salzachufer:* *Hellbrunn, kaiserl. Lustschloss mit grossem Wildpark und trefflich geleiteter *Restauration (Kaffee und Forellen!). Eine prächtige, schattige, 1 St. lange Allee führt nach diesem beliebten Ausflugsorte. Dieselbe beginnt nächst der Carolinenbrücke, geht l. am St. Josefshofe (Whs.) und der Landeshauptschiessstätte, r. am Exerzierplatze vorüber und dann in gerader Linie nach Hellbrunn. Am Wege dahin liegen r. das ehemal. Thunschlösschen, der Ritter- oder Kreuzhof (von Erzb. Marcus Sitticus 1612 erbaut und von ihm Embsburg genannt, von Erzb. Joh. Ernst dem Rupertus-Orden geschenkt); l. der Frohnburgerhof. Am oberen Ende des genannten Exerzierplatzes Schloss Freisaal, von welchem aus früher die neugewählten Erzbischöfe in die Stadt zogen.

Hellbrunn wurde 1613 von Erzb. Marcus Sitticus erbaut; enthält einen Prunksaal mit Fresken von Mascagni, Solari jun. und Franz von Siena. Im angrenzenden Ziergarten die Restaur. und die berühmten Wasserkünste. (An Sonn- und Feiertagen unentgeltlich, an Wochentagen gegen ein Trinkgeld von 50 kr. zu sehen.) Am sehenswerthesten: das *mechanische Theater* mit Orgelwerk und 154 beweglichen Figuren; die *Neptunsgrotte* mit 5000 Spritzröhren, täuschende Nachahmung eines Platzregens, Vogelgesanges u. s. w.; die *Orpheusgrotte*, die *Regenbogengrotte*. In dem an den Ziergarten stossenden Wildparke auf einer waldigen Höhe das *Monatschlösschen*, von Erzb. Marcus Sitticus innerhalb eines Monats erbaut, was nach dem Volksmunde nur mit Hilfe infernalischer Künste möglich gewesen sein soll. Vom Balkon des Schlösschens schöne Aussicht. — Hervorzuheben noch das *Steinerne Theater*, eine von der Natur aus Felsen geschaffene Anlage, die ihrer Scenerie nach einem Theater ähnlich sieht, — und das *Belvedere*, Aussichtspunkt. — Vom Hellbrunner Parke aus durch eine kleine Pforte zur *Villa Swoboda*, in welcher im Sommer 1881 das österreichische Kronprinzenpaar kurze Zeit residirte.

$^1/_2$ St. von Hellbrunn auf der Landstrasse **Anif**, mitten in einem Weiher gelegen. 1218 den Anivern gehörig, wurde das Schloss 1560 neu aufgebaut und von dem jetzigen Besitzer Grafen Arco im gothischen Style umgebaut. Es enthält Schwanthaler's letztes Werk (Wassernymphe auf einem Delphine), Fresken von Grünwedel, gothischen Altar in der Kapelle u. s. w. In Abwesenheit der gräfl. Familie dem Besuche geöffnet.

Durch das **Neuthor**, dann l. zwischen Mönchs- und Ofenlochberg über die Anhöhe Buckelreit in 20 Min. nach **Leopolds-kron**, schönes Schloss, 1736 erbaut. (Ehemals Eigenthum der Grafen Firmian, dann des verst. Königs Ludwig von Bayern, gegenwärtig dem bekannten Dichter Julius von der Traun (Dr. J. Schindler) gehörig. Enthält schöne Säle und eine prachtvolle Stiege. Dicht am Schlosse ein grosser Teich mit zwei reizenden Inseln und einer Herren- und Damenschwimmschule. Boote stehen gegen Entgelt (30 kr.) zur Verfügung. Vom Mittelpunkte des Teiches herrliche Rundsicht. Neben der Schwimmschule *Restauration*.

Am Teiche entlang, dann bei einer Johannesstatue vorüber, über den Almkanal und längs desselben fort nach **Grödig**, letztes österr. Dorf nächst der österr.-bayr. Grenze; mit zwei Eisenwerken und einer *Brauerei (vortreffliches Bier). $\frac{1}{2}$ St. hinter Grödig der schöne Aussichtspunkt *Gosleierfelsen*, ein niederer Felskopf des Untersberges.

Am Fusse des Untersberges entlang nach **Glanegg**, einem 901 von den Rittern von Glanegg gegründeten Schlosse, das später in den Besitz der Herren auf Guetrath überging, 1655 aber fürsterzbischöfl. Jagdschloss wurde. Am Fusse des Schlossberges ein Gasthaus. An diesem vorüber $\frac{1}{4}$ St. nach den **Kugelmühlen** (*Whs.), an der *Glan* gelegen, die, aus einer Schlucht hinter dem Wirthshause kommend, ihren Weg in die Ebene nimmt. In dieser Schlucht die Kugelmühlen, die Erzeugungsstätten der bekannten Untersberger Marmorkugeln, welche in die entferntesten Länder, ja selbst über den Ocean versendet werden. Vom Whs. zurück, die kleine Brücke über die Glan passirend, geht r. ein Pfad ($\frac{1}{2}$ St.) hinan zum **Fürstenbrunnen**, dem Ursprunge der *Glan*, welche, aus einer Felsspalte hervorbrechend, in prachtvollen Cascaden in die Tiefe stürzt. Die Quelle (ca. 6⁰ C.) wurde zum Theil gefasst und spendet ihr Wasser in eisernen Röhren (etwa 9 km weit) der Stadt Salzburg. Diese Wasserleitung, unter Bürgermeister Dr. Harrer begonnen, 1875 vollendet, übt auf die sanitären Verhältnisse Salzburgs den wohlthätigsten Einfluss aus. Schon Erzb. Guidobald versuchte 1664 die Herstellung einer solchen Leitung, die aber nach 18 Jahren wieder aufgelassen wurde.

Unterhalb des Weges dicht vor dem *Wasserschlosse* befindet sich der Eingang in die *Karlshöhle*. Auf dem l. Ufer der Glan zurück und zu den *Marmorbrüchen*. Auf der Schutthalde vor dem Verwalterhause zwei Obelisken, Erinnerungszeichen an die Besuche des Kaisers Franz I. und Königs Ludwig I. von Bayern.

*Aussicht über das ganze Salzburg'sche Thalbecken.

Von Glanegg aus führt eine schnurgerade eintönige Strasse (Allee) über

Dorf *Moos* (1. *Marienbad mit gut eingerichteten Torfmoor- und Schlamm-
bäder, Restaur.) nach Salzburg 2 St.

Besucher der *Quellfassung* (des Wasserschlosses) wollen sich an den
Brunnenaufseher wenden, der Tag über immer anwesend ist.

An weiteren Ausflügen seien noch genannt: Ueber *Max-
glan*, stattliches Dorf, nach Schloss *Klesheim*, unter den Erzb.
Johann Ernest, Franz Anton und Leopold in den Jahren
1708—1730 erbaut; das grösste und schönste unter den ehemaligen erzbischöfl. Lustschlössern, gegenwärtig Eigenthum des
Erzherzogs Ludwig Viktor. Der anstossende Park und Garten
umfasst eine Bodenfläche von mehr als 171 Joch. — Von Salzburg über Vorstadt Mülln nach *Liefering* 1 St., ein uraltes
Dorf, das schon im 9. Jahrhundert als Liveringo genannt wird;
von hier aus nach dem bayerischen Dorfe *Freilassing* (Bahnstat.), beliebter Ausflug der Salzburger; hübsche Umgebung und
lohnende Aussicht auf die Berge.

Unter den Bergpartien von Salzburg aus bietet wohl die Besteigung des
Untersberges das meiste Interesse. Der *Untersberg*, ein grosser Gebirgsstock,
nimmt 2½ Quadratmeilen Flächenraum ein und hat einen Umfang von
6 Meilen. An seinem Fusse liegen zwei Städte: *Salzburg* und *Reichenhall;*
zwei Märkte: *Schellenberg* und *Berchtesgaden*, sowie mehrere Dörfer und kleinere
Ortschaften. Er bildet die Grenzscheide zwischen Salzburg und Bayern. Die
höchste Erhöhung — auf der bayrischen Seite gelegen — ist der *Berchtesgadener Hochthron*, 1975 m; die zweithöchste — auf österr. Seite gelegen — der
Salzburger Hochthron, 1851 m; die dritthöchste, gleichfalls auf österr. Seite, das
Geiereck, 1801 m.

Von Seite der Sektion Salzburg des deutsch-österr. Alpenvereins wurden
alle Wege auf dem Untersberg durch rothe Oelfarbenstriche und an zweifel-
haften Stellen durch Anbringung von eisernen Wegweiser-Tafeln genau ge-
kennzeichnet, ferner überall, wo sie schadhaft waren, verbessert und in den
Jahren 1874—1876 neue Wege in einer Länge von 4539 m angelegt und an besonders gefährlichen Stellen eiserne Geländer in einer Gesammtlänge von
196 m hergestellt. Dadurch ist bei einiger Aufmerksamkeit und Wegkenntniss
der Führer entbehrlich.

Als bester Anstieg empfiehlt sich der nächst dem *„grünen Wald"* (Whs.)
in Glanegg, an einem Kalkofen vorüber, dem Walde in gerader Richtung zu-
führende Weg.

Die beliebtesten Touren sind: a) *Rositten-Alpe, Grödiger Thörl* und *Schellen-
berger Sattel.* b) **Kolowratshöhle, *Gamslöcher, Dopplersteig* und *Plateau.* c) *Geiereck*
und **Salzburger Hochthron.* d) *Berchtesgadener Hochthron.* e) Rundgang auf dem
Plateau.

Als Führer in die schwer zugänglichen Höhlen empfiehlt sich als vollkommen verlässlich J. Ebner (Glanegg, Kugelmühle); für die gewöhnlichen
Partien J. Volderauer in Salzburg. Die Besteigung am besten Nachmittags;
man übernachtet auf einer Alpe und ersteigt am Morgen die Spitze.

Um den Untersberg hat sich ein grosser Sagenkreis gebildet, der vollständig gesammelt in „Salzburger Volkssagen" von R. v. Freisauff bei Hartleben in Wien erschienen ist.

9. Von München nach Rosenheim und Salzburg.

Eisenbahn über Grafing oder Holzkirchen. Ueber letzteres längere, aber minder einförmige Fahrt. Eilzug 3¹/₂ St., Postzug 5 St. I. Kl. 12 ℳ 25 Pf., II. Kl. 8 ℳ 15 Pf., III. Kl. 5 ℳ 25 Pf. Schnellzug 20 pCt. höher.

Stationen: *Thalkirchen (Münchener Südbahnhof); Haidhausen (Münchener Ostbahnhof)*, l. zweigt die Simbach-Braunauer Bahn ab; *Trudering; Haar; Zorneding; Kirchseeon; Grafing*; ansehnlicher Markt, ¹/₂ St. von der Bahn entfernt und nicht sichtbar; *Assling; Ostermünchen; Carolinenfeld* und Station:

Rosenheim (477 m; *Greiderer; *König Otto*; *Alte Post*; *Deutsches Haus*; *Pension Inleiten*; — *Bahnhofs-Restauration*), Knotenpunkt der Innsbrucker und Salzburger Bahn, hübsches Städtchen mit Salzsiedereien und Soolbädern, wozu die Soole (über 80 km weit) in Röhren hergeleitet wird. ¹/₄ St. von dem grossen und trefflich eingerichteten Bahnhofe entfernt das *Mineralbad Rosenheim* (Hôtel-Pension); Stat. *Stephanskirchen*, darauf r. der 6 St. lange *Simm-See*, Stat. *Endorf* und endlich Stat. **Prien** (532 m; *Hôtel Chiemsee nächst dem Bahnhof; zur *Kampenwand, neu; *Ostermaier*; *Kronprinz*), ein besuchter Sommeraufenthaltsort, 20 Min. von *Stock*, dem Landungsplatze des Dampfbootes, entfernt. Das Letztere fährt den *Chiemsee* 5 mal in ¹/₂ St. zur Herren- und Fraueninsel und 2—3 mal wöchentlich nach *Seebruck* am nördl. und *Chieming* am östl. Seeufer und retour.

Der **Chiemsee** (512 m, von N. nach S. 11 km lang, von O. nach W. 12 km breit, 140, nach Anderen 164 m tief) hat einen Umfang von 14 St. Von seinen Inseln: *Herreninsel*, auch *Herrenchiemsee* oder *Herrenwörth* genannt, *Frauenchiemsee* oder *Frauenwörth* und die *Krautinsel*, ganz besonders von der zweitgenannten herrliche Fernsicht.

Die grosse *Herreninsel* ist gegenwärtig Eigenthum des Königs von Bayern. Das ehemalige, stattliche Benedictiner-Kloster enthält jetzt die kgl. Gemächer, die Hofbrauerei und die Wirthschaft. Angrenzend an dasselbe hübsche Gartenanlagen. Der schöne Hochwald enthält Damwild; ein grosses kgl. Schloss geht der Vollendung entgegen. Die *Fraueninsel* bietet mit ihrem altehrwürdigen Nonnenkloster, ihren idyllischen Fischerhütten und den alten Linden einen malerischen Anblick; sie wird auch von Malern fleissig besucht und bietet namentlich bei Abendbeleuchtung eine wundervolle Rundschau.

Panorama: »Gaisberg und *Untersberg* bei Salzburg, die *Stauffengruppe* bei Reichenhall, dazwischen das *Saalachthal*, das *Sonntagshorn* bei Unken, vor diesem der *Hochberg*, das *Traunthal*, *Hochfälln*, *Hochgern* mit der *Schnappenkapelle*, das *Grossachenthal*, *Watzmann* bei Berchtesgaden, die *Hochplatte*, *Kampenwand*, *Prien*, *Hochriss*, *Feichteck*, *Spitzstein*, das *Kaisergebirge* bei Kufstein, *Heuberg*, *Wendelstein* und *Breitenstein*, die drei Letztgenannten im Innthale

Die dritte und kleinste Insel des Sees, die *Krautinsel*, ist unbewohnt und wird von den Bewohnern der Fraueninsel zum Gemüsebau benutzt.

Am nördl. Seeende *Seebruck* (Whs.); von hier aus in 1 St. nach *Seeon*, altem Kloster an einem kl. See, jetzt der Kaiserin von Brasilien gehörig; kleine, sehr gut eingerichtete Badeanstalt. — In *Stein* gutes Bräuhaus und Felsenschloss des Raubritters *Heinz von Stein*. — Von Chieming am östl. Seeufer in 2 St. Fussweg nach Traunstein.

Von Prien Zweigbahn in das reich bewaldete *Prienthal* über Wildenwart nach *Niederaschau;* in kurzer Entfernung davon das schöne Schloss *Hohenaschau*, früher Eigenthum des Grafen *Freysing*, jetzt Herrn von Cramer-Klett in Nürnberg gehörig; am Fusse des Schlossberges Hüttenwerk und Bierbrauerei. Es folgen die Stat. *Bernau* und *Uebersee*, von letzterer Fahrstrasse durch das Grosse Achenthal nach *Unter-Wessen* und *Reit im Winkel* (Oberwirth; Unterwirth), bayr. Grenzdorf in malerischer Lage. Im Sommer regelmässige Poststellwagenverbindung zwischen *Untersee, Unter-Wessen* und *Reit im Winkel*. Die Bahn übersetzt die grosse Ache und gelangt nach Stat. *Bergen* (Niederhauser), hübsch gelegenes Dorf.

Vom Bahnhof aus in ½ St. nach dem südöstl. gelegenen, reizenden Wildbad *Adelholzen* (640 m) mit Mineral- und Soolbädern, sehr trefflich eingerichtet und stark frequentirt. In der Umgebung eine Fülle lohnender Spazierwege. — Im *Weissachen-Thal*, ¾ St. von Adelholzen, die *Maximilianhütte* mit sehenswerthen Giessereien und Hochöfen. Von hier aus Besteigung des *Hochfälln* 1677 m), sehr lohnend; ebenso jene des *Hochgern* (1747 m), letzterer aber besser von Maquardstein oder Wessen aus. Führer: A. Brandl in Bergen.

Stat. **Traunstein** (588 m; *Hôtel Wiespauer; *Post; Traube; Prantl; Weisses Bräuhaus; Café Altherr* u. s. w.), seit dem Brand von 1851, der fast den ganzen Ort zerstörte, neu und stattlich aufgebautes Städtchen. Auf dem oberen Stadtplatz ein schöner Marmorbrunnen aus dem Jahre 1526. Soolbad; Soole wird in Röhren 40 km weit von Reichenhall hergeleitet.

Von Traunstein aus nach dem gut eingerichteten (½ St.) Wildbad *Empfing*. Von der *Weinleite*, noch umfassender vom (1 St.) *Hochberg* (773 m, Whs.) aus schöner Blick auf Stadt und Umgebung. — Nach *Adelholzen, Siegsdorf, Maria Eck* u. s. w.

Von Traunstein über *Inzell* nach *Reichenhall*. — *Inzell* (696 m, Post), schön gelegenes Dorf in einem alten Seebecken. Bei demselben beginnt eine Reihe der schönsten Gebirgslandschaften; r. der *Kienberg*, östl. Ausläufer des erzreichen *Rauschenbergs*, l. der *Falkenstein*, im Hintergrund die *Stauffenwand*.

Die Bahn nach Salzburg führt an waldigen Hügeln vorüber, über welche südl. der *Stauffen* und weiter der *Untersberg* hervorragen. Stat. *Lauter*; Stat. *Teisendorf* (mit den Trümmern des Schlosses *Raschenberg*).

Stat. **Freilassing** (*Hôtel Föckerer*), bayr. Grenz-Mauthamt und Zweigbahn nach Reichenhall (s. Seite 64). — Nun über die *Saalach*, r. Schloss *Klesheim*, l. in der Ferne der Wallfahrtsort Maria Plain; dann über die Salzach .nach dem Bahnhof von Salzburg (s. Route 8).

10. Von Salzburg nach Berchtesgaden, Reichenhall und Umgebungen.

Von *Salzburg* nach *Berchtesgaden* Stellwagenverbindung (vom Gabler) tägl. 6 Uhr früh und 2 Uhr Nachm. (vom Erzherz. Karl 4 Uhr Nachm.) in 3 St. 1 fl. 5 kr. — von Berchtesgaden retour 6 Uhr früh und 5 Uhr Nachm. 2 ℳ. 10 Pf. — Omnibusverbindung von Salzburg nach *Königssee* tägl. 6 Uhr früh (Schiff und Gabler) 1 fl. 10 kr., hin und retour 2 fl. 20 kr., von Königssee nach Salzburg 2 ℳ. Ankunft in Königssee 9¹/₂ und 10 Uhr Vorm. — Von Berchtesgaden zum Königssee 3 mal tägl. (6 früh, 12 Mitt. und 2 Uhr Nachm., retour um 9 Vorm., 12 Mitt. und 3³/₄ Uhr Nachm.). Omnibusfahrt 1 ℳ. — Lohnkutscher (*Prechtl* in Schallmoos wegen seiner Pünktlichkeit und Reellität besonders zu empfehlen) nach Berchtesgaden 6 und 10 fl.; nach Königssee 8 und 12 fl. Rückfahrt und Besuch des Salzbergwerkes einbegriffen. — Auf der Hinfahrt wird gewöhnlich am Whs. zur Almbachklamm gehalten und dann ohne Unterbrechung zum Königssee gefahren.

Die Strasse von Salzburg nach Berchtesgaden führt über die Vorstadt Nonnthal, dem Untersberge zu, über das schöne Dorf *Grödig* (*Bräuhaus) zur bayrischen Grenze (Felswand zum „Hangenden Stein", 1³/₄ St., Gepäckrevision). Von dieser in ³/₄ St. Markt *Schellenberg* (Amanhauser), schöne neue Kirche und ein Denkmal für die Gefallenen von 1870—1871. Vor dem genannten Markte r. ein Fussweg (Wegweiser) zur *Almbachklamm* (³/₄ St.), einer wildromantischen Felsschlucht, in welcher zwischen gigantischen 2—300 m hohen Felswänden der Almbach tost; in derselben mehrere Wasserfälle und tief ausgespülte Kessel. Treppen und Wege führen ¹/₂ St. tief in die Klamm hinein; schönster Punkt bei der *Gumpe*, einem *Felskessel mit Wasserbecken und 10 m hohem Wasserfall. Von Schellenberg geht die Strasse an der *Laroswacht* (hier mündet der Weg von Hallein über Zill ein) vorüber über die Alm. Jenseits derselben öffnet sich plötzlich das wunderbar schöne *Berchtesgadener-thal* und erheben sich im Hintergrunde majestätisch die *Watzmannshörner*. Von da an steigt der Weg scharf hinan und erreicht nach 1¼ St. den Markt Berchtesgaden.

Berchtesgaden.

Gasthöfe (im hohen Sommer meist überfüllt): *Hôtel Watzmann*, in schöner Lage; *Leuthaus* oder *Post*; *Neuhaus*; *Bellevue*, mit Bädern; *Vier Jahreszeiten*; *Untersberg* bei Huber. Einfachen Ansprüchen entsprechend: *Nonnthaler*; *Bär*; *Löwe*; *Triembacher*.

Pensionen: *Berghof*; *Ehrensberger*; *Geiger*; *Schwarzenbeck*; *Kohllehen* und *Malterlehen*, beide in Schönau, ½ St. von Berchtesgaden; *Mayer*, auf dem Wege zum Königssee, *Ivey*, beim Salzbergwerk.

Café *Forstner* nächst der Post; **Conditorei:** *Knauer*.

Bäder: Im Hôtel *Bellevue*; *Soolbad* nächst dem Salzbergwerk; *Flussbad* ausserhalb des Ortes, von der Salzburger Strasse links.

Holz- und Elfenbeinschnitzereien haben verbreiteten Ruf, reiche Auswahl in verschiedenen Geschäften.

Wagen nach bestimmter Taxe.

Führer: Georg, Josef und Baptist G r a f l; Rup. W e i n (Jäger Rüpei); Pet. H ö l z l (Ecker Peter); Joh. I l l s a n k e r (Stangerer); L. G u t t m a n n. — Joh. G r i l l, P u n z sen. und jun.; alle drei in Ramsau.

Berchtesgaden (576 m), bis 1803 ein selbstständiger, von gefürsteten Pröbsten regierter geistlicher Staat, wurde im genannten Jahre Bayern einverleibt. Es ist der Sitz eines königl. Bezirksamtes, Landgerichtes, Rent- und Bergamtes, einer Salinen-Inspection, Post- und Telegraphenstation, Alpenvereins-Section, besitzt eine Schnitzereischule und ein Franziskaner-kloster. Das ehemalige Stiftsgebäude wurde zum königlichen Schlosse adaptirt und ist gleich der alten gothischen Kirche sehenswerth. Ausser der *kgl. Villa* (erbaut von dem verstorbenen König Max II.) noch nennenswerth das kgl. *Bergamts-* und *Salinensudgebäude*, die *Franziskanerkirche* und das neue *Rathhaus*. Von der kgl. Villa aus prächtige Aussicht über das Thal.

Die Lage Berchtesgadens ist eine herrliche. L. S t e u b sagt in seinem „Bayr. Hochland" S. 391—92: *„In der That ist das Ländchen äusserst schmuckreich — im bayr. Hochlande mit keiner anderen, auch nicht mit der Umgebung von Partenkirchen zu vergleichen"* etc. Das an Abwechslung in alpiner Scenerie überreiche Thal wird von der Göllgruppe, den Bergen um den Königssee und der Watzmanngruppe begrenzt.

Das **Salzbergwerk** zu besuchen, sollte nicht versäumt werden. Allgemeine Einfahrten täglich 11 Uhr Vormittags und 5 Uhr Nachmittags (pro Person 1 ℳ 50); separate Einfahrt zu jeder Tageszeit (pro Person 3 ℳ 50); Karten und Ueberkleider

im *Zechenhause*. Durch das neue Stollen-Mundloch betritt
man den Salzberg. *Salzsee* und *Salzfontaine* besonders hervorzuheben; ebenso das grosse *Sinkwerk* „Kaiser Franz" (hier
schönes Echo). Nach 1¹/₄stündigem Aufenthalt im Berge fährt
man mittelst Wurstwagen wieder zu Tage. Der durchschnitt-
liche Besuch des Bergwerkes beläuft sich jährlich auf ca. 12,000
Personen.

Die kgl. *Saline* mit ihren Sud- und Triftwerken ist gleichfalls eines Besuches werth. Die jährliche Ausbeute beläuft sich
auf 90—100,000 Centner. Der Ueberschuss der sudwürdigen
Soole (27 pCt.) wird nach Reichenhall und Rosenheim geleitet.

Aussichtspunkte in der Umgebung von Berchtesgaden: *Lockstein* (623 m)
¹/₂ St.; vorzüglicher Thalüberblick; ¹/₃ St. nördlich davon das *Etzerschlösschen*;
einige hundert Schritte von der Wegabzweigung zum Lockstein links ein
reizender Weg über die *Soolenleitung* am Kälberstein entlang, am *Fürstensteiner*
Schlösschen und dem *Calvarienberg* vorbei nächst der kgl. Villa auf die Landstrasse ¹/₂ St. — Zum Rosthäusl an der Reichenhallerstrasse, dann r. ab zum
(1¹/₂ St.) *Rostweiher*. — Längs der Salzburger Strasse zur (1 St.) *Laroswacht*. —
Zur *Almbachklamm*, zum Gasthaus „zur Almbachklamm" in Schallenberg siehe
Seite 58. — *Scharitzkehlalp* (1043 m), 2¹/₂ St., sehr lohnend. Führer empfehlenswerth. ⌐ *Vordereck* (2 St.). — *Kneufelspitze* (Metzenleiten), 1200 m, 2¹/₂ St.
Schöner Blick auf die Berchtesgadener Berge. — *Au*, 1 St. Ueber den Schiessstand, dann l. auf dem kühlen und schattigen Reitweg aufwärts zum *Jägerhaus* (Whs.).

Das kleine Berchtesgaden ist reich an lohnenden Ausflügen
und Bergtouren, und wer dasselbe besucht, sollte es nicht unterlassen, eine Bergspitze zu besteigen, um den Genuss eines Aus-
blickes auf das herrliche Gebirgspanorama zu haben.

Obenan steht wohl vor Allen

der *Königssee (608 m).

Der Weg dahin geht vor Berchtesgaden links über die
Brücke am Salzbergwerke vorüber, am l. Almufer über *Unter-
stein* (kleiner Ort mit Kirche und schönem, jedoch unzugäng-
lichem, dem Grafen Arco gehörigem Schlosse) zum See. Am
Ufer desselben das kleine Dörfchen *Königssee*. (*Grösswang's*
Gasthof mit Pension am Landungsplatz wird gelobt).

Der *Königssee ist 10 km lang, 2 km breit, 241 m tief und
unstreitig einer der schönsten deutschen Seen. Seine Lage ist
eine geradezu wundervolle und bei Morgenbeleuchtung der See
am schönsten. Umgeben von fast überall senkrecht abfallenden
Felswänden, schliessen da auf drei Seiten: die Göllgruppe, das
Steinerne Meer und der Watzmannstock einen mächtigen und,
wie es scheint, undurchdringlichen Gürtel um denselben.

Während der Saison finden täglich zwei regelmässige, allgemeine Rundfahrten statt, und zwar von $8\frac{1}{2}$ Uhr Vorm. bis $\frac{1}{2}2$ Uhr Nachm. und von $\frac{1}{2}11$ Uhr Vorm. bis $\frac{1}{2}4$ Uhr Nachm. Die Schifffahrt auf dem See steht unter Aufsicht eines kgl. Schiffmeisters, an welchen auch die tarifmässige Taxe für das Schiff zu bezahlen ist. Die Ruderer erhalten Trinkgeld. (Fahrt auf einem Separatschiff vorzuziehen.)

Am Beginne der Fahrt hat man' nur einen kleinen Theil des Sees vor sich. Hat man aber die Durchfahrt zwischen der Villa „Beust" l. und der Insel „*Christlieger*" r. passirt, so eröffnet sich plötzlich ein Ueberblick des Sees in seiner ganzen majestätischen Grösse. R. die *Falkensteinwand*, l. die *Rabensteinwand*, über welche aus einer Höhe von 800 m der *Königsbach* herabstürzt; im Hintergrunde, überragt von der *Schönfeldspitze* (2713 m), der *Funtenseetauern*; l. davon die *Stuhlwand*, an diese anschliessend weiter rechts die *Brentenwand*, endlich die *Schallwand* (*Im Echo*; hier wird von den Ruderern ein Pistolenschuss abgefeuert, 8—10faches Echo). — Am linken Seeufer entlang das „*Reitl*" (schmalste Stelle des Sees und Futterplatz für das Wild), weiterhin das *Kuchlerloch* (durch welches der Sage nach der Gollinger Wasserfall seinen Zufluss erhalten soll). Bald erblickt man nun die bisher durch die *Eichenköpfe* (1480 m) verdeckt gewesenen *Watzmannspitzen* (der *Kl. Watzmann*, 2307 m, der *Grosse Watzmann*, 2714 m). Hier macht der See eine Krümmung gegen S.-O. An der *Sagereckwand* r. und der *Kaunerwand* l. vorüber landet man endlich bei der *Salletalpe* (kl. Whs.). — Am kleinen *Mittersee* vorüber erreicht man in kaum $\frac{1}{4}$ St. den düstern, auf drei Seiten von hohen Bergen eingeschlossenen *Obersee (Besuch nicht zu unterlassen). Er ist $\frac{1}{2}$ St. lang, ca. $\frac{1}{4}$ St. breit und erhält seinen Wasserbedarf von dem ca. 550 m hoch über die Röthswand herabstürzenden Röthsbach. Begrenzt wird er r. von der *Röthswand* (1498 m), der *Waldhütten-* und *Sagereckwand*, l. von der *Kauner-* und *Thalwand*; im Hintergrunde erheben die beiden *Teufelshörner* (2394 m und 2248 m) kühn ihre Häupter. Jenseits des Sees die *Fischunkelalpe*.

Wer den Obersee befahren will, verschaffe sich vom Oberförster in St. Bartholomä den Schlüssel zu dem in der Schiffshütte befindlichen Kahne.

Vom Obersee auf den *Funtenseetauern*, oder über das *Blühnbachthörl* in das *Blühnbachthal* und nach Werfen. Zu beiden Touren Führer unerlässlich.

Von der Salletalpe wieder zurückkehrend, passirt man links den vom *Simmetsberg* herabkommenden *Schrainbachfall* und erreicht *St. Bartholomä*, einen kleinen, auf einer Halbinsel stehenden Wallfahrtsort mit kl. Kirche und Schloss (seit 1134). In dem Gasthause daselbst Seefische (Saiblinge), aber sehr theuer und klein. Empfehlenswerther in Grösswang's Gasthof s. o.

Von St. Bartholomä aus ein Besuch der Wallfahrtskapelle *St. Johann* und
Paul und der *Eiskapelle* (840 m, 1¼ St. neuer Weg, jedoch nicht unbeschwerlich) lohnend. Letztere, in einer wilden Schlucht zwischen der *Hachelwand* l.
und dem *Watzmann* r. gelegen, ist ein vor einigen Jahren eingestürzter, unter-
höhlter Gang unter Lawinenresten und hatte ehedem eine Länge von mehr
denn 600 m. Ohne Führer nicht rathsam.

Von St. Bartholomä kehrt man am l. Seeufer an den Landungsplatz zurück.

———————

Vom Dorf Königssee sowohl als von Berchtesgaden führen
Fahrstrassen nach
Ramsau. Der Weg von Königssee dahin der kürzere; er
geht direkt nach Illsank (595 m), von hier ³/₄ St. nach *Ramsau*
(663 m, Oberwirth), kleines Dorf in reizender Lage am Fusse
des *Hochkalter* (2629 m), Lieblingsaufenthalt der deutschen
Maler. Eine Stunde davon entfernt der schöne *Hintersee*
(794 m, ³/₄ St. lang, ½ St. breit). Von der St. Antonskapelle
daselbst schöner Fernblick; ein besonders herrliches Bild bietet
der *Hohe Göll* bei Abendbeleuchtung. Vor Hintersee zweigt
r. die Strasse nach Reichenhall ab.

Die ungemein lohnende Partie *Salzburg — Königssee — Berchtesgaden —
Ramsau — Reichenhall —* Salzburg lässt sich in zwei, bequemer in drei Tagen
machen.

Ausser *Illsank*, auf dem Wege nach Ramsau, öffnet sich l.
das grossartigste Thal der nördlichen Kalkalpen, das *Wimbachthal.* Ein Besuch desselben ist nicht zu unterlassen. Besonders romantisch der Abschluss des Thales, begrenzt vom
Watzmann, dem Gr. Hundstodt (2580 m), Rothleitenkopf (2385 m),
Palfelhorn (2214 m), Alpelhorn (2241 m), der Hocheisspitze (2518 m)
und dem Hochkalter.

Von der Griesalpe Uebergang zum Königssee und durch
das steinerne Meer. Ausser dem Weg nach Reichenhall über
Illsank und die *Ramsau* führen dahin von Berchtesgaden aus
noch folgende Wege: ein Fahrweg über *Bischofswies, Rainwies*
und *Hallthurn* (kürzester, aber einförmiger Weg); ein zweiter
über *Hirschbühel* und *Lofer* (weitester, aber schönster Weg);
endlich mehrere Fusswege, von welchen wir jenen über *Illsank,*
das *Söldenköpfl, Wachterl, Jettenberg,* die Wegtheilung und
Thumsee-Reichenhall anführen, weil man mit diesem die herrliche Tour auf den „*Todten Mann*" (1388 m, Aussicht von der
Spitze wunderbar) verbinden kann.

Von *Oberweissbach* (Whs. zum „Auvogl"), einem kleinen
Dorf am Fusse des *Hirschbühel* in 1¼ St. incl. Aufenthalt zur
Seissenberg- oder *Weissbachklamm;* die düstere Felsschlucht ist
vom Weissbache ausgewaschen, der hier einen eigenthümlich

schönen Wasserfall bildet und tief unten wild brausend seinen Lauf durch den Engpass sucht. Sichere Stege führen über jähe Abgründe durch die Schlucht, von oben durch eine enge Spalte beleuchtet: eine im hohen Grade interessante, überraschende Wanderung.

Bergtouren. Als Führer von Berchtesgaden aus dienen: Josef, Georg und Baptist Grafl, Guttmann, Hölzl (vulgo Ecker Peter), Illsanker (vulgo Stangerer), Wein (Jäger Rüpel); für ausnehmend schwierige Touren: Grill (vulgo Kederbacher, der beste Führer Bayerns, und sein nicht minder berühmter Kollege Punz (vulgo Breisen).

Gotzenalpe (1584 m). Von der Kesselalpe am Königssee rechts auf dem Reitweg über die Gotzenthal- und Seeaualpe, r. zu den drei Hütten (Nachtlager). Die den ganzen Bergkranz umfassende Aussicht prachtvoll. – Für „Schwindelfreie" empfiehlt sich als Abstieg der Weg über die Regenalpe (Jagdhaus), von hier an der Kaunerwand über den Obersee zum „Reitl" (wählt man diesen Weg, bestelle man den Kahn hierher). — *Jännerkopf* (1876 m), vom Königssee zur Königsbachalpe, dann entlang am Königsbach zur Königsbergalpe (2½ St.); endlich l. in 1 St. zur Spitze. Vorzügliche Aussicht. — *Göllstein* (1836 m) über den Salzberg und die Göllalpe in 3½ St. *Todter Mann* (1388 m. Siehe oben Fussweg Berchtesgaden-Reichenhall).

Die vorangeführten Bergtouren bieten geringe Schwierigkeiten und sind ohne Führer auszuführen. Die folgenden empfehlen sich dagegen nur in Begleitung eines Führers.

Der *Hohe Göll* (2519 m), nur für geübte Bergsteiger durch das Alpthal zwischen Dürreneck (1787 m) und dem Hochbrett (2262 m), direkt oder vom Hochbrett (nur für Schwindelfreie) über den Grat zum Gipfel (5—6 St.) Aussicht frei. *Panorama* (von W. nach O.): *Berchtesgaden* mit seinen Bergen, die *Chiemsee-Alpen, Hohe Kaiser, Loferer Steinberge,* die *Zillerthaler-Ferner,* die *Tauern* (vom Krimmler- bis zum Mallnitzer-Tauern), das *Tännengebirge,* der *Dachstein, Schafberg, Priel, Todtes Gebirg,* endlich das *Salzachthal.*

Hohes Brett oder Hochbrett (2262 m). Ausläufer des Göll. Ueber die Königsberg-Alpe theilweise beschwerlich zum Jägerkreuz (4—5 St.). — *Berchtesgadener Hochthron* (1975 m), höchste Erhebung des Untersbergs. Ueber Gern und die Steinerne Stiege oder über Hallthurn (Alpenvereinsweg, für geübte Bergsteiger Führer nicht nöthig). — *Feuerpalfen,* auch *Feuerbühel,* am Untersberg (1540 m) über Krainwies, Nienbacherthörl und Untersbergalpe (4 St.), Aussicht überraschend schön.

Hochkalter (2629 m). mit dem *Blaueis* (1863 m), sehr beschwerlich, nur mit Führer. — *Watzmann.* Die Watzmanngruppe zählt vier Erhebungen: *Hocheck* (2681 m, am meisten besucht), nördliche Spitze oder *Gr. Watzmann* (2714 m), südliche oder *Schönfeldspitze* (2713 m), endlich *Kleine Watzmann* (2307 m). Das Hocheck ausgenommen, empfiehlt sich bei Besteigung der übrigen drei Spitzen für minder geübte Bergsteiger ein Führer. — *Kammerlinghorn* (2492 m) über Illsank, Ramsau, Hintersee und Hirschbühel. Für geübte Bergsteiger die lohnendste und angenehmste unter den grösseren Bergtouren von Berchtesgaden, Führer nicht nöthig. Aussicht nach N., W. und S. frei und wunderbar schön.

Panorama (von N. nach W.): In der Tiefe der Hintersee, die Ramsauerstrasse, darüber die Mühlsturzhörner, etwas östl. das Sonntagshorn, über alle diese hinweg die Chiemgauebene (mit dem Chiemsee). Westl das Unkener Thal, Lofer, St. Martin, der Kaiser, r. davon das Fellhorn; das Kirchlein von Kirchimthal, darüber die nordwestlichen Loferer Steinberggruppen (mit dem Ochsenhorn), die Birnhorngruppe, dazwischen über einem niederen Quersattel die Hohe Salve, hinter dieser die Unterinnthaler Berge; das Kitzbühelerhorn, über diesem die grossartigen Stubaier-Ferner; die Birnhorngruppen überragen die Zillerthaler-Ferner (Duxer-Ferner-Reichenspitze besonders hervortretend). Der herrlichste und weitaus interessanteste Theil der Rundsicht ist die Tauernkette (vom Krimmler- zum Mallnitzer-Tauern), besonders deutlich sichtbar: (von W. nach O.) Dreiherrnspitze, Grosser Geiger, Venediger (letzterer von mächtigen Bergriesen umgeben, bildet den schönsten Punkt der Rundschau); in dessen Hintergrund der Gross-Glockner. An diese schliessen sich das Kitzsteinhorn, der Eiser, der Johannesberg, die Bärenköpfe, Wiesbachhorn, der Hochtenn und das Embachhorn. Oestlich breitet sich in seiner ganzen Ausdehnung das Steinerne Meer aus, an dessen Ostende sich die „Uebergossene Alm“, die Teufelshörner und endlich die den weiteren Ausblick hemmende Hocheisspitze reihen. Der eben geschilderten herrlichen Gebirgscenerie entspricht auch der wundervolle Vordergrund derselben.

Gr.-Hundstodt (2580 m), nur mit einem Führer rathsam. — Das *Steinerne Meer*, das grossartigste und gleichzeitig wildeste Kalkgebirge des kleinen Berchtesgadener Ländchens, bis auf seinen Süd- und Ostrand zu Bayern gehörig, hat folgende bedeutendere Erhebungen: Schönfeldspitze (Hochzink, 2651 m), Hundstodt (2580 m), Viehkogel (2143 m), Schottmalhorn (2307 m), Sommerstein (2306 m), Breithorn (2490 m), Hollermaishorn (2319 m), Funtenseetauern (2527 m), Selbhorn (2655 m) etc. Die Besteigung ist nur mit Führer rathsam und dient als Ausgangspunkt am besten die Alpenvereinshütte (Grasl's Brennhütte) am Funtensee.

Reichenhall.

Hôtels: *Louisenbad* (Wassermann); **Hôtel Burkert; Kurhaus Achselmannstein; Mack'sche Kuranstalt; Maximiliansbad; *Marienbad* (Dr. Hess); *Hôtel Löwe: *Russischer Hof; *Post oder Krone; Diemer's Hôtel* am Bahnhof; *Hôtel Rinner;*

Joldener Hirsch, einfach. **Bad Kirchberg*, s. unten. Von den zahlreichen Privat-
pensionen seien genannt: **Villa Mayerhauser; *Villa Kammerer; *Villa Schader.* —
Cafés: *Mayr*, zugleich Restauration, mit Garten; Café *Staimer* nächst dem
Kurgarten; Conditorei *Schiffmann*. — *Lesezimmer* im Kurhaus.

Kurtaxe für einzelne Personen bei mehr als achttägigem Aufenthalt 15 ℳ,
bei Familie bezahlt das Familienhaupt 15 ℳ, Familienglieder je 5 ℳ, Kinder
unter 10 Jahren und Dienerschaft 2 ℳ.

Bade-Commissariat: kgl. Poststrasse No. 170.

Quartier-Bureau: Jos. Wenig, Salzburgerstrasse No. 244 (für solche,
welche gute Privatwohnungen suchen, zu empfehlen).

Buchhandlung mit **Leihbibliothek:** *H. Bühler*, Gewerkenstrasse.

Cigarren und Tabak: *Ant. Trampedeller*, empfehlenswerth.

Postbureau im Bahnhof.

Telegraphenbureau in der Stadt.

Lohnwagen haben feststehende Taxe, desgleichen die **Dienstmänner.**

Reichenhall (479 m) ist nach Kissingen der bedeutendste
und stärkst besuchte Badeort Bayerns. Seine Lage ist eine der
herrlichsten; die ihn umgebenden oder von hier aus sichtbaren
Berge sind von S. nach N. genommen: der Vorder-Stauffen, der
Hoch- oder Kreuz-Stauffen, der Zwiesel (hintere Stauffen), Rau-
schenberg, Jochberg, Sonntagshorn und Gebersberg, dann das
Müllnerhorn, die Reitalpe, das Lattengebirge und der Untersberg, über diesen die Loferer Steinberge.

Die Stadt Reichenhall liegt am rechten Ufer der Saalach
und wurde nach dem Brande von 1834 neu aufgebaut. Aeusserst
sehenswerth ist das 1841—1848 gebaute grosse Salinen-Gebäude
(Eintrittskarten im Hauptbrunnhause gegen Erlag von 80 Pf.,
ebenso Ueberkleider vor dem Eintritt zu den Quellen); eine
grossartige Maschine pumpt die Soole aus dem Schachte.

Von den 24 im Quellenbau gefassten Quellen, welche die
Soole liefern, sind 4 sofort sudwürdig (24 pCt. Salzgehalt). Die
übrigen, weniger salzreichen Quellen werden durch ein Gradir-
werk geleitet und gelangen von hier aus in die Sudhäuser.

Zum Quellenbau steigt man 72 Stufen tief hinab, findet daselbst die Quellenhöhle und den *Grabenbach*, einen im Jahre
1532 angelegten Marmorstollen, durch welchen das Grundwasser
der Saalach zugeführt wird. Die aus den Quellen gewonnene
Soole wird in vier Sudhäusern versotten und der Ueberschuss
nach Traunstein und Rosenheim geleitet. Das Brennholz für
die Saline wird auf der Saalach getriftet; die *Triftwerke* gross
und sehenswerth.

Von interessanteren Bauten führen wir noch an: Die Stadtpfarrkirche St. Nicolaus, eine romanische Säulen-Basilika, 1080
gegründet und 1864 restaurirt, enthält schöne Fresken von M.
von Schwind; die neue *protestantische Kirche*; weiter das ehemalige Augustinerkloster *St. Zeno*, gegenwärtig Mädchenpen-

sionat, geleitet von englischen Damen. Das Kloster, 803 von Karl dem Grossen erbaut, besitzt ein schönes romanisches Portal und einen Kreuzgang aus dem 12. Jahrh. (in letzterm an einem Pfeiler ein altes Marmor-Reliefbild Karl's des Grossen), schön geschnitzte Chorstühle, alten Taufstein, Kanzel u. s. w.

Oberhalb der Stadt Reichenhall liegt das alte Schloss *Gruttenstein*, weiter gegen den Untersberg hin die Schlossruine *Plain*, einst im Besitz der mächtigen Hallgrafen von Plain, vom Volke „Das Salzbüchsel" genannt.

Die Umgebung von Reichenhall bietet eine Fülle reizender Promenaden, lohnender Ausflüge und interessanter Bergtouren.

Ausflüge am rechten Saalachufer: In das *Kirchholz*, schöne ·Aussichtspunkte; nach *Grossgmain* (522 m), einem österreichischen Grenzdorfe, im 12. Jahrhundert Sitz der Reichenhaller Sudherren, besitzt eine alte Kirche mit 4 Temperagemälden von Zeitblom (1499) und einer, wie es heisst, von Erzbischof Thiemo in Stein gegossenen Marienstatue; über *Oberhausen* zum *Hallthurn* (Pass, 687 m); in das *Alpgartenthal;* auf die obere *Schlegelalpe*.

Bergtouren auf dem **rechten** Saalachufer: *Der Untersberg*, *Berchtesgadener Hochthron* (1983 m), über Hallthurn, dann den Weg links der Strasse einschlagend und den am Wirthsstadel beginnenden *rothen Oelfarbstrichen* folgend, im Zickzack aufwärts zu den Zehn Kasern (3—4 St.), von hier über das Bären-Mittagsloch zum Gipfel. Rundschau wundervoll. — *Lattengebirge* (mit äusserst interessanter Felsbildung; höchste Erhebung *Dreisesselkopf* (1742 m), Führer nicht unbedingt nöthig, aber immerhin empfehlenswerth. Anstieg von der Ramsauerstrasse durch das *Röthelbachthal;* Abstieg über die obere Schlegelalpe und das Alpgartenthal nach Oberhausen oder über die Steinbergalpe nach Hallthurn. — *Reitalpe*, ein äusserst interessanter Gebirgsstock zwischen der Saale und dem *Schwarzbach* gelegen, mit dem *Alphorn* (1742 m). Erhebt sich schon dieser Theil sehr steil, so ist der Rand gegen Lofer und Hintersee noch wilder; hier ragen die *Mühlsturzhörner* (Gr. Stadelhorn 2271 m), das *Wagentrischelhorn* (2261 m), die *Häuselhörner* (Kl. Häuselhorn 2233 m), die *Hiefelwand* (1812 m), die *Drei Brüder* (1865 m) empor. Zwischen den einzelnen Spitzen reich gesegnete Alpen. Führer nothwendig.

Ausflüge am **linken** Saalachufer: *Bad Kirchberg;* — von diesem zum *Molkenbauer*, lohnend, $^1/_2$ St.; oder zur *Bürgermeisteralpe*, $^1/_2$ St.; — von St. Zeno über die Saalach nach *Nonn;* — durch die *Nonner Au* zur *Padinger Alpe* (689 m; Restaur., 1 St.), *Ueberblick Reichenhalls und seiner Umgebung;* — nach *Mauthhäusel*, schönste Thalwanderung: auf der Innsbrucker Strasse am Bad Kirchberg, der Kapelle *St. Pankraz* und der Ruine *Karlstein* vorüber zum malerisch gelegenen

Thumsee, von hier über den Nesselgraben aufwärts zum Brunn-
haus (Soole, Druckwerk, Hebung 112 m); auf der Strassenthei-
lung: links Tirolerstrasse, rechts der „Neuweg" nach *Mauthhäusel* (Whs.), am Rande der Weissbachschlucht wunderbar gelegen; — zum *Thumsee* (Restaur., 527 m, ¹/₄ St. lang), sehr
stark besucht ob seiner schönen Lage, von ihm aus Aufstieg
zur Ruine *Karlstein*; — nach *Schnaizelreit* (Whs., 509 m) 2¹/₂ St.
beim Molkenbauer vorüber nach *Unter-Jettenberg*, von hier über
den *Weissbachsteg* am Schulhause vorbei nach Schnaizelreit;
Rückweg über Nesselgraben und Thumsee; — nach *Melleck*
(615 m, 3¹/₂ St.), derselbe Weg wie nach Schnaizelreit, dann
an diesem vorüber aufwärts über Ristfeicht. Prachtvolle Aussicht von der Terrasse des Gasthauses aus auf das *Unkenerthal*
und die *Loferer Steinberge*.

Bergtouren am linken Saalachufer: *Müllnerhorn* (1362 m)
und *Ristfeichtkogel* (1579 m), wenig bestiegen, Aussicht nicht
lohnend. — *Sonntagshorn* (1960 m), höchst interessant, Anstieg
von Melleck aus; Führer nicht nöthig, da die Sektion Reichenhall des deutsch-österr. Alpenvereins für einen guten Weg vorgesorgt. Aussicht von der Spitze aus wundervoll.

Panorama: Nordöstl. *Stauffengruppe*, *Reichenhall*, theilweise *Salzburg*, die
Scheibelstockgruppe mit dem *Hirschkopf*, *Alpeck*, *Fischbachschneide*, *Miesenbachthal*,
Kienberg oder *Hörndlwand*, *Hochfälln*, *Hochgern*, *Chiemgauebene* m. d. *Chiemsee*;
nach der anderen Seite *Reitalpstock*, *Berchtesgadener Alpen*, *Loferer Steinberge*,
Fellhorn (bei Reit im Winkl) mit der *Eckenalpe*, *Wilde Kaiser* und am süd-
lichsten Rande die *Tauern*.

Stauffen. Die Stauffengruppe zählt drei Spitzen: *Vorder-
stauffen* oder *Kohlmaishorn*, *Hoch-* oder *Kreuzstauffen* (1823 m,
so genannt von dem auf seiner Spitze 1855 errichteten, 10 Centner
schweren eisernen Kreuze) und der *Hinterstauffen*, auch *Zwiesel*
(1814 m, nach Keil nur 1754 m). Der Kreuzstauffen ist beschwerlicher zu ersteigen als der Hinterstauffen. Führer nicht
unbedingt nöthig.

Panorama vom Zwiesel: Nördl. der *Chiemsee* und die Chiemgauebene; westl.
die Berge bis zum *Wilden Kaiser* (Tirol); die *Tauern* (nur durch eine Lücke
sichtbar); östl. die *Salzburger* und *Oberösterreicher Gebirge* bis zum *Schafberg*;
endlich die *Berchtesgadener* und *Reichenhaller Gebirge* (besonders hübsch der
Watzmanngipfel).

Von *Reichenhall* per Bahn nach *Salzburg*. Die Bahn überschreitet ausserhalb Reichenhall auf einer Eisengitterbrücke die
Saalach, tritt auf das linke Ufer über und geht am Fusse des
Stauffen weiter bis Stat. *Piding*; l. an den Hochstauffen sich
anlehnend die alte Burg *Stauffeneck*, als kgl. Forstamt in Be-
nutzung; von Piding aus in 3¹/₂ St. bequem zur **Stoisser Alpe**,

sehr lohnend, Abstieg nach *Siegsdorf* oder *Teisendorf*; weiter Stat.
Hammerau, Eisen- und Walzwerk; von hier ein schattiger
Waldweg in ³/₄ St. auf den *St. Johanneshögel*, ein wunderbarer
Aussichtspunkt; gutes Gasthaus. Zwischen dem bewaldeten
Högelberg l. und dem *Untersberg* und *Gaisberg* r. nach Stat.
Freilassing, Grenzort, s. Route 9 S. 58.

11. Von Salzburg nach Wörgl und Innsbruck.

193 km. Eisenbahn in 9 St. I. Kl. 9 fl. 17 kr ; II. Kl. 6 fl. 88 kr.; III. Kl.
4 fl. 58 kr. — Seit dem Sommer 1881 verkehrt regelmässig im Anschluss an den
Wiener Courierzug, der 3 Uhr 8 Min. früh in Salzburg eintrifft, um 3 Uhr
13 Min. früh ein Schnellzug mit allen 3 Wagenklassen nach Innsbruck, der
um 10 Uhr 8 Min. Vorm. dort eintrifft. Preise dieselben, wie bei gewöhnlichen
Zügen.

Die *Salzburg-Tiroler* oder *Giselabahn*, unstreitig eine der interessantesten
Gebirgsbahnen, stellt die Verbindung zwischen Salzburg, beziehungsweise
Wien mit Innsbruck auf österr. Gebiete her und eröffnet namentlich der
Touristenwelt die herrlichen, bisher wenig zugänglichen Thäler der Salzburger
Gebirgsgaue. — Um einen nach allen Seiten hin freien Umblick zu ermöglichen,
ist auf der Giselabahn der letzte Waggon in jedem Zug ein offener Wagen I.
und II. Kl. Fahrende können denselben auch streckenweise von einer Station
zur andern nach Belieben gegen Nachzahlung eines Ergänzungsbillets IV. Kl.
benutzen. — Empfehlenswerthe Bahnrestaurationen in *Bischofshofen* und *Saalfelden*; in beiden werden Mittags vollständige Diners à 1 fl. nach *Voraus-
bestellung beim Conducteur* in's *Coupé* gereicht. (Sehr praktisch und bequem.)

Stat. **Salzburg** (s. S. 40). Unmittelbar hinter dem Bahnhofe zweigt die Giselabahn r. von der Hauptlinie der k. k. Elisabeth-Westbahn ab, fährt l. an der Ortschaft *Gnigl* und dem
auf einem Ausläufer des Gaisberges gelegenen Schloss *Neuhaus*
vorüber, zwischen r. *Kapuzinerberg* und l. *Gaisberg*, nach 7 km
Stat. **Aigen**, am Fusse des letzteren gelegen, mit Schloss und
Park (s. S. 51). Die Bahn nähert sich nunmehr der Salzach,
geht l. an dem 1491 erbauten Schloss *Goldenstein* (Eigenthum des Stiftes St. Peter) und dem Schlosse *Urstein* r. (ehemals den Freiherren von Dückher gehörig) vorüber nach 15 km
Stat. **Puch**, Dorf mit alter Kirche und Schloss. (Jenseits der
Salzach r. Schloss Anif sichtbar.) — Hinter Puch entfernt sich
die Bahn wieder von der Salzach — r. am l. Salzachufer der
Untersberg und die *Barmsteinwände*, an deren Fuss die grosse
gräfl. Arco'sche Brauerei *Kaltenhausen*, l. das Dorf *Oberalm*
mit der freiherrl. Löwenstern'schen Marmor-, Mosaik- und Glas-
waarenfabrik, — übersetzt den *Almfluss* und gelangt nach
18 km Stat. **Hallein** (443 m; *Bellini, Hôtel mit Bad nächst
dem Bahnhof; *Post*; *Sonne*; *Auböck; *Stampflbräu u. s. w.;

Café *Stallinger*), alterthümliche Stadt mit ca. 4000 Einwohnern, am l. Salzachufer malerisch gelegen, im 10. Jahrh. entstanden. Die alte Pfarrkirche wird urkundl. bereits im 11. Jahrh. genannt. Sehenswerth: k. k. *Cigarrenfabrik, Holzschnitzereischule* und das k. k. **Sudhaus* (1860) mit vier Pfannen, in welchen die aus dem *Dürrnberge* gewonnene Soole versotten wird. Das Salzbergwerk im *Dürrnberg* wurde bereits von den Kelten und Römern betrieben, rationeller ausgebeutet wird es erst seit 1123. Gegenwärtig werden 350 Arbeiter beschäftigt und jährlich ca. 20,000,000 kg Salz gewonnen.

Befahrung des Dürrnbergs (770 m). Erlaubnisscheín bei der Salinenverwaltung in Hallein. (Taxe: für Einzelne 3 fl.; bei mehr als zwei Personen à 1 fl. 50 kr.) Fahrweg von Hallein auf den Dürrnberg ³/₄ St. Für Fussgänger empfiehlt sich der Weg durch den *Raingraben* (durch den Friedhof, dann r. längs des Baches hinauf bis unterhalb der 1598 erbauten Bergkirche). Im Bergamte oben erhält man die Bergkleider und einen Führer. Man geht Anfangs durch eine Reihe gemauerter Stollen und rutscht dann auf 2 glatten Baumstämmen, mit Hilfe eines zur Seite angebrachten Seiles, in 1¹/₂ Min. hinab in den ersten, 43,₂ m tiefen Stollen. Auf diese Weise passirt man noch 4 Stollen von 324, 18, 57,₆ und 65,₆ m Tiefe und gelangt an einen von der Soole gebildeten, beleuchteten See, über welchen sich ein ungeheurer Raum wölbt, und den man auf einem Boote befährt. In einer Halle sind Denkmäler zweier Bischöfe und eines dem Kaiser Franz zu Ehren, der das Bergamt 1807 besuchte, errichtet; in einer andern sind alle Salzstufen und die hier gefundenen römischen und keltischen Werkzeuge ausgelegt, welche beweisen, dass der Salzbau bereits von Römern und Kelten betrieben wurde. Die Ausfahrt wird durch einen 1300 m langen Stollen auf einem Wurstwagen bewerkstelligt. Das Dürrnberger Bergwerk — grösser als jenes in Berchtesgaden — hat eine Länge von 2862 m, eine Breite von 1250 m und eine Tiefe von 380 m. Der Besuch nimmt ungefähr 1¹/₂ St. in Anspruch; Rückweg nach Hallein kaum 20 Minuten.

Ueber *Zill* nach *Berchtesgaden* führt ein Fahrweg, der von der Fahrstrasse zum Dürrnberg abzweigt. Anfang und Ende desselben steil und für Wagen beschwerlich. Für Fussgänger kürzester und lohnendster Weg. Von *Zill* (bayr. Zollamt) r. Weg nach *Schellenberg*. — Ausser dem eben berührten Fahrweg führt vom Dürrnberg (bei der Kirche r. hinan) ein zwar um 1 St. weiterer, aber äusserst lohnender Fussweg, meist durch Wald, an einem hübschen Wasserfall vorüber und durch zwei Tunnels nach Berchtesgaden. Derselbe mündet vor der sogen. *Krautschneiderbrücke* in die Berchtesgadener Landstrasse ein.

Von Hallein zieht sich die Bahn am r. Salzachufer hin, l. St. Margareth und Vigaun, übersetzt die Taugl und erreicht bei 26 km Stat. Kuchl (548 m, Neuwirth) wieder die Salzach; Kuchl, ein Markt (seit 1380) wird schon 472 genannt, besitzt eine interessante, spätgothische Kirche. Das mächtige Geschlecht der Herren von Kuchl ist seit 1436 ausgestorben. Es folgt 29 Kilm. Stat. **Golling** (464 m, Hôtel *Bahnhof*, elegant, entsprechende Preise; im Markte *Post*, *Bär*, *Traube* und *Embacher*, sämmtliche einfacher), ein uralter Markt (urkundl. 963); vom alten Schlosse (jetzt Sitz des k. k. Bezirksgerichtes) *Rundsicht.

Lohnende Partien von Golling aus:
Zum **Schwarzach-** oder **Gollinger Wasserfall**, vom Bahnhof r. über das Geleise und die Salzachbrücke direkt auf das kl. Kirchlein *St. Nicolai* los, dann links dem Handweiser folgend. ³/₄ St. zu Fuss, ¹/₄ St. zu Wagen. Der genannte Fall stürzt aus einer Felshöhe des hohen Göll in zwei gewaltigen Absätzen ca. 95 m hoch herab. Ueber dem Abgrund ragende, vorspringende Blöcke, sie bilden in der Mitte des Falles eine natürliche Brücke. Der Volkssage nach ist der Schwarzachfall der Abfluss des Königssee's, der 3 St. südwestl. ca. 220 m höher liegt; 1823 und 1866, als der Seespiegel tiefer als das S. 61 genannte Kuchlerloch stand, versiegte auch der Fall. Ob die Annahme richtig, bleibt indess dahingestellt. Beste Besuchsstunde zwischen 10 und 11 Uhr Vormittags, da um diese Zeit das Farbenspiel der von der Sonne getroffenen Wassermassen überaus herrlich ist.

Vom *Wasserfall nach Berchtesgaden* (mit Führer 3¹/₂ fl.) 8 St. beschwerlichen Steigens über die *Dürrfeichtenalp* zum *Eckersattel* (1379 m) zwischen *Eckerfirst* und *Mitterberg*; dann hinab zum Forsthaus *Vordereck* und von hier in 2¹/₂ St. nach Berchtesgaden; — oder (um 1¹/₄ St. weiter, aber lohnender) von der *Dürrfeichtenalpe* r. über das *Rossfeld* (1536 m), *Aussicht auf das Salzachthal bis Salzburg.

Zu den *Oefen auf der Reichsstrasse in ³/₄ St.; Wagen von Golling ¹/₄ St. (1 fl. 50 kr.) Oberhalb Golling schliesst sich das Salzachthal; das Tännen- und Hagengebirge treten ganz nahe aneinander heran und bilden enge Schluchten, durch welche ¹/₂ St. l. in einer Tiefe von 100 m die Salzach in selbst gebildeten Riesengewölben wild tosend ihren Lauf nimmt. Das sind die *Oefen* („Of" der keltische Ausdruck für Wasserrinne). Erosionsspuren noch 300 m über dem Niveau; durch die Schluchten führen Treppenwege (Wegweiser überall angebracht). — Bei der Kapelle *Maria Brunneck* (563 m) kommt man wieder zu Tage. 5 Min. südl. an der engsten (13 m) Stelle der Schlucht liegen die Befestigungen des **Pass Lueg**. Der Letztere, ein grossartiges Felsenthor, spielt in der Geschichte des Landes Salzburg eine Rolle; er hat eine Länge von 2¹/₂ St. und war schon 1316 befestigt. Erzb. Paris errichtete 1647 ein Blockhaus, das 1809 zerstört wurde. 1836 wurden die gegenwärtig noch sichtbaren Befestigungen angelegt. In der Wand des Hagengebirges (r.) befindet sich das *Kroatenloch*, eine Höhle, deren Besuch aber, weil mit Lebensgefahr verbunden, verboten ist.

Durch die *Blühndau* über das *Torrenerjoch* nach Berchtesgaden oder über die *Priesberg-* und die *Gotzenalpe* nach dem *Königssee* (5 St.). — Ein äusserst interessantes Thal ist das am Fusse des Tännengebirges sich hinziehende *Lammerthal*; von ihm aus lassen sich drei lohnende Partien machen und zwar a) über *Scheffau* und *Struberg*, oder über die *Lammeröfen* (weiter aber lohnender) nach *Abtenau*, Markt in schöner Lage; — b) über *Abtenau* und die *Zwieselalpe (1575 m) nach dem Dorfe *Gosau* und den *Gosauseen*. Von der Zwieselalpe grossartige *Aussicht auf den Dachstein und die Tauernkette (von der Raurieser Gruppe bis zum Venediger; Führer rathsam); — c) über *Abtenau* in 2½ St. nach *Annaberg*, von hier zwischen dem Dachstein- und Täpnengebirge in 2 St. nach *St. Martin* im Fritzthale und zu den Stat. der Giselabahn, *Eben* oder *Radstadt*.

Unter den zahlreichen Bergtouren, welche sich von Golling aus unternehmen lassen, ist die bedeutendste jene auf das *Tännengebirge*, einem grossartigen Gebirgsstocke von ungefähr 6 St. Länge und 3½ St. Breite. Die bedeutenderen Erhebungen desselben sind: *Bleikogl* (2109 m), *Hochkopf* (2279 m). *Raucheck* (2408 m), *Tirolerkopf* (2314 m) und *Wieselsteinkopf* (2298 m). Das Tännengebirge ist noch wenig durchforscht, eine Wanderung auf seinem Plateau ermüdend und anstrengend. Führer unerlässlich.

Ausserhalb Golling übersetzt die Bahn die *Lammer*, gleich darauf die Salzach und fährt in den 928 m langen und gewölbten *Tunnel* durch den *Ofenauerberg*, einen Ausläufer des Hagengebirges, ein. Nach Passirung des Tunnels übersetzt die Bahn abermals die Salzach. Rückblick auf den Pass Lueg, in welchem 1809 heftige Kämpfe stattfanden. L. *Stegenwald* (Whs.) und die mächtigen Abstürze der *Stuhlwand;* r. die *Eilferwand*, *Brunnkarwand* und der *Riffelkopf*. Das Thal erweitert sich mehr und mehr, die Bahn erreicht 39 km Stat. **Sulzau** (505 m). Jenseits der Salzach wird das 1760 gegr. Hüttenwerk *Blahaus* sichtbar, das an der Mündung des Blühnbachthales, welches sich westl. zur *Uebergossenen Alpe* hinanzieht, gelegen ist.

Das *Blühnbachthal* ist 4 St. lang. Ein Karrenweg führt am l. Ufer des Blühnbachs, zwischen r. *Hagengebirge*, l. *Imlauer Gebirge*, in 3 St. zum *Jagdschlosse* (erbaut 1613 von Erzb. Wolf Dietrich), 819 m, woselbst in *jagdfreier* Zeit Unterkunft und Führer zu finden. Aus dem grossartig schönen, von dem *Uebergossenen Alp* und dem *Steinernen Meere* umschlossenen Thalende *(Dennboden)* führen lohnende, aber beschwerliche Uebergänge westl. über das *Blühnbachthörl* zum *Obersee* (9 St.), südl. über die *hintere Urschlauer Scharte* (2283 m) nach *Hinterthal* und *Saalfelden*, nach *Dienten* und *Lend*.

Das *Hagengebirge*, ein wenig durchforschter Gebirgsstock zwischen dem Blühnbach- und Blühndauthale, nur während der *jagdfreien* Zeit und in Begleitung eines Führers besuchbar. Gipfel: *Raucheck*, 2391 m, und der *Kahlersberg*, 2348 m. — Der *Scheikofen*, eine interessante Höhle im Hagengebirge. Von Sulzau in 1¾ St. Nur mit Führer und Fackeln!

Nach Ueberschreitung mehrerer Wildbäche und Ueberwindung zahlreicher Schwierigkeiten gelangt die Bahn nach der 46 km Stat. **Werfen** (522 m; *Post; Tirolerwirth*), stattlicher Markt mit der auf steilem Felsen am linken Salzachufer gelegenen Burg *Hohen-Werfen*, im Hintergrunde die *Uebergossene Alpe*. *Werfen* urkundl. 1209 Markt, zählt etwas über 700 Einw. Die Veste wurde 1077 von Erzb. Gebhardt im Investiturstreite erbaut, 1525 während des Bauernkrieges von Erzb. Matthäus Lang neu befestigt und 1567 von Erzb. Kuen Belasy renovirt. Sie diente insbesondere als Staatsgefängniss. Die Fürstenzimmer und Verliesse sind sehenswerth; vom Glockenthurm schöne Aussicht. Gegenwärtig ist die Burg Eigenthum des Grafen Oswald Thun sen.

Hinter Werfen erweitert sich das Salzachthal wieder; zur Rechten der *Hochkönig* oder die *Wetterwand*, überschreitet die Bahn die *Wilde Fritz* und auf einer Gitterbrücke die Salzach und erreicht 53 km Stat. **Bischofshofen** (538 m; **Bahnhofs-Restauration*, auch Uebernachten; *Post*, nicht theuer; — *Böcklinger; Hofinger*), altes Dorf mit ca. 540 Einw.; in dessen Nähe schöner Wasserfall des *Gainfeldbachs*. Drei Kirchen: die gothische **Maximilianskirche* mit dem Grabmal des Bischofs Sylvester von Chiemsee († 1453); r. die Frauenkirche; die vom heil. Rupertus erbaute Maximilianszelle wurde gleich der alten norisch-römischen Burg von den Slaven zerstört, erstere von Virgil um 750 wieder erbaut. Bischofshofen ist eine der ältesten Niederlassungen des Landes.

Der interessanteste Gebirgsstock der Salzburger Kalkalpen ist die Uebergossene Alpe. Durch den schmalen Sattel der *Urschlauer Scharte* mit dem Steinernen Meere zusammenhängend, erhebt sich der gewaltige, 2919 m hohe Kalkstock, gänzlich isolirt, aus dem grünen Mittelgebirge zwischen Saalach und Salzach. Am südl. Plateaurande ragt der *Hochkönig* (2938 m) empor. Die Besteigung desselben lohnend und ohne Schwierigkeiten. Von der *Mitterfeldalpe*, roth bezeichneter Weg durch den Steinkahr zwischen Mandel- und Kampfwand, zur Kammhöhe, dann über das Eisfeld (ohne Gefahr) und Gerölle zum Gipfel; 6 St. Oben kleines Schutzhaus; nicht zum Uebernachten eingerichtet. *Aussicht wundervoll. Andere Wege, als den oben bezeichneten, nur mit Führer! Als solche dienen Jos. und Joh. Aigner in Mühlbach oder auch die Bergknappen in Mitterberg gegen Erlaubniss des Bergverwalters. — Von *Mühlbach* (Dorf und Hüttenwerk 2 St.) aus sehr lohnend und unbeschwerlich die Besteigung des *Schneeberg* (1917 m) und des *Hochglocker* (1584 m), je 5 St. — Gleichfalls lohnend und bequem von Mitterberg aus auf den **Hochkail* (1779 m), prächtige Aussicht auf die Tauern und östl. den Dachstein.

Bischofshofen ist der Knotenpunkt der oberen Ennsthalbahn (Bischofshofen — Selzthal), welche l. abzweigt. Die Hauptlinie führt im Salzachthale fort nach 61 Km Stat. St. **Johann im Pongau** (563 m; *Post*; *Zum Andrä'l*; *Rossian's Gasthof*; *Prem mit schönem Garten, gut bürgerliches Haus, bescheidene Preise; Botenwirth*), grosser Markt mit ca. 1100 Einw. Der Ort wurde wiederholt von schwerem Unglück heimgesucht, mehrere Male durch Feuer zerstört, zuletzt 1857. St. Johann war lange ein Hauptsitz der Protestanten. — *Alpenvereins-Sektion Pongau.* —

Die *Lichtensteinklammen (Einsp. vom Bahnhof nach Plankenau und zurück, Wartezeit von 1—1¹/₂ St. inbegriffen, 1 fl. 80 kr.; Zweisp. 8 fl.). Auf der Grossarlerstrasse bis Plankenau (Whs.), dann r. auf dem Alpenvereinsweg hinab zur Ache, über diese zum Eingang. (Entrée 20 kr., von der Marktgemeinde als Beitrag zu den jährlichen, sehr bedeutenden Erhaltungskosten des Klammsteiges eingehoben.) Durch die imposante und wildromantische Klamm, die einzig schön in ihrer Art, führen festgebaute Brücken und Felsgalerien zum sogenannten *Klamm-Kessel*, rings von mehr denn 100 m hohen Felswänden eingeschlossen; dann öffnet sich domartig gewölbt die *Zweite Klamm*, die zum 80 m hohen *Wasserfalle* führt, der in malerischen Cascaden seine brausenden Wogen herabsendet. Vor dem Wasserfalle eine Brücke über die Ache zu einem *Tunnel*, durch den man zu demselben gelangt. Etwa ¹/₂ St. weiter aufwärts gelangt man zu heissen Quellen, welche jenen von Gastein ähnlich sind. Diese Quellen wurden bereits 1680 aufgefunden. — Die Zugänglichmachung der Lichtensteinklammen stiess auf nicht geringe Schwierigkeiten, wenn man bedenkt, dass die Gesammtlänge des herzustellenden Weges zum Klammeingang und von da bis zum Tunnel 1844 m betrug, von welchen 200,₇₆ m auf Brückenbauten entfielen, 124,₇₀ m aber an den gefährlichsten Stellen den Felsen abgerungen werden mussten. Der Besuch der Klammen erfordert ungefähr 8 St., lässt sich aber, wenn man bis Plankenau den Wagen benutzt, bequem zwischen zwei Zügen machen. (Vor Eintritt in die Klamm empfiehlt es sich, Ueberkleider zu nehmen; Regenschirm nicht zu vergessen.) Vom Ausgang der Klamm l. neuer Fussweg nach *Schwarzach*.

Die Bahn nimmt nunmehr westl. Richtung, tritt vom l. auf das r. Salzachufer und erreicht nach 67 Km Stat. **Schwarzach-St. Veit** (585 m), Dorf mit ca. 470 Einw., 20 Min. westl. vom Bahnhofe gelegen. In Schwarzach fand 1731 die letzte Versammlung der Häupter der protestantischen Bauern statt, woselbst sie den „*Salzbund*" schlossen, welcher 1744 den Auswanderungsbefehl des Salzburger Erzb. Leopold hervorrief, in Folge dessen 22,151 Menschen in's Exil wanderten.

Das Wirthshaus, wo dieser Bund geschlossen wurde, besteht noch heute. Ein rohes Gemälde auf dem Tische daselbst zeigt 6 Bauern und 2 Knaben um einen Tisch sitzend, vor Jedem eine Schüssel Salz. Die Umschrift des Bildes sagt: „Das ist der nämliche Tisch, worauf die lutherischen Bauern Salz geschleckt haben im Jahre 1729."

Eine Fahrstrasse führt über den Markt *St. Veit* (880 Einw.) und von hier über Urpass nach *Goldegg*, kl. Dorf mit 1156—1161 erbautem Schlosse der ehemaligen Herren von Goldegg, mit sehenswerthem *Wappensaal. Weiter am Lang- und Scheiblingsee vorüber durch die Dientnerbachschlucht in 4 St. nach Dienten.

Oberhalb Schwarzach nimmt das Thal einen schluchtartigen Charakter an, es beginnen die sogenannten Salzachklammen. Die Bahn passirt einen 128 m langen Tunnel, fährt dicht am r. Ufer der reissenden Salzach fort, übersetzt auf einer schiefen Gitterbrücke die Salzach und fährt endlich nach 75 km in Stat. Lend (631 m; Straubinger; Post) ein. Lend ist ein kl. Dorf mit ca. 200 Einw., besitzt Poch- und Schmelzwerke, die jedoch schon lange ausser Betrieb gesetzt sind. Die reichen Gasteiner Gewerke erbauten hier 1538 ein Schmelzwerk, Holzmagazine und einen Rechen. Vor Lend l. der herrliche *Wasserfall der Gasteiner Ache.

Strasse nach Gastein s. S. 81. — Gegenwärtig wird das Project einer Bahnverbindung zwischen Schwarzach und Gastein stark ventilirt.

Hinter Lend übersetzt die Bahn, um einerseits der Eschenauer, andrerseits der weit gefährlicheren Embacher Plaike auszuweichen, zweimal die Salzach, geht dann durch den neuen Tunnel (der erste 165 m lange gemauerte Tunnel wurde kurz nach seiner Vollendung in Folge eines Bergsturzes zerstört), und weiter an der Salzach entlang, durchbricht der Rauriser Achenmündung gegenüber in einem 265 m langen Tunnel den Taxenbacher Schlossberg und erreicht 85 km Stat. Taxenbach (711 m; Taxwirth; *Post bei Embacher, Restauration Kitzloch am Bahnhofe; Stieglwirth), ein kl. Markt mit etwa 300 Einw.; war ehemals bedeutend grösser, wie alte Mauerreste bezeugen; auch Spuren von römischen Niederlassungen fand man daselbst. Taxenbach besitzt zwei Schlösser. Das ältere, 1275 erbaut, wurde 1525 von den aufrührerischen Bauern zerstört; in dem neuen befindet sich das k. k. Bezirksgericht. Auch dieser Markt wurde wiederholt, das letzte Mal 1622, durch Feuer zerstört.

Die *Kitzlochklamm. Ein Besuch dieser grossartigen Klamm ist sehr zu empfehlen und nicht zu versäumen. Während die Lichtensteinklammen durch ihre schaurig schöne Wildheit imponiren, entzückt diese durch die reichste Abwechselung in der Scenerie, durch das Gegenübertreten der grellsten Contraste. Der Weg zu derselben führt ausserhalb des Marktes zwischen Frohnveste und Bezirksgericht r. zur Salzach hinab. Ueber diese und die Rauriser Ache geht der Steig dann r. durch schattiges Laubgehölze aufwärts. In 25 Min. erreicht man den Klammeingang (Entrée 20 kr. pro Person zur Herstellung der Brücken und Wege bestimmt) und den ersten Wasserfall. Eine Brücke führt über die tosenden Wogen hinweg auf das l. Ufer der Ache. Nach wenigen Schritten befindet man sich in einem grossartig schönen Thalkessel. Zunächst r. eine Tropfsteinhöhle (bietet wenig Interesse). Bald ist man vor einer in Serpentinen aufwärts führenden Treppe angelangt. Der erste

Ruhepunkt auf derselben gewährt einen interessanten Ausblick auf den 100 m hoch abstürzenden Wasserfall. Weiter aufwärts ein zweiter Ruheplatz, von dem aus schon ein schwacher Einblick in die Klamm selbst gewährt ist. Hat man die Holztreppe endlich ganz erstiegen, so wendet man sich rechts, gelangt auf kurzen Serpentinen zum ersten 8 m langen Tunnel, passirt diesen und befindet sich innerhalb der Klamm, vor sich die *Ederspitze*, eine kolossale, freistehende Felsnadel, und die mächtig aufstrebenden Felsenwände der *Embachhöhe*. Ueber Brücken, durch Felsgalerien und Tunnels, von welchen der grösste 43 m lang ist, erreicht man endlich den Glanzpunkt der Klamm, die hier einen geradezu überwältigenden Anblick bietet. Wieder zu der grossen Holztreppe zurückkehrend, lässt man diese links liegen und wendet sich nach rechts zum *Römerstollen* (Spuren römischer Stollen-Meiselungen), dessen Fortsetzung in das sogenannte *Kitzloch* führt. Hat man dieses hinter sich, so sieht man sich plötzlich einer ganz veränderten Landschaft gegenüber und gelangt in wenigen Minuten an einen reizenden, in Mitten des schönsten Nadelholzes gelegenen Ruheplatz. Von hier durch den Wald in 30 Minuten zurück nach Taxenbach. — Durch die Klamm in 1³/₄ St. nach dem Dorfe *Rauris* und *Heiligenblut.*

Das Thal erweitert sich mehr und mehr, die Bahn geht an den Dörfern Hasenbach, Högmoos und Gries vorüber, übersetzt bei Hundsdorf die Salzach und erreicht 94 km Stat. **Bruck** (755 m; zum **Kronprinzen von Oesterreich* am Bahnhof; *Gmachl's Gasthof*; *Mayr's* zum „*Lukashansl*"), kl. Dorf mit ca. 250 Einw., gegenüber der Mündung des *Fuscherthales* gelegen. — Vor dem Dorfe r. Schloss **Fischhorn*, Eigenthum des Fürsten Liechtenstein, von den Herren von Vischern im 11. Jahrhundert gegründet; 1536 von den Bauern zerstört, 1675 wieder erbaut, dann grösstentheils verfallen und erst unter seinem jetzigen Besitzer nach Plänen des Dombaumeisters Schmidt in Wien stilvoll neu erbaut. Vom Schlosshügel prachtvolle **Aussicht.*

Zum letzten Male die Salzach überschreitend, durchschneidet die Bahn das Zellermoos, wendet sich dem Zellersee zu und erreicht auf zum Theil in den See hineingebautem Damme 100 km Stat. **Zell am See** (754 m; Steininger's **Hôtel am See*, Hauptlandungsplatz des seit dem Sommer 1881 auf dem Zellersee verkehrenden *Dampfbootes*, mit schönem Garten; wird sehr gelobt; — Westbahnhôtel zur **Kaiserin Elisabeth*, vis-à-vis dem Bahnhof; Hôtel *Krone*, *Post*; Gasth. zum *Metzger*; zum *Lebzelter*; *Christon's* Gasth.) — auf einer vom Schmittenbache angeschwemmten Halbinsel hart am See reizend gelegen, als Sommeraufenthalt stark besucht und häufig überfüllt. Zell verdankt seine Gründung einem Kloster, dessen letzter Probst Ruediger von Radeck 1217 Bischof von Chiemsee wurde. Im Chor der uralten Kirche St. Hippolyt interessante Skulpturen. Das alte Schloss ist gegenwärtig Sitz der k. k. Forstbehörde. Da die Zeller sich 1526 vom Bauernaufstande fern hielten, verlieh ihnen Erzb. Matthäus Lang den Ehrentitel: „Die getreuen Knechte Rupert's" und das Recht, alljährlich nach dem Dome zu Salzburg wallfahrten zu dürfen, woselbst sie dann auf erzbischöfl. Kosten bewirthet wurden. Daher stammt das Lied: „Die Pinzgauer wollten wallfahrten gehn".

Zell am See hat in den letzten Jahren sehr gewonnen. Zahlreiche *Privatwohnungen* und Villen stehen den Fremden zu längerem oder kürzerem Aufenthalte zur Verfügung. Die Marktgemeinde hat auch eine *Seebadeanstalt* geschaffen; Seebäder sehr angenehm, da die Temperatur des Seewassers während des Sommers gewöhnlich nur zwischen 16 und 19⁰ R. schwankt. — *Warme Wannenbäder* in dem *Badehaus* neben der Seebadeanstalt. — Zu den Fahrten auf dem See stehen zahlreiche Boote zur Verfügung. — Seit 1. Juli 1881 regelmässige *Dampfschifffahrt.* Ein kleiner Dampfer, der ca. 40 Personen aufnimmt, verkehrt vom *Hôtel am See* nach *Fischhorn-Bruck*, *Thumersbach* (Maierei), *Prielau* und zurück. Abfahrt von Zell um 9 Uhr und 11 Uhr Vorm. und 3 und 5 Uhr Nachm. Ausserdem Ueberfahrten zur Maierei (Bachler) in Thumersbach ab Zell am See: 7 Uhr Morgens; 10 Uhr Vorm.; 12 Uhr Mittags; 2 und 4 Uhr Nachm.; 6 Uhr Abends, Preis pro Person 25 kr. Abonnement zu 10 Karten 2 fl. — Fahrpreis bei den Rundfahrten à Person 65 kr., im Abonnement zu 10 Karten 2 fl. 75 kr. — Auf speciellen Wunsch auch Separatfahrten.

Der **Zellersee* („die Perle des Salzburger Landes") ist 5 km lang, 2 km breit, an seinen beiden Enden versumpft. Von der Mitte des Sees überraschend schöne **Rundsicht:* östl. am Ende des Thumersbachthales der *Hundstein*; w. über Zell die *Schmitten-Höhe*; n. die *Loferer Steinberge*, der *Hundstod*, das *Steinerne Meer*; endlich im Süden die Tauern. Abendbeleuchtung wundervoll; oft prächtiges Alpenglühen. — *Spaziergänge: Promenadeweg* längs des Sees; zum „*Paraplui*", zwischen Schloss Rosenberg und dem Gasth. zum Christon öffnet sich 1. ein Feldweg, an dessen Eingang eine Säule mit der Inschrift: „Folge dem Zeiger auf diesem Schild, er führt Dich zum schönsten Landschaftsbild" — diesen Feldweg verfolgend in ¼ St. zum Paraplui. — *Rudolfspromenade*, schattiger Waldweg, der in den Feldweg zum „Paraplui" einmündet; — *Stephaniapromenade*; — zum *Fuchslehen*, schöner Aussichtspunkt, ¼ St.; — zur *Berg-Calvari-Kapelle*; — zur *Edenbergalpe*; zur *Genovefaquelle* und *Schmittenbachgraben*, zum *Fürther-Schmied*, in ¾ St. nach der Ortschaft Fürth; daselbst in einem Graben die Schmiede. Der Besitzer *Seb. Perfeller* hat auf seinem Grund und Boden chinesische Anlagen mit Pavillons und Sommerhäuschen erbaut. Sehr sehenswerth. — *Bergpartien:* Die **Schmittenhöhe** (1935 m¹), einer der wundervollsten und lohnendsten Aussichtspunkte in den österr. Alpen. Sehr leicht in 3—4 Stunden zu erreichen. Führer 2½ fl.; unnöthig. (1 Pferd 7 fl., hin und zurück 9½ fl.; Sessel mit 4 Trägern 24 fl.) Das Panorama von der Spitze, aus grossartig. Im Süden die ganze Tauernkette vom Ankogl bis zum Gr. Venediger, ganz besonders schön das vollständig sichtbare Kaprunerthal, umgeben vom Hochtenn, 3331 m, Wiesbachhorn, 3577 m, Glockerin, 3420 m, Bärenkopf, 3405 m, Grossglockner, 3797 m, Glocknerwand, 3730 m, Johannisberg, 3475 m, Kitzsteinhorn, 3194 m; — im W. der hohe Gerlos-Pass, 1437 m; — im

N. die Kalkalpen vom Kaisergebirge bis zum Dachstein; im O. Kleine Tauern, (Hochwildstelle, 2742 m, Hochgolling, 2859 m, Höllwand, 2272 m, Bernkogl, 2324 m, Hafnereck, 3060 m u. s. w.), tief unten der reizend gelegene Zellersee.

Auf der Spitze *Hubinger's* Gasthaus, 70 Betten, Z. m. 2 Betten 2 fl. 40 bis 3 fl., Licht 20 kr., kalte und warme Küche, Preise verhältnissmässig billig. — Auf den *Gaisstein* (2861 m) auf gutem Fussweg (*Pinzgauer Spaziergang*) in 7 St. Aussicht vom Gipfel grossartig. — Auf den *Hundsstein* (2116 m) in 4 St. mit Führer. — *Hönigkogl* (1854 m), der höchstbewaldete Berg Pinzgau's, in 6 St. tour und retour. — *Schwalbenwand* (2009 m) nur mit Führer, in 8 St. hin und zurück. — *Kitzsteinhorn* (3194 m) von Kaprun aus mit Führer in 7 St.

Auf der Schmittenhöhe findet alljährlich am Sonntag vor dem 18. August ein nationales Ranggelfest statt (ranggeln gleich ringen).

Führer: Franz *Puschnigg* in Zell am See. — Aug. *Rubitsch* in St. Georgen. — Tarif überall ausgehängt.

Eines der schönsten Tauernthäler ist das *Kaprunerthal*, das sich von Zell am See leicht besuchen lässt. In seinem unteren Theile üppig bewaldet und reich an romantischen Wasserfällen, bietet es in seinem Innern, dem **Mooserboden*, ein überwältigendes Bild der Gletscherwelt. Ein Besuch desselben sehr zu empfehlen. Von Zell am See nach *Kaprun*, altes, schon 1150 genanntes Dorf mit ca. 540 Einwohnern; täglich Omnibusverbindung. Abfahrt 2½ Uhr Nachmittags. Fahrzeit 1½ St. (1 fl.) von Kaprun ab täglich 11 Uhr Vormittags. — Von Kaprun in 4—4½ St. auf gutem Saumweg zur Rainerhütte, dann in 1 St. auf einem Fusswege zum *Mooserboden*. — Führer nicht nöthig.

Vom *Kaprunerthal* aus werden bestiegen: das *Kitzsteinhorn* (3194 m) mit prachtvoller Aussicht vom Gipfel; — das *Grosse Wiesbachhorn* (3577 m) mit wunderbar schönem Panorama von der Spitze aus, u. a. m.

Noch eine Strecke am See entlang führend, verlässt die Bahn endlich denselben, r. Schloss *Prielau*, überschreitet die Wasserscheide zwischen Salzach und Saalach, weiter bei Schloss *Saalhof* l. die letztere selbst, geht durch das breite Wiesenthal Mitter-Pinzgau's und erreicht nach abermaliger Uebersetzung der Saalach 113 km Stat. **Saalfelden** (725 m; **Bahnhofs-Restaur.*; *Gasth. am Bahnhof*: **Neuwirth* und *Post*), ein uralter, stattlicher Markt mit über 1000 Einw.; im Thalboden der *Urschlauer Ache* gelegen und schon 788 in Arno's Congesta Saalofelda genannt; 1228 kam es durch Tausch von Bayern an Salzburg. Der Markt besitzt eine schöne, neu restaurirte Kirche (von dem Kirchhof aus lohnende **Aussicht*) und bietet Gelegenheit zu einer Reihe der schönsten Ausflüge.

Vom **Kühbühel* aus gegen S. prachtvoller Blick auf die Tauernkette. In der Umgebung zahlreiche Schlösser. —

Schloss **Lichtenberg*, auf einem Vorberge des Steinernen Meeres, 913 m hoch gelegen, sehenswerth. Es wurde von den *Schenken* von *Habach* 1243 an das Erzstift verkauft, fiel 1526 der Zerstörungswuth der Bauern zum Opfer, so dass nur we-

nige Mauerreste von dem alten Schlosse vorhanden. — Schloss *Grub*, 15 Min.
südl. vom Markte, bereits verfallen. — Schloss *Dorfheim*, westl. gelegen, besitzt
alte Gemälde. Ehemals im Besitz der Grafen von Hund. — Von Schloss *Farmach*
s. ö. hübsche Aussicht. Beliebter Ausflug von Saalfelden nach Bad *Fieberbrunn*
(Restaur.) ¹/₂ St.

Das **Steinerne Meer**, ein grossartiger, gigantischer Gebirgsstock der nördl.
Kalkalpen, erhebt sich nahezu senkrecht aus dem Saalachthale. Hinter seinen
wildgezackten Randgipfeln breitet sich eine mächtige Hochfläche von 8—9 St.
Länge und 3 St. Breite aus, deren klaffende Spalten und Risse aufweisender
wellenförmiger Charakter hochinteressant ist. Das Plateau ist öde und
kahl und senkt sich gegen N. in drei gewaltigen Abstufungen zum Königssee
nieder. Seine nordwestliche Eckspitze, der *Hundstod*, 2580 m, ist vom
Karrenfelde des Plateaus durch die Diesbachscharte geschieden; das *Selbhorr*,
2655 m, und die *Schönfeldspitze* (Hochzink), 2651 m, sind die höchsten Gipfel
des Karrenfeldes. Seine westl. Grenze bilden die in furchtbar steilen Ge-
wänden gegen das Wimbachthal abstürzenden Spitzen des *Seehorn*, 2380 m,
und *Palfenhorn*, 2214 m. Von der Diesbachscharte östl. der *Schindelkopf*,
2353 m, das *Hollermaishorn*, 2319 m, das Achselhorn und Breithorn, 2490 m,
die *Wildalmkirche* oder *Scheere*, 2614 m, das *Brandhorn*, 2593 m, und am
nordöstl. Rande das *Alpriedhorn*, 2350 m; der nördliche Rand steigt im Funtenseetauern bis zu einer Höhe von 2527 m und fällt dann zum Königs- und
Obersee ab.

Uebergänge: Ueber die *Ramseider Scharte*, 2102 m, (neuer, 1877 eröffneter
Steig) in 7 St. zum Funtensee, von diesem zum Königssee. — Ueber die *Diesbachscharte* zum Obersee. Ueber die *Hoch-* oder *Weissbachscharte* (2245 m) oder
die *Buchauer Scharte*, 2281 m, zum Funtensee u. s. w.

Besteigung der *Schönfeldspitze* (Hochzink, 2651 m), der höchsten Erhebung
des Steinernen Meeres, schwierig.

Südöstlich von Saalfelden zieht sich das *Urschlauerthal* hin, in welchem
in malerischer Lage Dorf und *Bad Hinterthal* (1045 m, neues Badehaus) gelegen ist.

Uebergänge: Von Hinterthal zur *Thorscharte*, 2283 m, und hinab nach Blühn-
bach. — Von Hinterthal zum *Filzensattel*, 1292 m, und hinab nach Dienten und
Stat. Lend. — Von Saalfelden über *Ober-Weissbach* nach *Reichenhall*; nach
Berchtesgaden. Von Saalfelden in 2 St. per Wagen, in 3¹/₂ St. zu Fuss zur
* *Seissenbergklamm*.

Die Bahn nimmt nunmehr westl. Richtung, übersetzt die
Saalach, betritt das einförmige *Leogangerthal*, welches sich
zwischen dem Birnhorn und dem grünen Thonschiefergebirge
hinzieht. Am südl. Abhange des Birnhornes steil ansteigend
überschreitet die Bahn den Birnbach und gelangt nach 121 km
Stat. *Leogang* (838 m; Wolfartstätten). Die Kirche des Ortes
ist mit einer Kette umschlossen, die von Weibern gestiftet wurde,
deren Männer in den Krieg mussten. Nächst Leogang das
Schmelzwerk *Hütten*.

Die Bahn geht weiter über den *Weissbach* und *Griessenbach*, am kl. *Griessensee* und dem ehemals befestigten Griessenpasse (864 m) vorbei über die tirolische Grenze nach 131 km Stat. **Hochfilzen** (969 m; Whs.), dem höchsten Punkte der ganzen Bahn, Wasserscheide zwischen Saalach und Inn. Von hier an betritt die Bahn das *Pillersee-Achenthal*, geht mit bedeutendem Gefälle nach Uebersetzung mehrerer Schluchten (Moosbachschlucht) hinab nach 140 km Stat. *Fieberbrunn* (780 m; Obermaier; Post), ein kl. Dorf mit 140 Einw., trägt seinen Namen von einer Quelle, welche 1354 die berüchtigte Margaretha Maultasch vom Fieber geheilt haben soll. ¹/₄ St. vom Dorfe entfernt Schloss *Rosenberg*, Stammsitz des gleichnamigen Tiroler Geschlechts. An diesem und dem Eisenwerk *Pillersee* vorbei stets in starkem Gefälle durch das ziemlich monotone Thal, zuletzt über die Pillerseer Ache erreicht die Bahn 148 km Stat. **St. Johann** in Tirol (oder im *Leukenthal*) (660 m; *Post; zum Hohen Kaiser*, am Bahnhof; *Bär*), Dorf mit ca. 700 Einw., am Fusse des *Kitzbühler Horns* im Leukenthale freundlich gelegen. Zusammenfluss der *Pillerseer-*, *Kitzbühler-* und *Rhein-Ache*, welche insgesammt die *Grosse Ache* bilden. Südwestl. vom Dorfe das Silber- und Kupferbergwerk *Röhrerbühel*, 1540 aufgeschlossen; 1774 wurde der früher sehr ergiebige Bau aufgelassen. Bis 1630 wurden alljährlich 11,000 Mark Silber und 60,000 Ctr. Kupfer zu Tage gebracht.

Von *St. Johann* über *Kirchdorf*, *Erpfendorf* und *Waidring* nach *Lofer*. — Zum *Chiemsee*: Ueber Erpfendorf nach *Kössen*; von da nach *Reit im Winkel* und *Unter-Wessen*, weiter nach *Maquardstein* und Stat. *Uebersee* am *Chiemsee*. — Nach *Kufstein*. Von St. Johann Fahrstrasse nach *Kössen* (von da zum *Walchsee*), nach Durchholzen und in's Jenbachthal und nach Stat. *Oberaudorf* oder *Kufstein*. — Nach *Wörgl*. Durch das Rheinachenthal nach *Going* und *Elmau*, *Söll*, am Fusse der hohen Salve, und nach Wörgl.

Von St. Johann aus zum *Kaisergebirge*, einem hochinteressanten Gebirgscomplex. Höchste Gipfel der Treffauer oder *Wilde Kaiser*, 2356 m, *Scheffauer Kaiser*, 2304 m, *Flachkaiser* oder *Maukspitze*, *Kaiserackerlspitze*, 2349 m, *Haltspitze*, 2330 m. Sämmtliche Spitzen nur geübten Bergsteigern anzurathen. (Leichtere und lohnende Touren im Kaisergebirge sind von Kufstein aus; *Kaiserthal* und *Hintersteiner See*, das *Duxer Köpfl*; vom Kaiserthal aus: *Brentenjoch*, 1432 m; *Brandkogl*, *Naunspitze*, 1641 m, und von Walchsee aus der *Habberg*, 1590 m, sehr lohnend.

Südlich weiter am r. Ufer der Kitzbühler Ache erreicht die Bahn 158 km Stat. **Kitzbühel** (737 m; *Haas*, am Bahnhof; — *Tiefenbrunner;* — *Hinterbräu;* — Hechenberger), ein an der Kitzbühler Ache freundlich gelegenes Städtchen mit ca. 3000 Einw., als Sommerfrische viel besucht. — ¹/₄ St. vom Städtchen entfernt das eisenhaltige *Kitzbüheler Bad. —* Zur *Ebner-Kapelle* im *Köglergraben* (1 St.), mit schöner Aussicht auf die Venedigergruppe etc., schöner Spaziergang; desgleichen zum

Schwarzsee, dessen Wasserspiegel mit Seerosen bedeckt ist
(¹/₄ St.). — Zur Ruine *Löwenburg* und dem Schlosse *Lebenberg*
mit *Aussicht; — in die nahe *Zephirau* mit dem *Schleierfall*
(¹/₂ St.).

Ein äusserst beliebter Ausflug ist die Besteigung des *Kitzbüheler Horns,
2020 m; Führer unnöthig. 3 St. Unterhalb der Spitze ein Whs. mit trefflicher
Unterkunft. Pferd bis zum Wsh. 4 fl. Aussicht von der Spitze wundervoll,
übertrifft noch jene von der hohen Salve. Abstieg entweder über die *Hoferalpe*
nach St. Johann, ziemlich beschwerlich, oder über die *Goignalpe* (Erfrischungen)
nach *Oberndorf*, ¹/₂ St. von St. Johann, oder endlich östl. nach *Fieberbrunn*
(Führer zu empfehlen).

Die Bahn umkreist die Stadt, übersetzt die Strasse nach
Pass Thurn und die *Kitzbüheler Ache*, wendet sich dann westl.
durch das Hügelland am Schwarzsee r. vorüber nach 167 km
Stat. **Kirchberg** (820 m; *Kalswirth*), ein kl. Dorf in hübscher
Lage an der Mündung des *Spertenthales*. Bei Klausenbach
nordwestl. bezeichnet eine Kapelle den Wahlplatz, auf welchem
der Brixenthaler Landsturm die Schweden schlug. Zur Er-
innerung hieran ziehen die Bauern jährlich in mittelalterlicher
Gewandung zu Pferde, an ihrer Spitze ein Geistlicher mit Cru-
cifix und Säbel, von Brixen zu dieser Kapelle. Das ist der sogenannte „Antlosritt".

In das Brixenthal eintretend gelangt die Bahn bei starkem
Gefälle nach 174 km Stat. **Brixenthal** (759 m; *Soitner's* Restaur.
am Bahnhof; *Brixenwirth*). Dorf Brixenthal auch Brixen ¹/₂ St.
von der Stat. entfernt am Fusse der Hohen Salve schön gelegen.
10 Min. davon das *Maria Luisenbad* (Whs.), Eisensäuerling.
Von Brixenthal auf die *Hohe Salve* s. unten.

Die Bahn übersetzt den Lauterbach, geht in dem immer
enger werdenden Brixenthale weiter, durchbricht in einem 200 m
langen Tunnel die l. Thalwand und betritt das Windauerthal, wendet
sich hier hoch über die Thalsohle südl., überschreitet mehrere
Schluchten, im Halbkreise das Thal und auf einer 23 m hohen
Brücke die Ache, kehrt, an der l. Berglehne den 330 m langen
Leideck-Tunnel passirend, wieder in das Brixenthal zurück. Hier
die Brixenthaler Ache überschreitend, erreicht die Bahn, an dem
Wasserfall der Brixenthaler Ache vorüber, 184 km Stat. **Hopf-
garten** (586 m; *Post* oder *Paulwirth*; — *Diewald*; — *Staffner's*
Restaur. am Bahnhof), ein stattlicher Markt mit nahezu 1700
Einw., Sitz eines k. k. Bezirksgerichtes, ¹/₄ St. vom Bahnhof ge-
legen.

Die *Hohe Salve* (1824 m), der Rigi des Unterinnthales genannt, ist einer
der besuchtesten und lohnendsten Aussichtspunkte in den österr. Alpen. Bestiegen wird die hohe Salve von Hopfgarten, Brixenthal, Söll und Itter aus,
am bequemsten aber vom erstgenannten Orte. Führer ist unnöthig. Oben eine

kleine Kapelle und ein Whs. mit Nebengebäuden (20 Betten à 80 kr.), das bescheidenen Ansprüchen genügt. Die *Aussicht von der Spitze ist prachtvoll, wenn auch nícht so malerisch, als jene vom Schafberg oder Rigi aus. Südlich die ganze Tauernkette vom Hohen Tenn und dem Wiesbachhorn bis zu den Zillerthaler Fernern, gerade im Süden der Gr. Venediger, links davon zwischen Windau und Spertenthal der Grosse'Rettenstein; weiter westl. der ferne Ortler, die nördl. Kalkalpen mit der Zugspitze; die Steinbergerspitze; nördl. der Miesing und Wendelstein, südl. vom Innthal das Kaisergebirge; endlich östl. die Salzburger Alpen, die Loferer Steinberge, Steinerne Meer und im Vordergrund das Kitzbüheler Horn.

Im Süden von Hopfgarten mündet das *Kelchsauer Thal*, durch welches man nach *Gerlos* und über das *Salzachjoch* (1977 m) nach (9 St.) *Ronach* in Oberpinzgau gelangt. (Führer nöthig.) Ein dritter Uebergang führt durch das *Windauthal* über den *Eisensattel* nach *Wald* in Pinzgau. (Führer nöthig.)

Die Bahn geht in dem engen Brixenthale weiter, überschreitet die Ache, geht durch einen 50 m langen Tunnel, tritt in das breite Unterinnthal ein und geht westwärts nach 193 km Stat. **Wörgl** (508 m; *Giselahof am Bahnhof; — Post; — Lamm; — Bahnhofs-Restaur.), ein Dorf mit ca. 650 Einw., Knotenpunkt der Salzburg-Tirolerbahn. (Siehe Route 21). *Wasserfall der Wörgler Ache* (½ St.).

Auf die *Hohe Salve. Nach Hopfgarten s. o. — In die *Wiltschenau. — Nach *Mariastein, in schöner Lage.

Weiter die Stat. *Brixlegg, Jenbach, Schwaz, Hall* (Siehe Route 28) und endlich *Innsbruck* (Siehe Route 27).

12. Von Salzburg nach Gastein.

Von Salzburg nach Lend s. Route 11. — Von Lend aus im Anschluss an die Züge Eilfahrten nach *Wildbad Gastein* in 4 St. (3 fl. 40 kr.) Zweispänner bis zum Wildbad für 2 Pers. 8 fl., 3 Pers. 10 fl., 4 Pers. 12 fl. und Trinkgeld. Fahren jedenfalls einer Fusstour vorzuziehen. Während der Saison ist Gastein meist überfüllt und Unterkunft schwer zu finden. Es empfiehlt sich daher in Lend beim Postmeister Rieser einen Wagen zu miethen und den Besuch Gasteins in einem Tage abzumachen. An den Bahnkassen in München und Salzburg erhält man direkte Billets 2. Kl. nach Gastein, welche ab Salzburg zur Benützung des Aussichtswagens und ab Lend zu einem Platze in viersitzigem Zweispänner berechtigen. — Von Hofgastein nach dem Wildbad, Einsp. 3 fl., Zweisp. 5 fl.

Von Lend führt eine breite, schöne Strasse, unter Kaiser Franz I. angelegt, steil ansteigend zum *Klammsteinpasse* (der älteste Weg zog sich über die Rauhen Köpfe und die Kapelle der 3 Waller), übersetzt auf der Klammsteinbrücke 778 m (l. die Ruine Klammstein aus dem 11. Jahrhundert, nur mehr wenige Trümmer) die Ache und betritt nunmehr das sich er-

weiternde Gasteiner Thal. Im Hintergrunde der *Tisch* (2462 m),
r. ragt aus der Gastein von der Rauris trennenden Bergkette
der *Bernkogl* (2324 m) hervor. Ueber *Mayrhofen* gelangt man
in 1¼ St. nach *Dorf Gastein* (836 m; *Winkler*), alte Kirche,
und am r. Ufer der Ache fort nach dem Markt **Hofgastein**
(869 m; *Meissl*; *Goldner Adler*; *Hôtel Müller*; *Hôtel Gruber*;
Traube. — Billiger: *Kaltner*; *Weisse Taube*; *Weisses Rössl*;
Café Viehauser; *Trippler*), dem Hauptorte des Thales, im 16.
Jahrhundert neben Salzburg auch der reichste Ort des Landes.
Sein einstiger Reichthum (die Bergwerke lieferten im 16. Jahrhundert noch 2350 ℳ Gold und 19,000 ℳ Silber jährlich) ist
indess längst geschwunden. Hier sassen die reichen Gewerken
Weitmoser, Strochner, Rosenberg u. a. Die Bergwerke, schon
von den Römern ausgebeutet, kamen 1297 durch Kauf in den
Besitz Salzburgs, wurden aber erst durch die Weitmoser (1460
bis 1560) in Blüthe gebracht. Das Marktrecht erhielt Hofgastein
im 15. Jahrhundert; 1828 wurden die Thermen (hier 27°, in
Wildbad 31° R.) in 8,₅ km langen Röhren von Wildbad Gastein
hierher geleitet. Der Markt besitzt zwei Badhäuser, das Aktienbad
und das Militärbad (1832 von Lad. Pyrker, Bischof von Erlau,
aus einem ehemaligen Gewerkenhaus für seine jetzigen Zwecke
eingerichtet). Der Aufenthalt in Hofgastein ist billiger, als
jener im Wildbad, dagegen vermisst man schattige Spaziergänge.
Vom Weitmoserschlosse aus, jenseits der Ache, sehr lohnende
Aussicht.

Der *Gamskarkogl* (2465 m) wird von Hofgastein aus häufig bestiegen.
Ueber die *Rastezenalpe* (in der Hütte Erfr.) in 4 St. zum Gipfel. Führer
(nicht nöthig): Matthäus *Angerer*, Anton *Triegler* und Wolfgang *Viehauser*.
Taxe 4 fl.; Saumpferd mit Führer 9 fl. Auf der Spitze Schutzhütte, von
Erzherzog Johann errichtet. Gewährt gegen Unwetter schützendes Obdach.
Aussicht ausschliesslich auf Hochgebirge. Nordöstl. Dachstein und Hoch-
golling; n. das Ewige Schneegebirge; w. Grossglockner und Wiesbachhorn und
südl. am meisten hervortretend die Eis- und Schneeflächen des Ankogl und
Tischlkar.

An der Villa Herrmann vorüber führt die Strasse nach
Wildbad. R. mündet das *Angerthal*, l. öffnet sich das *Kötschachthal* mit dem *Bocksteinkar* und dem *Tischlkar-Gletscher*, l. davon
der *Gamskarkogl*, r. der *Graukogl* u. s. w. Von Gastein an der
Strasse r. die beliebten Punkte *Schweizerhütte* (Café) und *Englisches Kaffeehaus.*

13. Wildbad Gastein und Umgebung.

*Hôtel Badeschloss mit neuem prachtvollen Speisesaale, Wohnung des deut-
schen Kaisers, vorzüglich geleitet (Pächter *J. Weismayr*); *Hôtel *Straubinger* mit

Dépendance, Café und Restauration, dem erstgenannten gegenüberliegend. — *Grabenwirth; *Hirsch; Oberer Krämer; zum Moser; in sämmtlichen Bäder (75 kr.) und Restauration. — *Privatlogements* mit *Bädern: *Gruber*, unterhalb Straubinger; *Mühlberger*; *Provenchères*; *Prälatur*; *Solitude*; *Villa Hollandia*; *Belle-vue*; *Bauer*; *Lainer*; *Windischbauer*, schöner Neubau; endlich die Miethhäuser der *Wiener-Beamten-Baugesellschaft*, unterhalb der Wandelbahn. — Viele andere ohne Bäder. — Während des Sommers, beziehungsweise der Saison, ist ohne vorherige Bestellung in Wildbad kein Zimmer zu haben. — Gegenwärtig reift das Projekt der Erbauung eines neuen Kurhauses seiner Durchführung entgegen; das Baukapital wird durch Ausgabe von Aktien à 100 fl. aufgebracht.

Cafés: Café *Schreck*; *Engl. Café.*

Post im Hôtel *Straubinger.*

Führer: Joh. *Freiberger*; A. *Gstöttner*; A. *Seitner*; J. *Niederreiter*; J. *Herber.* Jeder Führer besitzt ein Buch mit amtlich festgestelltem Tarife.

Wagen und **Saumpferde** nach bestimmter Taxe.

Kurtaxe 3 fl.; die Kur umfasst 21 Bäder.

Wildbad Gastein (1046 m), kl. Dorf, mit einigen stattlichen neueren Gebäuden, liegt höchst romantisch in einem Alpenthale, welches mit aller Grossartigkeit der Hochgebirge ausgestattet ist. Die älteren Häuser lehnen sich an die steil ansteigende ö. Thalwand. In der Mitte des Ortes stürzt die Ache in engem Geklüfte in einem Doppelkatarakte von 63 und 85 m Höhe herab und bildet einen imposanten *Wasserfall*, einer der schönsten und grossartigsten der österreich. Alpen (beste Standpunkte für den oberen Fall auf der *Schreckbrücke*, für den unteren beim Grabenwirth).

Die an der östl. Thalwand (Graukogl) entspringenden, schon den Römern bekannt gewesenen warmen Quellen (7 an der Zahl liefern täglich 3½ Mill. Liter 29—37⁰ warmen geschmack- und geruchlosen Wassers, das in 10,000 Theilen nur 3,₃₉ feste Bestandtheile enthält. Die belebende Wirkung desselben bei Nervenleiden, Schwächezuständen, Lähmungen u. s. w. ist vielfach anerkannt. Trotz des rauhen Klima's locken die majestätische, wilde Natur im Vereine mit der Heilkraft der Thermen alljährlich eine grosse Zahl von Kurgästen, namentlich aus den höheren Ständen (durchschnittlich 3000) an, weshalb Gasthöfe und Privatwohnungen oft überfüllt und empfindlicher Mangel an Unterkunftsorten herrscht. Bei längerem Aufenthalte empfiehlt es sich, warme Kleider mitzunehmen, da Schneefälle im Juni und September nicht selten sind. Badezeit von Mitte Mai bis Ende September.

Der Mittelpunkt des Badelebens ist der kleine Platz zwischen Straubinger und Badeschloss, sowie die *Wandelbahn* auf der Westseite der Brücke, eine lange Glasgalerie mit Café und Lesesaal, welche bei trübem Wetter als Kursaal und Spaziergang dient.

6*

Spaziergänge. Wildbad Gastein ist reich an schönen Promenaden und lohnenden Aussichtspunkten, von welchen die folgenden besonders erwähnt seien: Auf der Strasse nach Hofgastein (*westl.* Thalseite) an der Villa *Meran* vorüber (l. oben der Aussichtspunkt *Bellevue* mit Café) zur Solitude (r.), Eigenthum des Grafen Lehndorf, und der kl. *evangelischen Kirche*, vom deutschen Kaiser erbaut und diesem gehörig; — die *Schwarzenberg-Anlagen* mit schönen Aussichtspunkten und dem *König-Otto-Belvedere*; weiter abwärts an der Strasse zum *Englischen Café* und Café *Schweizerhütte*; — zur *Pyrkerhöhe* mit herrlichem Blick in das Gasteiner und Böcksteiner Thal; — auf der *östlichen* Thalseite: auf dem neuen *Kaiserweg* zum Café „zum grünen Baum" im Kötschachthal; — zur *Schwarzen Lisl*, Café; — l. neben dem Badschloss zur *Schreckbrücke*; zur *Schiller-höhe. Weitere Spaziergänge:* über *Badbruck* nach (^{3}/$_4$ St.) *Kötschach*, dann über die Ache und l. zum *Englischen Café*; — zur *Windischgrätzhöhe* (^{3}/$_4$ St.); — zur *Rudolfshöhe* (^{1}/$_2$ St.) — zum *Patschger* (^{1}/$_2$ St.) auf dem Wege nach *Böckstein*, u. a. m.

Interessantere **Ausflüge** und **Bergtouren:**

1. **Das Nassfeld** (3^1/$_2$ St.); Führer unnöthig. Der Fahrweg führt an der Schreckbrücke (s. o.) vorüber erst am l., dann am r. Ufer der *Ache* in 1 St. nach Dorf *Böckstein* (*Whs*), 1127 m, mit neu eingerichteter Kuranstalt, Poch- und Waschwerken des 1^1/$_2$ St. entfernten *Radhausberges* (2677 m), dessen Goldbergwerk, einst sehr bedeutend, nur noch wenig ergiebig ist. Hinter dem Dorfe (^{1}/$_2$ St.), an einem Aufzuge (steile, hölzerne Schienenbahn, 631 m lang), vorbei, welcher ehedem die Bergknappen mittelst einer einfachen Maschine in wenigen Minuten zum Bergwerke brachte. (Der Aufzug ist jetzt zerstört.) Hier wird der Fahrweg zum Reitstege, der durch eine enge Schlucht führt, in welcher die Ache wild dahinbrausend, am Eingang den *Kesselfall* (^{1}/$_2$ St.) und am Ausgange den in 2 Absätzen herabstürzenden *Bärenfall* (^{1}/$_2$ St.) bildet. Unterhalb des Letzteren gleitet der *Schleierfall*, der Ausfluss des auf der Höhe befindlichen *Pockhartsee*, über eine 80 m hohe Wand herab. Nach wenigen Minuten ist man am Eingange in das *Nassfeld*, ein von Schnee-kolossen und Gletschern rings umgebenes grünes Alpenthal, 1 St. l., ^{1}/$_2$ St. br. (1644 m). Erfrischungen gegen gute Bezahlung in der *Kramerhütte* (10 M. l.) *Moserhütte* (10 M. r.), im Stiglitzthal und am südöstl. Ende des Nassfeldes die *Reckhütte* (Straubinger- oder *Schweizerhütte*), ^{3}/$_4$ St. weiter; von allen dreien aus gute Uebersicht der majestätischen eis- und schneebedeckten Berge, welche das Thal umschliessen (von rechts nach links über dem Stiglitzthal das *Bockhartgebirge*; das *Schareck* und der *Strabelebenkopf*, der *Schlappereben-spitz* mit dem *Schlapperebenkees, Sparanger Kopf, Murauer Kopf, Geiselkopf*.)

2. In's **Pockhartthal**, ein äusserst lohnender Ausflug (Führer empfehlens-werth). Vom Nassfeld nächst der Moserhütte r. hinan der Weg unterhalb des Schleierfalles schlechter) zum (1 St.) *Untern Pockhartsee* (1851 m), dessen Abfluss den Schleierfall bildet; an der Nordseite die *Straubingerhütte*. An verlassenen Bergbauen vorüber in ^{3}/$_4$ St. zum *Oberen Bockhartsee* (2061 m), l. Kolbenkar, r.

Silberpfennig — weiter in ³/₄ St. zur *Bockhartscharte* (2238 m), von hier schöner Blick auf die Rauriser Gletscher.

3. Von **Böckstein** südöstl. mündet das reizende **Anlaufthal.** Am l. Ufer der Ache Fahrweg in 1 St. zur *Anlaufalpe* mit dem *Höhkarfall.* Von Böckstein aus ziemlich guter, zuletzt indess beschwerlicher Weg am *Tauernfall* vorüber (hier zweigt r. der Weg zum Hochtauern ab) in 3 St. zur *Radeckalpe* (1732 m), *Blick auf den grossartigen Thalabschluss (Ankogl, Höllthorspitze u. s. w.) — Die Besteigung des *Ankogl* (3253 m) von Radeck aus sehr beschwerlich und nur geübten Bergsteigern mit tüchtigen Führern anzurathen (6 St.). Aussicht von der Spitze wundervoll.

4. Ein anderer lohnender Ausflug in das *Kötschachthal; Führer entbehrlich; — von Wildbad Fahrweg nordöstl. 1 St. zum Café zum „*Grünen Baum*"; Fussweg in 1 St. zum Alpenboden *Prossaualpe*; schöner Thalschluss. — Vom „Grünen Baum" nach ¹/₂ St. r. über die Ache in 2¹/₂ St. zum schön gelegenen *Reedsee* (1803 m).

Graukogl (2491 m), sehr lohnend, von Wildbad aus über die *Reichebenalpe* in 4¹/₂ St. zum Gipfel (mit Führer). Aussicht jener vom Gamskarkogl ähnlich. Auf den **Tisch** (2462 m). Von Wildbad über die *Zitteraueralpe* (1879 m) durch das *Hirschkar* über den Grat in 4¹/₂ St. Führer 4 fl. — Von Böckstein aus über die *Bockfeldalpe* zur Zitteraueralpe und südwestl. wie oben. — Auf den **Kreuzkogl** (2682 m), dem höchsten Gipfel des **Radhausberges**, von Böckstein aus Saumweg bis zum Goldbergwerk (2 St.), von hier aus auf zuletzt beschwerlichem Wege in 2¹/₂ St. zur Spitze. Rundsicht von dieser herrlich. Führer von Böckstein aus 3¹/₂ fl. — Auf die **Hochalmspitze** (3360 m), von dieser gilt dasselbe, was beim Ankogl in Bezug auf die Besteigung gesagt wurde. — Besser von **Mallnitz** aus. —

Uebergänge: Von Hofgastein über den Verwaltersteig und die Riffelscharte zum Rauriser Goldbergwerk; lohnend zwar, aber mühsam (5¹/₂—6 St.). Führer nicht unbedingt nöthig, aber für die Strecke von der Passhöhe bis zum Berghaus rathsam. — Von der **Riffelscharte** (2405 m) aus herrliche Aussicht. Südl. der Mallnitzertauern und das Scharock; östl. Hochalpspitze und Ankogl; nördl. Tännengebirge; im N.W. Uebergossene Alm, Steinerne Meer, Birnhorn; westl. über dem Rauriser Goldberg-Gletscher (Ochsenkarkees), die Goldbergspitze; rechts daneben der hintere Sonnenblick, an dessen Fuss der Neubau mit Aufzug, mehr nach r. der schneeige Hohenaar. — Von *Gastein* über den *Nassfelder* oder *Mallnitzer Tauern* nach *Ober-Vellach* 10 St., wenig beschwerlicher Saumweg. Führer bei günstigem Wetter unnöthig. Der Saumweg ist durch Stangen bezeichnet, nicht zu verfehlen. Vom **Nassfelder** oder **Mallnitzer Tauern** (2414 m) beschränkte Aussicht.

14. In die Rauris.

Das **Rauriser Thal** öffnet sich bei *Taxenbach*, Stat. der Giselabahn, siehe S. 74. Durch dasselbe über den *Heiligenbluter Tauern* nach *Heiligenblut.* Der s.-ö. Thalarm *(Hüttwinkel)* ist wegen seiner Goldbergwerke bekannt und an

seinem oberen Ende stark vergletschert. Für geübte Bergsteiger zahlreiche,
lohnende Touren.

Von Taxenbach aus führt der kürzeste und gleichzeitig auch
lohnendste Weg durch die herrliche *Kitzlochklamm* (S. 74) nach
Rauris oder *Gaisbach* (902 m *Schernthanerbräu)*, dem Hauptorte des schönen Thales, der in Folge seiner gesunden und
herrlichen Lage von Sommergästen viel besucht wird.

Von Rauris aus Besteigung des *Bernkogels (2321 m), von dessen Spitze
sich ein wundervoller Ausblick auf die Tauern, die Uebergossene Alpe u. s. w.
darbietet. Auf dem neuen Weg in 4 St. Führer (4 fl.) für geübte Bergsteiger
nicht nöthig.

Eine Stunde von Rauris bei *Wörth* (933 m *Pfeiffenbergei*
theilt sich das Thal in das l. *Hüttwinkelthal*, und in das r. *Seiten
winkelthal.*

1 St. von *Wörth* das Dorf *Bucheben* (1143 m *Frohnwirth)*
im **Hüttwinkelthal**; östl. von hier ein wenig lohnender Weg
über die *Stanz* (2104 m) durch das *Angerthal* nach *Hofgastein*
in 5¹/₂ St. Führer 6 fl. 20 kr., jedoch nicht unbedingt nöthig.

Von der *Grieswiesalpe* (1576 m) prächtiger Blick auf den
imposanten Thalabschluss nit seinen Gletschern. **Kolm-Saigurn**
oder *Kolben* (1597 m) von der Grieswiesalpe in 3 St. Goldbergbau
(Berghaus), der früher vom Staate, jetzt von Privatunternehmern
betrieben wird. (Gute Unterkunft). Nach weiteren 2 St. zum
Neubau (2177 m), (*Schwindelfreie* können mittels des „Aufzuges"
in 12 Min. zu demselben gelangen; Taxe 80 kr.), ¹/₂ St. höher
das *Knappenhaus am hohen Goldberg* (2341 m), am Rande des
Goldberggletschers, der einen Theil der alten Gruben vereist hat.

Vom Berghaus in 2 St. auf den *Herzog Ernst* (2933 m), mit Führer (3 fl.).
Von diesem über den Grat in 1 St. auf das *Schareck* (3131 m), auf letzteres
auch vom Berghaus aus über den *Fraganter Tauern* und das *Wurtenkees*
(2¹/₂—3 St.). — Vom Berghaus über den *Goldberggletscher* auf den *Hint. Sonnblick*
(3103 m) mit Führer (4 fl. 50 kr.) in 3 St. — Der höchste Gipfel der Goldberge
ist der *Hohenaar* (3258 m). Aufstieg vom Kolm-Saigurn in 5—6 St., nur mit
Führer (6 fl.).

Ueber die **Kleine Zirknitzscharte** in 6—7 St. nach *Döllach.* Nur mit
Führer (7 fl.). — Vom Berghaus über die **Windisch-** oder **Tramer-Scharte** und
das *Grosse Zirknitzkees* mit Führer in 6—7 St. nach *Döllach* oder über die
Trogereckscharte gleich nach *Heiligenblut.*

Im **Seitenwinkelthal** geht der *Tauernweg* an der *Maschel-
alpe* und am *Spritzbachfall* vorbei in 3 St. zum *Rauriser Tauernhaus;* von hier in 3 St. beschwerlichen Weges zum *Hochthor
des Heiligenbluter-Rauriser Tauerns* (2572 m). In 1³/₄ St. hinab
nach *Heiligenblut.* S. 92.

15. Von Salzburg nach Selzthal.

152 km. Von Bischofshofen ab 99 km. Fahrzeit von Salzburg 6 St., von Bischofshofen 4 St. Fahrpreise ab Salzburg I. Kl. 7 fl. 31 kr.; II. Kl. 5 fl. 48 kr.; III. Kl. 3 fl. 66 kr. in Silber.

Salzburg-Bischofshofen. (Siehe S. 68—72.) Von Bischofshofen zweigt die Bahn nordöstl. ab und übersetzt die Salzach; verlässt hierauf das Salzachthal, passirt den 600 m langen, gemauerten *Kreuzberg-Tunnel* und dringt in das Fritzthal ein. Uebersetzt sodann sechsmal den *Fritzbach*, durchbricht den 50 m langen *Abfaltertunnel* und erreicht 63 km Stat. *Hüttau* (715 m; Post), ein Dorf mit ca. 250 Einw. Alte Kirche (1472), Eisenwerk. Einen dritten Tunnel (95 m lang) passirend, zieht sich die Bahn an steilen Berglehnen auf hohem Damme und durch einen tiefen Einschnitt auf der Wasserscheide zwischen dem Fritzbach und der Enns südöstl. nach 70 km Stat. *Eben* (851 m), kl. Dorf mit 150 Einw. Von hier Fahrstrasse über St. Martin, Annaberg nach Abtenau. — Sich nun hinabsenkend, betritt die Bahn bei Oberndorf das Ennsthal und geht östl. mit geringem Gefälle nach 77 km Stat. **Radstadt** (825 m; *Post*, *Thorwirth*; *Stöckl*; *Obergloner*; *Untergloner*), uralte Stadt auf einer Felsenhöhe r. oberhalb der Bahn gelegen mit ca. 900 Einw. Seit 1285 mit Ringmauern umgeben. Die Stadt führt den Ehrennamen „die Getreue" und wurde zweimal, 1781 und 1825, total ein Raub der Flammen. Kirche sehenswerth. Vom Bahnhof lohnender Blick in das (südl.) *Tauernthal* mit dem *Gaisstein* und der *Seekarspitze.*

Bergtouren von Radstadt aus siehe Route 6 S. 38.

Von Radstadt geht die Bahn an Torfmooren vorüber am l. Ennsufer nach 85 km Stat. **Mandling** (810,₈₅ m), dicht an der Grenze Steiermarks gelegen. Der *Rettenstein* (2245 m), sehr lohnender Aussichtspunkt. — Ausser Mandling, am l. Ufer der Enns fortziehend, übersetzt die Bahn auf hoher Brücke die *Kalte Mandling* und einige kleine Gebirgsbäche und erreicht 95 km Stat. **Schladming** (736,₈₅ m; Restaur. *Nuss* am Bahnhof; *Post*; *Bräuhaus*; *Fleischer*; *Carlwirth*; Café bei *Miller*), herrlich gelegener alter Markt (am r. Ennsufer) mit 950 Einw.; nördl. *Dachstein*, südl. das *Urgebirge.* Mandling war ehemals unter den Salzburger Erzbischöfen eine reiche Bergstadt, wurde in den Bauernkriegen wiederholt hart mitgenommen. Für Touristen vorzüglicher Ausgangspunkt für interessanteste Bergtouren und Wanderungen.

Wanderungen und Bergtouren: a) In die *Ramsau* (1027 m), eine 4 St. l. herrliche Hochebene von seltener Naturschönheit; — b) in's *Unterthal* mit schönen

Wasserfällen; ein Seitenthal desselben das *Rissachthal* mit dem oberen und unteren **Rissachfall* und dem schönen *Rissachsee*. Auf die *Hohe Wildstelle* (2471 m); für geübtere Bergsteiger Führer entbehrlich; Aufstieg vom Jagdhause am Rissachsee. — Auf den *Hochgolling* (2863 m) durch das Steinriesenthal zur unteren Steinwenteralpe, dann steil hinan zur oberen (Nachtherberge), zum *Schartl* (2426 m), endlich zum Gipfel. Lohnend. Führer (E. Bachler und Lechner) rathsam. 5½ St. Abstieg siehe Route 6 S. 37. — Auf den *Höchstein* (2604 m). 3 St.

Der **Dachstein** (2294 m) ist von Schladming aus am bequemsten zu besteigen. Nichts destoweniger bleibt diese Tour sehr beschwerlich und gefahrvoll, erfordert sehr geübte Bergsteiger und unbedingt die Begleitung eines Führers (A u h ä u s l e r empfohlen). Die Dachsteingruppe zählt 10 Gipfel bis nahezu und über 2700 m, von welchen die *Scheuchenspitze* (2657 m) die mindest beschwerlich zu ersteigen ist. Die Eisfelder des Dachsteins bedecken ungefähr ¼ Qu.-Meile. *Uebergänge:* Von der Ramsau über a) den *Gosaugletscher,* b) den *Reisgang* nach *Gosau.* Durch das schöne *Feisterkar* zum Krippenstein 6 St. und 2 St. zum *Hallstädter See.* Führer unerlässlich. — Nach *Gosau* mit der **Zwieselalpe* (sehr lohnend).

Die Bahn geht durch das breite Thal am linken Ennsufer weiter, übersetzt den *Weissenbach* und dicht vor 105 km Stat. **Haus** (669 m) die Enns. *Haus* ist ein Dorf *(Neuwirth)* mit etwa 400 Einw. Diesem zunächst liegt das ziemlich stattliche Dorf *Aich* mit über 500 Einw. — Ueber den *Auer-* und *Prugger-bach* am r. Ennsufer abwärts erreicht die Bahn 113 km Stat. **Gröbming** (674 m, *Post; Mandl; Bräuer),* ein Markt am l. Ufer mit ca. 900 Einw. Vom Bahnhof l. Schloss *Thurnfeld.*

Auf den *Stoderzinken* (2042 m). Durch den *Freisteinwald* zur *Assacherscharte* auf das *Rossfeld* und über die Schneide zum Gipfel 3 St. Bequemer Aufstieg. — Nach *Mitterndorf;* durch den **Pass Stein* in 2½ St. zur Höhe, dann in 1 St. nach Neuhofen und ¼ St. nach Mitterndorf. — In das **Sölkthal,* ein herrliches Thal bei Stein; 1 St. von letzterem Orte theilt sich dasselbe in das westl. oder *Klein-Sölkthal* und in das östl. oder *Gross-Sölkthal.*

An der r. Berglehne fortlaufend und den *Sölkbach* übersetzend erreicht die Bahn 121 km Stat. **Oeblarn** (679 m; *Fleischer*), Dorf mit 600 Einw. am Fusse des *Grimming* und gegenüber der Mündung des *Walchernthales* sehr schön gelegen. Die Bahn nimmt nun, die Berglehne verlassend, ihren Weg gegen die Mitte des Thales und überschreitet die Enns. Am Schlosse *Trautenfels* vorüber, den Mühlbach, die grosse und kleine Grimming überbrückend, gelangt die Bahn nach 133 km Stat. **Steinach** (632 m, *Post*), Markt mit ca. 500 Einw.; ¼ St. vom Bahnhofe entfernt Schloss Trautenfels; l. ab, am r. Ufer der Enns etwa ¾ St. entfernt, liegt an der Mündung des Donnersbachthales der alte Markt *Irdning* mit 600 Einw. Hier lebte als Pfarrer Aenäas Sylvius Piccolomini, der nachmalige

Papst Pius II. (1458—1464). *Steinach* ist *Anschlussstation für die Salzkammergutbahn.* (Siehe Route 6, S. 36.)

Auf den *Grimming* (2249 m) nur mit Führer (Paul Petsch in Kulm). Bester Aufstieg über *Klachau* nach Kulm, dann steil aufwärts in 2³/₄ St. zur Scharte und 1¹/₄ St. zum Gipfel. — Von Irdning nach Schloss *Gumpenstein,* lohnend. — Auf das **Mölbegg* und nach *Oberwölz* im Murthale.

Den Wörschachbach übersetzend, gelangt die Bahn am l. Ufer nach 146 km Stat. **Wörschach** (640 m), Dorf mit ca. 560 Einw., *Schwefelbad,* am Ausgang einer romantischen Schlucht, in welcher nach ¹/₄ St. ein schöner *Wasserfall.* Oberhalb Wörschach auf hohem Fels die Burgruine *Wolkenstein.* Von hier aus Besteigung des **Hochmölbing* (2326 m) in 6¹/₂ St., lohnend.

Den *Reschitz-* und *Weissenbach* passirend, geht die Bahn über *Grafenegg* (Bräuerei) nach 146 km Stat. **Liezen** (659 m, *Post; Fuchs; Wiesinger*), bedeutender Markt (1100 Einw.) an der Mündung des Pyhrnthales. Vom Calvarienberge schöne Aussicht.

Jenseits der Station erst über den *Pyrhnbach,* dann über die Enns, geht die Bahn an der r. Lehne des Mitterberges fort zum *Paltenbach* (Brücke) und zur 152 km Stat. **Selzthal** (635 m, *Restaur.* am Bahnhof; *Krone; Huber*), Knotenpunkt der Bahn nach Aussee und Bischofshofen-Salzburg.

Das **Todtengebirge:** Auf den Hochmölbing (2326 m) von Liezen ¹/₂ St. nach Weissenbach; von hier entweder in 2¹/₂ St. zur *Langpoltnerhütte* und über Niederhütte in 3¹/₂ St. zum Gipfel, — oder über die *Brunnalpe* in 7¹/₂ St. zum Gipfel. — Auf das *Warscheneck* (2472 m) über *Spital* 3 St. oder über *Vorderstoder* 5 St. — Auf den **Grossen Priel* (2588 m). Von Hinterstoder 6 St. — Nur mit Führer über den *Pyrhnpass* (964 m).

16. Von Gastein über den Mallnitzer Tauern durch's Möllthal nach Heiligenblut.

Vom Wildbad über *Böckstein* bis zur *Schweizerhütte* (S. 82) im Nassfelde 3¹/₄ St. Nun steigt der Saumpfad, durch Stangen bezeichnet und nicht zu verfehlen, ziemlich steil in Windungen zur *Scharte* (2¹/₂ St.) des Mallnitzer oder Nassfelder Tauern (2414 m), ein Kreuz bezeichnet die Passhöhe, zugleich Grenze zw. Salzburg und Kärnten. — Aussicht auf Schareck, Herzog Ernst, s. bis zum Triglaw, w. auf den Grossglockner, tief unten das Mallnitzerthal. — Unterhalb der Höhe das *Tauernhaus* (Wein, Brod, Heulager). An einer Kapelle (2228 m) von den obersten Sennhütten (Mannhartalpe), in einer muldenartigen Vertiefung, führt der Weg vom l. auf das r. Ufer des Baches, dann steil hinab und weiter bequem durch Wald und Wiesengrund an der Mündung des *Seebachthales* nach *Mallnitz* (1158 m), einem schön gelegenen Kirchdorf (zur *Gemse). — Auf schmalem, holperigen Wege weiter nach *Lassach*; von hier r. ab um den Bergabhang, an Burg *Kroppenstein* (wieder hergestellt) vorbei in 3 St. nach *Flattach* (Whs.); ¹/₂ St. w. davon *Fragant* (Whs.), von hier über das *Schoberthörl* (2356 m) nach *Döllach*, 7 St., lohnender Weg. Wer von Lassach den Weg hinaus in's *Möll-thal* nach *Ober-Vellach* nimmt, thut besser, von Letzterem nach Heiligenblut durch's Möllthal zu fahren; gute Strasse, geringe Steigung. (Einsp. bis *Winklern* 6 fl., von da bis Heiligenblut 5 fl.)

Von *Winklern*, Dorf (958 m, v. Aichenegg's Whs.; Post), führt die Strasse hinab in's Thal und über die *Möll*. Bei 1¹/₂ St. *Mörtschach* mündet r. das *Astenthal*, bei (¹/₂ St.) *Stampfen* l. das *Wangenitzthal* (mit 2 Hochseen und Wasserfällen). In 1 St. *Döllach*, 1028 m (Ortner), seit Erschöpfung der Bergwerke verarmter Ort, an der Mündung des *Zirknitzthales*; die Zirknitz bildet 10 Min. vom Whs. einen sehenswerthen Fall in dunkler Klamm. Ueber (¹/₂ St.) *Putschall*, an der Mündung des Gradenthals, dann in ³/₄ St. l. der *Jungfern-sprung*, ein 130 m h. Wasserfall; folgt (¹/₂ St.) *Pockhorn*, kl. Dorf (1087 m), an der Mündung des *Fleissthales*. Nun über einen Hügel hinan, oben erster Blick auf den Glockner, gleich l. bildet die Möll einen schönen 80 m h. Fall (*Zlappfall*); zuletzt r. hinauf durch ein Gatter nach Heiligenblut, 1404 m. (Näheres Route 18.)

17. Durch das Fuscherthal nach Heiligenblut und zum Grossglockner.

Durch die seit dem Herbste 1875 eröffnete Giselabahn ist der Besuch des *Fuscherthales bedeutend erleichtert und nicht zu versäumen. Rasch und ohne Beschwerden gelangt man da in den Mittelpunkt der grossartigsten Hochgebirgs-Scenerie. Man benutzt von Salzburg aus die Giselabahn bis Stat. Bruck (752 m) s. S. 75. Von hier führt die Strasse am l. Ufer der *Fuscher Ache* über *Judendorf* nach (2 St.) Dorf **Fusch** (812 m, *Schernthaner*), Hauptort des Thales; ¹/₄ St. hinter der Kirche der *Hirzbachfall.

Westl. öffnet sich das *Hirzbachthal*: ein steiniger Weg führt in 2¹/₂ St. zur *Hirzbachalp* (1718 m); von hier mit Führer auf das *Imbachhorn* (2469 m); lohnende Tour. Am Thalende der *Hirzbachgletscher*. — In dem *Weichselbachthal* (östl.), 1¹/₂ St. aufwärts, liegt das **Fuscher-** oder **St. Wolfgangsbad** (1143 m, *Weilguni; *Flatscher zum *Fuscher Hans*), ausgezeichnetes Trinkwasser.

Der Weg geht am ($^1/_2$ St.) *Bären - Whs.* vorüber; der Fahrweg wird jetzt eng und ziemlich holperig und steigt anfänglich
steil ($1^1/_2$ St.) zu dem Thalboden **Ferleiten** (1147 m, *Lukas-
hanslwirth*, nicht billig; *Tauernhaus* bei *Schernthaner*, einfach,
aber gut) empor; eine kleine Anzahl von. Häusern mit kl.
Kapelle. Imposanter Blick auf den Thalschluss (besonders *Sonnen-
welleck* und *Fuscherkarkopf*).

Bei Ausflügen von Ferleiten aus dienen als Führer: Ant. und Frz. *Hutter*;
Jos. und Aug. *Rubitsch;* Peter und Rupert *Mitterwurzer;* G. *Ries;* S. *Burgsteiner.* —
In's *Käferthal (für Solche, die das Thal zum ersten Male besuchen, Führer
zu empfehlen; $1^1/_2$ fl.). Von dem Wege zur *Trauner Alpe* r. ab durch Wiesen,
auf breitem Karrenweg zur *Judenalpe* (1485 m). Von dieser beliebig weit in's
Thal hinein, bis zu einem kleinen Gletscher (3 St. von Ferleiten) oder an's
Thalende. (Wasserfall). Schöner Ueberblick des mächtigen Bergkranzes. Ein
solcher auch von der *Trauner Alpe (Lukashanslalpe, 1527 m) auf dem Wege
zur Pfandlscharte. — Noch umfassender von der *Durcheckalpe (1860 m). Dieser
gegenüber an der westl. Thalwand die *Walcheralpe* (1848 m); auf dem Wege
zu dieser die **Walcherfälle.*

Auf die *Hohe Tenn* (3869 m); Führer 8 fl.; über die Walcher Alpe und das
Ferleitenkees in 7 St. — Auf das *Grosse Wiesbachhorn* (3577 m) besser von
Kaprun aus. — Auf den *Brennkogl* (3015 m) in 7 St.; Führer 6 fl.

Von Ferleiten aus führen nach *Heiligenblut* zwei interessante
Uebergänge und zwar: über das *Fuscherthörl* und den *Heiligenbluter Tauern* (8—9 St,), oder über die *Pfandelscharte*
(9 St.).

a) *Ueber das Fuscherthörl und Heiligenbluter Tauern.*
Von Ferleiten aus am l. Ufer der Ache im Thale fort bis zum
Wegweiser (geradeaus „ins Käferthal", l. „nach Heiligenblut"),
daselbst l. ab über den Bach zur *Hundsdorfer Alpe,* an dieser
vorbei in Windungen etwas steil bergan, dann durch das *untere
Nassfeld* zum *Petersbrunnen* (2137 m), einer kl. Quelle (3 St.
von Ferleiten). Prachtvoller Blick auf das überwältigend schöne
Amphitheater von Schneebergen und Gletschern. Weiter durch
das *obere Nassfeld* ($^3/_4$ St.) zum ***Fuscherthörl** (2409 m), r. der
Brennkogl (3015 m), l. *Bergerkogl* (2574 m). Hinab zur Thalmulde, dann wieder hinan zum *Mitterthörl* (2386 m), über Geröll
bis zum Handweiser, hier r. an einem alten verfallenen Knappen-
hause vorüber, mitunter über kleine Schneefelder hinauf ($2^3/_4$ St.)
zum **Hochthor** (2572 m) des *Heiligenbluter-Rauriser Tauern,*
Grenze zwischen Kärnten und Salzburg. Aussicht im O. auf die
Weissenbachköpfe, im fernen N. die *Uebergossene-Alp.* — Hinab
($^1/_4$ St.) zum *Samerbrunnen* (2416 m), jenseits des Baches vom
Abhange l. *Blick auf den *Grossglockner,* weiter $^3/_4$ St. zum
Kasereck (1916 m) — *Blick in's Möllthal — r. bei der alten
Kapelle steil hinab ($^3/_4$ St.) nach *Heiligenblut.*

b. *Ueber die Pfandelscharte.* Der Weg über diese ist beschwerlicher und erfordert etwas mehr Zeit. Bis zum Handweiser wie o.; 20 Min. gerade aus, dann l. den Bach überschreitend (³/₄ St.) hinan zur *Trauner*-(Lukashansl-)*Alp* (1527 m). Jetzt r. abwärts durch die Thalmulde über den Bach, dann auf steilem, aber gutem Pfade bergan nach 1¹/₂—2 St. zum *Pfandelscharten-Gletscher*, nach weiteren 1¹/₂ St. endlich zur Passhöhe der **Pfandelscharte** (2668 m), r. der *Spielmann* (3026 m). Ueberraschend schöner Anblick des l. Gross-Glockner, r. Wiesbachhorn, nördl. das Steinerne Meer. Mit dem Weg über die Pfandlscharte lässt sich auch ein Besuch der **Franz-Josephs-Höhe* (Ruheplatz mit Bänken versehen, am Abhang der Freiwand, prachtvoller Ueberblick des *Pasterzengletschers*) und der **Pasterze* (zweitgrösster Gletscher der deutschen Alpen, 10,200 m l., im oberen Firnbecken 4900 m br.) verbinden, was nicht versäumt werden sollte.

Von der Pfandlscharte in südl. Richtung über den Gletscher, weiter über Grasboden in 1¹/₂ St. zum *Glocknerhaus* auf der *Elisabethruhe* (Whs., 20 Betten à 1¹/₂ fl.) hinab. Von hier aus nach *Heiligenblut* (s. R. 18).

18.   Heiligenblut und Umgebung.

*Heiligenblut (1404 m, *Glocknerhaus* bei *Schober*, 1864 nach dem Brande neu gebaut. Interessante Fremdenbücher (der Band 1818—1855 wurde durch den Brand vernichtet); gutes Gasthaus, oft überfüllt. In Heiligenblut besteht ein eigener *Führerverein*, dessen Obmann sich allabendlich im Schober'schen Gasthaus einfindet und Bestellungen für Führer und Träger für den kommenden Tag entgegennimmt. Führer nach dem Tarif; ebenso Pferde) ist das höchst gelegene Dorf Kärntens, das seinen Namen von einem Fläschchen, gefüllt mit dem Blute Christi, erhielt, welches der sel. Briccius aus Constantinopel gebracht hat und in der aus dem 15. Jahrh. stammenden Dorfkirche aufbewahrt ist. Vom *Calvarienberg* (¹/₄ St.) Blick auf den *Grossglockner*, l. die drei *Leiterköpfe*; r. der *Romariswandkopf* und im Hintergrund der *Johannisberg*. Die Lage Heiligenbluts ist eine wundervolle. Schöne Standpunkte ausser dem oben angeführten Calvarienberge sind noch vom *Whs.* in *der Obern Fleiss* (1 St. ö. von Heiligenblut) und mit noch umfassenderer Aussicht von der *Martinskapelle* (¹/₂ St. weiter).

Ausflüge: 1. ***Pasterze.** Ueberaus lohnend und gefahrlos, Führer angenehm, Proviant nöthig. Bis zur *Elisabethruhe* (3 St.) guter Reitweg. Von hier nach 1 St. zur ***Franz-Josephs-Höhe** (2329 m), Glanzpunkt der Gegend mit schönstem Blick auf den Pasterzengletscher, von besonderer Schönheit gegen die weisse

Pyramide des Johannisbergs, der sich erst hier dem Blicke zeigt. Wer weiter vordringen will, betritt (Führer zu empfehlen) den Gletscher selbst und gelangt auf fast ebenem Wege über denselben in 1¹/₄ St. zu der von Erzh. Johann erbauten *Johannishütte* in der *Gamsgrube*; lange Zeit hindurch verfallen und unbewohnbar, wurde sie 1870 von dem bekannten Alpenfreund Carl Hofmann aus München und Herrn Stüdl aus Prag neu aufgebaut, 1877 neu eingerichtet und wird daher jetzt *Hofmanns-Hütte* (2438 m) genannt. (Uebernachten 50 kr., Alpenvereins-Mitglieder 25 kr. Schlüssel in Heiligenblut, Elisabethruhe, Ferleiten, Kals, Fusch und Kaprun zu haben).

Von der *Hofmannshütte* aus werden bestiegen: der *Fuscherkarkopf* (3321 m), der *Mittlere Bärenkopf* (3366 m), der *Grosse* oder *Hohe Burgstall* (2966 m), das *Grosse Wiesbachhorn* (3577 m), der *Johannisberg* (3475 m), der *Schneewinkelkopf* (3533 m), sämmtliche nur für geübte Bergsteiger und in Begleitung tüchtiger Führer.

2. **Grossglockner* (3797 m), höchster Gipfel der Tauern. Die Besteigung von Heiligenblut aus, schwieriger und länger dauernd als von *Kals* (s. R. 19) aus, ist auf 2 Tage berechnet und erfordert für 1 Reisenden 2, für 2 Reisende 3 Führer, deren jeder von Heiligenblut aus 10 fl., von Kals aus 7¹/₂ fl. kostet. Der Grossglockner wurde 1799 von Graf Salm, Fürstbischof von Gurk, in Begleitung von 29 Führern zum ersten Male von Heiligenblut aus bestiegen, nachdem 5 Jahre hindurch auf Auskundschaftung des Weges verwendet worden waren; von *Kals* aus erfolgte die erste Besteigung 1865.

Von den beiden möglichen Wegen auf den Grossglockner *über die Pasterze* oder über das *Leiterkees* ist der erstere vorzuziehen. Bis zur *Hofmannshütte* (übernachten), dann quer über den Pasterzengletscher und auf dem sogen. *Hofmannsweg* über den *äusseren Glocknerkargletscher* zur *Adlersruhe* (3463 m); von hier zur Spitze. — Der Weg über das *Leiterkees* ist der ältere und wurde früher ausschliesslich benutzt. An der Möll aufwärts bis zur kleinen Kapelle, dann l. über den *Grössnitzbach* und hinauf zur *Trogalp;* abwärts in's *Leiterthal*, über den Leiterbach, am l. Ufer an steilen Abhängen auf dem sogenannten *Katzensteig* bis zur *Leiterhütte* (1250 m). Hier Nachtlager auf Heu. Um Mitternacht Aufbruch mit Laterne. In 2 St. zur *Salmshütte* (2805 m), dann über das *Leiterkees* höchst beschwerlich in 2 St. zur *Hohenwartscharte* (3188 m) und in 1 St. zur *Adlersruhe* (3463 m), von welcher aus der Gipfel in 1¹/₂—2 St. erreicht wird. Beide Wege n u r für s e h r g e ü b t e Bergsteiger und m i t F ü h r e r n zu machen. — Die wahrhaft grossartige **Aussicht* umfasst nördl. die bairische Ebene bis gegen Regensburg; nordöstl. das mährisch-böhmische Gebirge; östl. die Kleinen

Karpathen; südöstl. den Triglav; südl. einen kleinen, bisweilen
sichtbaren Streifen des adriat. Meeres; südwestl. Bernina- und
Adamellogruppe; endlich w. Räthikon und Silvretta.

Uebergänge von Heiligenblut:

1. Nach **Kals** in 7½ St. über das *Berger Thörl*, 2649 m,
(in Heiligenblut *Kalser Thörl* genannt), sehr lohnend, mit herrlichem Blick auf die Glocknergruppe. Führer (4 fl.) nöthig,
wenigstens bis zum Thörl.
2. Nach **Lienz.** Bis *Winklern* 5 St., von dort nach *Dölsach* (Stat. der Pusterthaler Bahn) 3 St. und weiter in 1½ St.
(Eisenbahn in 10 Min.) nach *Lienz.*

19. Kals und der Grossglockner.

Kals (1321 m; *Unter-* oder *Glocknerwirth* [Thomas G r o d e r],
im Glocknerstübchen eine kleine alpine Bibliothek, interessantes
Fremdenbuch; ein genaues Verzeichniss der von Kals aus ge-
machten Hochtouren findet man im sog. „Glocknerbuch"; — der
Oberwirth, einfach aber gut), ein in einem breiten Thalkessel
freundlich gelegenes Dorf, vorzügliches Standquartier für Touren
in der Glocknergruppe. Bis zum Jahre 1865 wurde der Grossglockner ausschliesslich von Heiligenblut aus bestiegen. Im genannten Jahre jedoch gelang es dem Ingenieur Egid P e g g e r
aus Lienz im Vereine mit den beiden Führern Josef K e h r e r
und Thomas G r o d e r einen kürzeren Weg (ein solcher war
früher bereits von P e i r i t s c h entdeckt worden), der sich als
der beste erwies, aufzufinden. Seitdem ist auch Kals der Haupt-
ausgangspunkt für die Glocknerbesteigung geworden.

Hochtouren: 1. **Grossglockner** (3797 m), für 1 Reisenden
2 Führer, für 2 Reisende 3 Führer à 7½ fl.

Der Weg, auf welchem die nächtliche, beschwerliche Wanderung, wie von Heiligenblut, wegfällt, führt östl. im *Ködnitzthal*
(1 St.) zum *Groder*, dem obersten Hof; über den Ködnitzbach,
vom Weg zum Berger Thörl l. ab durch's Ködnitzthal zur (³⁄₄ St.)
Jörgenhütte (1959 m), in ³⁄₄ St. zur *Lucknerhütte* und am Abhang der *Freiwand* l. hinan zur (1½ St.) *Stüdlhütte* auf der
Vanitscharte (errichtet 1868 von Joh. S t ü d l aus Prag und mit
allen erforderl. Geräthschaften versehen; sie bildet den Ausgangspunkt für die Glocknerbesteigungen). Von der *Stüdlhütte*
kann man entweder a) auf den *alten Kalser-* und Heiligenbluter *Weg* übergehend in 4 St. oder b) über den 1869 vollen-
deten neuen *Kalser Glocknerweg* („Stüdlweg", nur für geübteste
Bergsteiger) direkt auf die Glocknerspitze in 2½—3 St. gelangen.
Fernsicht s. Tour 18. —

2. **Romariswandkopf** (3547 m). Von der Stüdlhütte aus leicht in 2¹/₄—2¹/₂ St. zu machen und Allen zu empfehen, welchen die Besteigung des Grossglockners zu beschwerlich ist. Führer unbedingt nothwendig. Aussicht von der Spitze prachtvoll und steht jener vom Grossglockner nicht viel nach. 3. *Schönleitenspitz* (2804 m), zwischen dem Ködnitz- und Lesachthal. Führer nothwendig. 4 St. Aussicht über den Südabsturz des Glocknerkammes, die Dorferalpe, die Venediger- und Schobergruppe.

4. Das *Matrei-Kalser-Thörl* (2205 m; Unterkunftshaus von Hamerl in Windischmatrei erbaut; Wirthschaft; Nachtlager für 10 Personen), eine der schönsten und leichtesten Touren in der ganzen Alpenwelt. 2 St. Auch für wenig geübte Bergsteiger ohne Beschwerden auszuführen. Wundervolle Aussicht auf die Hochschobergruppe, den Glocknerkamm und die Umgebung des Grossvenedigers bis zur Röthspitze.

5. Das *Teischnitzthal* mit dem *Grauen Kees*, ca. 4 St. von Kals. Der *Teischnitzgletscher* fluthet vom Glockner und der Romariswand, seiner nördl. Fortsetzung, herab, bricht plötzlich ab und bildet aus seinen Bruchstücken einen neuen Gletscher, das „Graue Kees", so genannt von der grauen Farbe seines Eises.

Uebergänge von Kals:

1. Ueber das *Berger Thörl* 7—8 St. nach *Heiligenblut*. Führer nothwendig.

2. Ueber das *Matrei-Kalser-Thörl* 4 St. nach *Windisch-Matrei*. Führer angenehm.

3. Von *Kals nach Lienz* an der Pusterthaler Bahn, 6¹/₂ St. Führer überflüssig.

20. Von Gastein über Zell am See nach Salzburg.

Von Gastein bis Lend s. S. 75. Von Lend bis *Zell am See* und *Saalfelden* (Eisenbahn s. R. 11 S. 74).

Von *Saalfelden* führt die Strasse durch den *Luftensteinpass* (667 m), 1621 befestigt, über *St. Martin* nach (3 St.) Lofer (639 m; *Post; Bräu; Schweizerwirth*), Markt mit ca. 400 Einw. an der Salzburg-Innsbrucker Strasse. Von dort bis Salzburg s. R. 21.

21. Von Salzburg nach Reichenhall und Innsbruck.

Eisenbahn über Rosenheim (R. 9) und Kufstein. Die Landstrasse über Unken, Lofer bis Wörgl (von wo an Eisenbahn) ist vorzuziehen. Von Reichen-

hall bis Waidring eine Reihe der grossartigsten Thalschluchten. Nur Wagen-
verbindung.

Von Salzburg bis Reichenhall mit Eisenbahn (Stat. *Freilassing*, *Hammerau*, *Piding*) 1 St. R. 10, dann am einsam gelegenen *Thumsee* vorüber in 2¹/₂ St. nach *Schneizelrait* (520 m),
1 St. nach **Mellek** (615 m; *Whs.* mit schöner Aussicht auf das
Unkener Thal und die Loferer Steinberge), Grenzdorf zwischen
Bayern und Salzburg, bair. Mauth.

Das *Sonntagshorn* (1964 m), sehr lohnend. 4 St. R. in ein Seitenthal, l. den
Bach passirend nach Ueberschreitung mehrerer Gräben l. am Abhange weiter
in's Rosskar; immer r. fort, direkt zum Kamm.

Nun steil bergab durch den Steinpass (österr. Mauth) in
¹/₂ St. nach **Unken** (574 m; *Post*; *Lamm*), Dorf mit etwa
240 Einw. ¹/₄ St. davon entfernt Bad *Oberrain* (Gasthaus mit
Badeanstalt, geeigneter Sommeraufenthalt).

Sehr lohnender Ausflug nach der *Schwarzbach-* oder *Unkner Klamm* (5¹/₂ St.
Führer (1¹/₂ fl.) unnöthig), seit 1830 zugänglich gemacht, eine der grossartigsten
in den deutschen Alpen. Interessante Felsbildungen. Am Klammeingang die
von König Ludwig herrührende Inschrift „*Gutta cavat lapidem non vi sed saepe
cadendo*“. — Zum *Staubfall* (3 St.) besonders lohnend nach Regen. Wenn man,
was möglich, beide Ausflüge verbindet, Führer unerlässlich. — Auf das *Sonntagshorn* (1964 m.)

Durch den *Kniepass*, l. das Reitalpgebirge, in 2 St. nach
Lofer (639 m; *Post*; *Bräu*; *Schweizerwirth*), Markt in grossartig schöner Umgebung. Hübsche Spaziergänge: ¹/₂ St. zur
Gesundheitsquelle (Loferer Bründl), südl. von der Strasse nach
Waidring, und in das *Loferer Hochthal* (1¹/₂ St.), rings von den
riesigen 2000 m hohen Wänden der Loferer Steinberge eingeschlossen.

Von Lofer ¹/₂ St. entfernt der *Pass Strub* (von den Tirolern
1805 und 1809 heldenmüthig vertheidigt, Grenze zwischen Salzburg und Tirol); von diesem in 1¹/₂ St. nach **Waidring** (781 m;
Post), schönes Dorf in hübscher Lage auf der Wasserscheide
zwischen Achen- und Saalachthal. Im S. die Loferer Steinberge. [Angenehme *Spaziergänge:* Zu den *Oefen*, einer wilden
Klamm der Strubache ¹/₂ St. südl. Waidring; weiter an der
St. *Adolari Kapelle* vorüber ¹/₄ St. zum schönen, einsam gelegenen *Pillersee* (835 m), an seinem Ende Dorf *St. Ulrich*;
von diesem über *St. Jakob im Haus* nach (2¹/₄ St.) *Fieberbrunn*
(Stat. der Salzburg-Tiroler Bahn).]

Nun mehr einförmige Strasse nach 1¹/₂ St. *Erpfendorf* (609 m;
Whs.) und weiter in 1¹/₂ St. nach **St. Johann** (609 m; *Post*;
Bär), Station der Salzburg-Tiroler Bahn, am nördl. Fusse des
Kitzbühler Horns gelegen.

Ausflüge und Bergtouren: Auf das *Fellhorn;* nach *Going, Ellmau, Scheffau* in Verbindung mit Touren am *Kaisergebirge;* über *Griesenau, Stripserjoch* nach *Kufstein;* auf das *Kitzbühler Horn* (4 St.) u. s. w.

Durch das *Rheinachenthal* hinan nach *Going,* weiter an *Ellmau* (810 m; Post; *Elmauer Wirth*), dem höchsten Punkte der Strasse, vorüber abwärts nach 2 St. Söll (707 m; *Post*). (Auf die *Hohe Salve* Reitweg, 2—3 St., Führer entbehrlich.) Von hier aus in 3 St. nach Wörgl (508 m; s. S. 81) im Innthal und mittels Eisenbahn weiter nach *Innsbruck.*

22. Von Zell am See im Pinzgau nach Krimml, Gerlos und Zillerthal.

Fahrstrasse bis *Krimml* 10½ St. — Von Zell am See nach *Mittersill* regelmässige Stellwagenverbindung pr. Person 1 fl. 50 kr.; Einsp. 5½ fl., Zweisp. 10 fl.; — von *Mittersill* nach *Krimml:* Einsp. 6—7 fl.; Zweisp. 12 fl. Der Ober-Pinzgau bietet Fussgängern ob seiner Einförmigkeit wenig lohnende Touren. Von imposanter Schönheit und höchst sehenswerth sind dagegen die Krimmler Wasserfälle.

Von *Zell am See* (s. S. 75) führt die Strasse neben der Bahn den See entlang bis zur Wegtheilung; links mündet die Bruck-Zeller- und etwas weiter die Bruck-Mittersillerstrasse. Jenseits des *Zeller-Mooses* Schloss *Fischhorn* (S. 75). An der Nordseite am Fusse des Gebirges entlang führt die Strasse über *Aufhausen* nach *Fürth* (hier zweigt der Weg in's *Kaprunerthal* ab) und weiter nach *Piesendorf* (Whs.); südöstl. Blick auf den Fusch-Kapruner Scheiderücken mit dem *Hohen Tenn* und dem *Wiesbachhorn.* Die Strasse berührt weiter *Walchen* (Grenze zwischen Ober- und Unter-Pinzgau) und erreicht (1½ St.) *Lengdorf* (Oberhauser); gegenüber am r. Salzachufer das Dorf *Niedernsill.* 1 St. *Uttendorf* (773 m; Whs.).

Südl. das **Stubachthal** mit den schönen Hochseen *Weissee* (2225 m) und *Tauernmoossee* (1962 m), durch welches ein guter von der A.-V.-Sektion Austria neuestens verbesserter Uebergang (*Fischer-Weg*) über den *Kalser Tauern* in 11 St. nach *Kals* führt. Führer Al. Täubl und Joh. Rettenwender in Uttendorf; bis zur Tauernhöhe (nöthig) 6 fl.; bis Kals 9 fl.

Ueber *Stuhlfelden* am kl. Schwefelbad *Burgwies* vorüber nach (1¼ St.) Mittersill (781 m; *Schwaigers* Bräu- und Gasthaus; *Grundmer; Post*), der bedeutendste Ort des Thales, an beiden Ufern der Salzach gelegen, 1878 von Ueberschwemmung arg heimgesucht. Vom *Schlosse* (160 m über der Thalsohle), jetzt Sitz des k. k. Bezirksgerichts, schöne Aussicht, namentlich gegen S. in das *Velberthal* bis zum *Tauernkogl* (2982 m). N. eine neue Strasse über *Pass Thurn* nach *Kitzbühel* und *Wörgl* (s. oben).

Sehr lohnende *Bergtouren:* Auf die *Pihapper Spitze* (2511 m), mit Führer, über die *Lachalpe* in 8 St.; auf den *Gaisstein* (2451 m), nicht beschwerlich, über die *Ensinger Alpe* in 5 St.

Nach 1 St. *Hollersbach* (827 m), am Eingange in das gleichnamige Thal gelegen, im Hintergrunde der schneebedeckte *Kratzenberg* (3030 m), dann auf's l. Salzachufer 1 St. nach *Mühlbach* mit Schwefelkiesgruben. Ueber *Picheln, Bramberg* und *Weierhof* in 2 St. nach **Neukirchen** (854 m; *Kammerlander*, *Schett*), Dorf im „Rosenthal"; gegenüber münden l. in der *Sulzau*, durch den *Mitterkopf* getrennt, das *Unter-* und *Ober-Sulzbachthal.* Der schöne *Unter-Sulzbachfall* lohnt einen Besuch (1 St.). Im Hintergrunde des Ober-Sulzbachthales die schnee- und eisbedeckte *Venedigergruppe.* Durch das *Ober-Sulzbachthal* führt (6¹/₂ St.) ein ziemlich beschwerlicher Weg zur *Kürsinger Hütte* (2656 m), erbaut von der A.-V.-Sektion Salzburg, gutes Nachtquartier; lohnender Blick auf den *Ober-Sulzbachgletscher* und die ihn einschliessenden Gipfel der Venedigergruppe.

Die Strasse geht am Dürnbachgraben und r. an der Ruine *Hieburg* vorüber, erreicht (1 St.) *Wald* (Whs.), wendet sich sodann l., überschreitet nach ¹/₂ St. dicht vor ihrer Mündung in die Krimmler Ache die von Ronach kommende *Salza* (die beiden vereinigten Flüsse heissen von hier an *Salzach*) und gelangt nach einer weiteren St. an der Ache aufwärts nach **Krimml** (1040 m; *Bachmaier*), einem Dorf in freundlicher Lage, wegen der nahen berühmten *Krimmler Fälle, den schönsten und grossartigsten in den deutschen Alpen, viel besucht. (Führer Friedr. Bachmaier und Jos. Höck.)

[Die *Krimmlerache* stürzt sich in drei grossen, aufeinander folgenden Fällen aus einer Höhe von 450 m über die letzte Thalstufe des Krimmler Achenthales herab. In 25 Min. bis zum untersten Falle. Unterhalb desselben über die Brücke und jenseits hinauf, bis man sich ihm gegenüber befindet. Von hier aus übersieht man den untersten Fall in seiner ganzen Grösse; bei Sonnenschein die schönsten Regenbogenfarben. (Damen wollen sich mit Regenschirm und Mantel versehen). Zum obersten Fall steigt ein treppenartiger Weg ³/₄ St. hinan zur *Schönangeralpe,* hier r. vorbei über die Ache und in 10 Min. hinauf zum obersten Fall. Dieser ist von den dreien der grösste, denn er misst allein eine Höhe von 220 m. Führer zum unteren Fall 30 kr., zum mittleren 60., zum obersten 80 kr.]

Von Krimml über die *Platte* in die *Gerlos* und das *Zillerthal* führt Anfangs der sogenannte *Plattenweg* ziemlich steil bergauf bis zu einem Wegweiser mit der Inschrift „Krimml, Gerlos, Zell" (1¹/₂ St.); von diesem auf die Alpen der *Platte (vordere Platte)*, dann bergab bis zum Grenzpfahl zwischen Salzburg und

Tirol, weiter in 2¹/₂ St. zu dem Alpendorf *Gerlos* und von diesem
in 4 St. nach *Zell* im Zillerthal (s. R. 29).

23. Von München nach Innsbruck über Rosenheim und Kufstein.

176 km Eisenbahn. Bis Rosenheim Fahrzeit des Eilzuges 1¹/₂ St. — des
Postzuges 2¹/₂ St. Von Rosenheim bis Kufstein 1—1¹/₂ St., bis Innsbruck 3 bis
4¹/₂ St. Fahrpreise von München nach Innsbruck I. Kl. 16 M. 65 Pf., II. Kl.
12 M., III. Kl. 7 M. 60 Pf. Courierzüge 20 pCt. höher.

Bis Rosenheim s. R. 9, von Rosenheim bis Innsbruck s.
R. 28.

24. Von München über Tegernsee und Achensee nach Innsbruck.

Eisenbahn (48 km) bis *Schaftlach;* von hier *Post omnibus* nach *Tegernsee* und
Wildbad Kreuth; von da *Privatpostwagenverbindung* nach *Achenkirch* und weiter
nach *Jenbach;* von letzterem Eisenbahn bis Innsbruck.

Die Bahn wendet sich bald nach der Ausfahrt von München
in grossem Bogen gegen Süden, r. Blick auf die Alpen bis zur
Zugspitze, l. die Bavaria und die Abzweigung der Bahn nach
Braunau und Rosenheim. Stat. *Unter-* und *Mittersendling,* dann
bei Stat. *Grosshesselohe* auf schöner Gitterbrücke über die Isar.
Jenseits durch Wald zu den Stat. *Deisenhofen* und *Sauerlach*
weiter über den *Teufelsgraben,* einem ausgetrockneten, tiefen
Thaleinschnitt, nach Stat. Holzkirchen. Der Ort (Marktflecken)
ist 10 Min. vom Bahnhof entfernt (Whs.: *Post, Oberbräu*) Knotenpunkt der Bahnen nach Rosenheim, Schliersee und Tölz, sowie
der Strasse nach Tegernsee (5 St.). Hinter dem Bahnhof hübsche
Aussicht auf die Alpen mit dem Wendelstein.

Die Bahn umkreist die Ostseite des Marktes, zweigt dann
r. von der Schlierseer Bahn ab, erreicht *Ober-Warngau* und
weiter durch Wald (48 km) Stat. *Schaftlach* (Bahnhof-Restaur.).
Im Dorfe r. zweigt die Strasse nach Tegernsee ab, geht über
Haus, Georgenried und *Finsterwald* und erreicht bei Dorf *Gmund*
den *Tegernsee* (6 km lang, 2 km. br.). Am östl. Seeufer weiter
über *St. Quirin* nach **Tegernsee** (732 m; **Greider, *Guggen-
moos;* Pension *Hartmann; Post; Steinmetz;* viele Privatwohnungen), Dorf in reizender Lage mit zahlreichen, schattigen
Spaziergängen, zu längerem Aufenthalt geeigneter vielbesuchter
Sommerfrischort. Die ehemalige (1804 aufgehobene) höchst stattliche Benediktiner-Abtei, gestiftet 719, in ihrem südl. Theile von
König Max I., Joseph, als kgl. Schloss adaptirt und ist gegen-

7*

wärtig Eigenthum des Herzogs Carl Theodor in Bayern; der
nördl. Flügel enthält eine grosse Bierbrauerei (im *Bräustübl*
vorzügliches Bier).

Aussichtspunkte und Ausflüge. Die Umgebung von Tegernsee bietet eine
Reihe der lohnendsten Aussichtspunkte, Ausflüge und Bergtouren, von welchen
die beliebtesten hier folgen: Vom *Grossen Paraplui* (¹/₂ St.) reizende Aussicht
auf den See und seine Umgebung, insbesondere auf die sein oberes Ende einschliessenden Berge, als von r. nach l. Kampen (1651 m), Hirschberg (1709 m),
Ringspitze (2610 m), Setzberg (1720 m), Wallberg (1734 m), Riederstein (889 m).
— Vom *Kleinen Paraplui* (10 Min.). — Vom *Westerhof* (Whs.) ¹/₂ St. — Von
Kaltenbrunn am nordwestl. Seeende (1¹/₄ St.), beste Uebersicht des Sees. (Kahn-
fahrt dahin 1 M. 40 Pf.) — Von der *Neureuth* (1259 m), nordöstl. von Tegernsee
(1¹/₂ St.). Vorzüglicher Aussichtspunkt. — Zum *Bauer in der Au*, über den
See ¹/₄ St. 60 Pf.) nach *Abwinkel*, dann am *Söllbach* durch Wald aufwärts
(1¹/₄ St.). — Zum *Freihof* über den See (¹/₂ St.) nach *Am Bach*, dann längs des
Zeisselbachs aufwärts. — Zu den *Marmorbrüchen* 1¹/₄ St., sehenswerth; — ¹/₄ St.
weiter der unansehnliche *Lohbachfall.* — Zu den *Rothachfällen* 2 St. — Auf den
Risserkogl (1829 m) von Egern über die Wallberger Alp in 4¹/₂ —5 St. Sehr
lohnend. — Auf den *Hirschberg* (1709 m) 4¹/₂ St. Aeusserst dankbar. — Auf den
Riederstein (889 m) 1¹/₂ St., Kapelle auf steilem Fels; von dieser über den Kamm
zur (1 St.) *Baumgartenschneid* (1457 m), schönen Rundsicht. Abstieg durch's
Albachthal nach *Tegernsee.* Führer rathsam.

Vom Tegernsee führt die Strasse über *Rothach* (Scheurer)
in 2¹/₂ St. zum Dorfe *Kreuth* (Whs.), r. der *Leonhardstein*;
(1446 m) Fussgängern empfiehlt sich die Ueberfahrt von Tegernsee
über den südöstl. Seearm nach *Egern*, weil sie dadurch ¹/₂ St.
ersparen. ³/₄ St. s. liegt das **Wildbad Kreuth** (828 m) mit
eisenhaltigen Schwefelquellen, Soolbädern, Ziegenmolke u. s. w.
Schon seit 1500 bekannt und früher der Abtei Tegernsee gehörig, ist es nunmehr Eigenthum des Herzogs Carl Theodor
in Bayern, auf dessen Rechnung es auch betrieben wird.
Besitzt ansehnliche Bade- und Gastgebäude. 10 Min. vom Kurhause, über einer Quelle östl. am Abhange, eine Büste des Königs
Max I. Joseph mit der Inschrift: „Rein und segenreich wie
diese Quelle war sein Leben".

Ausflüge: Auf die *Gaisalp* (1126 m) (1 St.); von dieser in einer kl. ¹/₂ St.
weiter auf die *Königsalp* (1161 m). — Von beiden auf den *Schildenstein* (1629 m)
in 1¹/₂—2 St. Lohnende Aussicht. — In die *Wolfsschlucht* (1¹/₂ St.) mit zwei
Wasserfällen. — Zum *Schinder* (1826 m) in 4¹/₂—5 St. Vom Gipfel prächtige
Fernsicht.

❡ Die Strasse zum Achensee geht ¹/₄ St. westl. vom Bad Kreuth
über die Weissach zurück zur Hauptstrasse. Letztere steigt in
dem einförmigen *Weissachthal* an (2 St.). *Glashütten* (936 m;
Whs.), dann an dem früheren bair. Zollamte *Stuben* vorüber zur
(20 Min.) *Stubenalp* (Passhöhe 960 m). Die Strasse senkt sich jenseits

durch Schluchten und Thäler scharf bergab, überschreitet bei dem ehemaligen österr. Zollamte *Kaiserwacht* in dem einst stark befestigten *Achen*-Engpass (871 m) die Tiroler Grenze und erreicht (1 St.) Dorf *Achenwald* (822 m; Traube). Vor diesem die österr. Mauth. An der *Achen* oder *Walchen*, Abfluss des Achensees, ˉallmählich aufsteigend nach 1¹/₄ St. **Achenkirch** (941 m; *Post*; *Adler*; *Kern*), einem nahezu 1 St. langen Dorf, dessen weit zerstreut liegende Häuser sich fast bis zum See hinziehen. Am nördl. Seeende das nach der Besitzerin genannte **Gasthaus zur Scholastika*, mit grossem Neubau, Seebad und Kähnen zur Seefahrt. 20 Min. südl. davon **Hôtel Achenseehof*, nicht billig, Eigenthum des bekannten Tiroler Sängers R a i n e r. Abends meist Gesang und Zitherspiel.

Der **Achensee** (929 m), der schönste See Nordtirols, 9 km l., 1 km br. und 184 m tief, ist tiefblau gefärbt und von hohen Bergen umschlossen. Während des grossen Erdbebens zu Lissabon im Jahre 1755 sank sein Wasser plötzlich über 1 m und erreichte erst nach 24 St. seinen alten Stand.

Vom Achensee aus sollte eine Partie auf den ***Unnutz** (2078 m) nicht verabsäumt werden; sehr lohnend und nicht schwierig, vom Gasthause zur „Scholastika" am nächsten erreichbar 2¹/₂—3 St., Führer angenehm, aber kaum nöthig. Aussicht: im S. Sonnwendjoch, Zillerthaler und Duxer Ferner, Solstein, Oetzthaler Ferner, Karwendl- und Wettersteingebirge; südöstl. Kitzbühler Gebirge, Tauern, vom Hochtauern bis zur Dreiherrenspitze; östl. Guffers oder Steinberg Spitze, weiter im Hintergrunde Kaisergebirge, Loferer Steinberge, Steinernes Meer; in der Tiefe der Achensee.

Die Fahrstrasse geht am östl. Ufer des Sees bis (2 St.) *Buchau*, doch ist die Fahrt über den See dorthin vorzuziehen. Am südwestl. Ufer, Buchau gegenüber, ein von Bergen rings eingeschlossenes reizendes Vorland, die ***Pertisau** (*Fürstenhaus am See*, vom Kloster Viecht betrieben; a n F a s t t a g e n k e i n F l e i s c h; *Pfandler*, *Karl* im Dorf, vom See 5 Min. entfernt), als Sommerfrischort viel besucht, häufig überfüllt. Aussicht auf den See besonders bei Abendbeleuchtung reizend.

Von *Pertisau* über das ˉ*Plumserjoch* (6 St.), lohnender überˉ*Grammais* (8 St. mit Führer) nach *Hinterriss*, Jagdschloss des Herzogs von Coburg-Gotha. ˙┤

Von Buchau bald steil hinab am *Kasbach* in das bedeutend tiefer liegende Innthal nach 1¹/₂ St. *Jenbach*, Stat. der Innsbruck-Kufsteiner Bahn (R. 28).

25. Von München, dem Starnberger See, Walchensee und Mittenwald nach Innsbruck.

Diese Route bietet eine Reihe der anmuthigsten und schönsten Landschaftsbilder und ist die *schönste zum Eintritt* in das *herrliche Alpenland Tirol*.

Eisenbahn bis Penzberg (62 km); Stationen: *Pasing*, *Planegg* (r. Wallfahrtskirchlein Maria Eich), *Gauting*, *Mühlthal*, *Starnberg*, *Possenhofen* (mit schöner Aussicht von der Terrasse des Strauch'schen Hôtels), *Tutzing* (sehr lohnende Aussicht von der Veranda der Bahnhof-Restauration; **Hôtel zur Eisenbahn* am Bahnhof; **Gasth. Mensch am See*), *Bernried*, *Seeshaupt* (Rückblick auf den Starnberger See, der sich hier an seinem Südende abrundet). — Von Seeshaupt weiter nach Stat. *Staltach*, endlich die Endstation *Penzberg* (634 m, Whs. nächst dem Bahnhofe). Von letzterem Orte zunächst durch Wald hinab zur *Loisach*, über diese hinweg in 1½ St. nach *Bichl* (Löwe), einem kleinen Badeorte (l. mündet die Strasse von Tölz über *Heilbrunn* ein), und weiter nach **Benediktbeuern** (626 m, *Post*, zur *Benediktenwand*), ein gegenwärtig in ein Invalidenhaus umgewandeltes Kloster, dessen einstiger Reichthum und Ruhm längst dahin sind.

Auf die *Benediktenwand* (1804 m) in 4—5 St., lohnend, mitunter steil; Führer rathsam. Oben ein Kreuz, 1877 errichtet. Aussicht sehr schön; bis zum Grossglockner und Venediger, nördl., weit in die Ebene und 6 Seen.

Ueber *Ried* und *Besenbach*, am östl. Rande eines grossen Moores, dem Ausläufer des Kochelsees, nach Dorf *Kochel* (Fink), vom gleichnamigen See durch einen Hügel getrennt; *Bad Kochel*, 10 Min. vom Dorf, am See gelegen, besitzt die reinste kalte Sodaquelle Deutschlands.

Der **Kochelsee** (506 m), 6 km l., 4 km br., 80 m tief, smaragdgrün, verbindet Lieblichkeit mit Grossartigkeit und ist einer der schönsten kleineren Gebirgsseen am Nordrande der deutschen Alpen. Nördl. der Rohrsee, an den sich grosse Moore schliessen; im Süden umschliessen den See der *Jochberg*, *Herzogstand* und *Heimgarten*. Vom Pavillon beim Bad hübscher Ueberblick. Von Dorf Kochel in ½ St. zum See, dann am östl. Ufer zum *Kesselberg*, weiter ¾ St., zum Theile steil, unter den jähen Jochbergwänden zur sog. *Absätz* (841 m) (r. neben der Strasse die *Kesselbachfälle*, zu welchen ein Fusspfad hinaufführt) und abwärts, nach wenigen Minuten den Wald verlassend.

Unten liegt der von einem grossartig imposanten Gebirgspanorama umschlossene ***Walchensee**, 6 km l., 5 km breit, 210 m tief, der schönste bairische See nach dem Königssee.

An der Nordspitze *Urfeld*, aus 2 Häusern bestehend (Whs. zum Jäger am See, einfach, aber theuer).

Von hier Ausflug auf den *Herzogstand (1756 m) $2^1/_2$—3 St., sehr zu empfehlen; ein Reitweg führt bis auf die Spitze, daher die ganze Tour bequem, auch für Damen. Aussicht eine der lohnendsten in den Alpen und um so mehr zu schätzen, als sie jedem Touristen sonder Beschwerden zugänglich ist: *Panorama:* Nach N.: der Kochel-, Starnberger-, Rieg- und Staffelsee; die bair. Ebene (mit München) bis Freising und Ulm u. s. w.; nach O. die Benediktenwandgruppe, die Isarberge, darüber die Berge am Tegernsee, Schliersee, Wendelstein, Kaisergebirge, Berchtesgadener Alpen; im S.O., S., S.W. die Berge am Achensee, darüber die Pinzgauer Eiskette mit Gross-Venediger, Grossglockner, Wiesbachhorn u. a., dann r. die Innthaler Kalkkette von den Rissbergen an über den Karwendel bis zu seinem Absturz bei Mittenwald in das obere Isarthal, r. davon der Dreithorspitz (darüber l. und r. die Stubaier und Oetzthaler Ferner), die Wettersteinwand bis zur Zugspitze; nach S.W. und W. die Lechthaler, Oberammergauer und darüber die Allgäuer Alpen u. s. w.

Von Urfeld am westl. Seeufer in 1 St. nach **Walchensee** (Post), einem kl. Dörfchen, an einer Bucht des Sees gelegen. Steil den *Katzenkopf* hinan und wieder hinab, führt die Strasse am Südende des Sees über die *Obernach*, dem Hauptzufluss desselben, weiter nach $2^1/_2$ St. *Wallgau* (Whs.), $^1/_4$ St. davon *Krün* (882 m, Whs.), ein Dorf, von dem aus man in $2^1/_2$ St. nach **Mittenwald** (942 m, *Post; Traube*), dem letzten bairischen Orte, gelangt. Derselbe wird von dem steilen *Karwendelgebirge* überragt und ist berühmt als Erzeugungsstätte von Guitarren, Geigen und Zithern, welche insbesondere nach England und Amerika gehen. $1^1/_2$ St. von Mittenwald die Grenze zwischen Bayern und Tirol und kurz hinter dem Grenzpfahl die imposanten Trümmer der mehrmals zerstörten und 1805 gänzlich vernichteten Befestigungen von *Scharnitz*. Bei dem Dorfe **Scharnitz** (963 m, *Traube*) münden westl. das *Hinterau-* und *Karwendelthal*, welchen die Isar entströmt. Die Strasse verlässt die Isar und steigt (2 St.) r. Ruine *Schlossberg* bis nach *Seefeld* (1176 m, *Post*), Dorf, auf einer wildschönen Hochebene, mit sehenswerther gothischer Kirche aus dem 14. Jahrh. Wasserscheide zwischen Inn und Isar. Westl. die *Hohe Mundi* (2590 m), dahinter r. Wetterstein-Gebirge und Zugspitze.

Am kl. *Wildsee* vorüber, beginnt sich die Strasse zu senken, unterhalb (1 St.) *Reith* (1125 m) in steilen Krümmungen abfallend, bieten sich r. und l. prächtige Aussichten auf das Innthal, den Solstein, die Martinswand, die Stubaier und Selrainer Gebirge. Auf dem letzten Vorsprung der Strasse l. ein viereckiger

Thurm, die Trümmer der Burg *Fragenstein*, des einstigen Lieb-
lingsaufenthaltes Maximilians I.

1¹/₂ St. **Zirl** (624 m, Löwe, Stern), Dorf im Innthale. (Siehe
Seite 110.)

26. Von Bregenz über den Arlberg nach Innsbruck.

Eisenbahn (*Vorarlberger Bahn*) bis Bludenz (58 km) in 3 St. Die Ver-
längerung der Bahn von Bludenz nach Innsbruck ist bereits in Angriff genommen. Die technisch schwierigste Stelle dieser Strecke ist der Durchbruch
des Arlberges. Doch schreiten die Arbeiten in diesem Tunnel rüstig fort. Von
Bludenz nach Innsbruck, *Eilwagen* 18³/₄ St. Fahrzeit; *Postwagen* von Bludenz
nach Landeck 11 St.; von Landeck nach Innsbruck 11¹/₂ St. Nachtlager in
Landeck.

Bregenz (395 m; **Oesterr. Hof* am See; *Weisses Kreuz*,
Römerstr.; *Krone*; *Hôtel Montfort*, am Bahnhof; *Adler*; *Krone*;
Schweizerhof; *Löwe*; *Lamm*; *Post.* — Café *Kirchner*, Graben-
gasse. — Restaur. *am Bahnhof*; Wein bei *F. Kinz* (vulgo Bürgermeister) und *A. Kinz* jr. (Vier Jahreszeiten) auf dem Weg zum
Gebhardsberg; Bier beim *Hirsch*; *Forsterbräu*; zur *Schanz*; *Neue
Welt* (Linzer Bier), — das römische Brigantium, Hauptstadt
von Vorarlberg mit 8700 Einw., in herrlicher Lage am Fusse
des *Pfänder* (1060 m) am östl. Ende des Bodensees (Lacus
Brigantinus). Die *Alt-* oder *Oberstadt*, das altrömische Castrum,
ein auf einer Anhöhe gelegenes, unregelmässiges Viereck, wird
auf drei Seiten durch die neue Stadt umschlossen. Vom neuen
Hafendamm schöner Blick auf Stadt und Umgebung. Im *Vorarlberger Museum*, nächst dem Bahnhofe, einige naturhistorische
Gegenstände, Münzen etc., sowie die 1862 auf dem *Oelrain*
(10 Min. südwestl. von der Stadt) ausgegrabenen römischen
Alterthümer. Den Verkehr zwischen den Hauptorten am
Bodensee, als da sind *Friedrichshafen, Lindau, Bregenz, Ror-
schach, Romanshorn, Constanz* (Schaffhausen), *Ueberlingen, Meers-
burg* und *Ludwigshafen*, fördern 24 Dampfboote, welche diese
Orte mindestens einmal des Tages berühren, auf den Haupt-
linien aber (Lindau-Rorschach, Lindau-Romanshorn, Friedrichs-
hafen-Rorschach, Friedrichshafen-Romanshorn, Friedrichshafen-
Constanz) 4—6 Mal täglich verkehren.

In die Umgebung von Bregenz führen zahlreiche Spaziergänge. Niemand versäume den Besuch des **Gebhards-* oder
Schlossberges (593 m), ³/₄ St., mit Ruinen eines gräfl. Montfort'schen Schlosses, Wallfahrtskirche und einem guten Wirthshaus. Schöne Aussicht über den ganzen Bodensee bis Constanz,
das Rheinthal, die Appenzeller, Glarner und den Vorderzug der
Vorarlberger Alpen. — Als *Aussichtspunkt ersten Ranges* gilt

die Spitze des **Pfänder** (1060 m), 1$^1/_2$ St., vollkommen beschwerdeloser Weg. 5 Min. unterhalb der Spitze die grosse, neue *Hôtel-Pension Pfänder*. Die *Aussicht* umfasst Daumen, Hochvogel, Gottesackerwände, Bregenzer Wald, Rheinthal bis Ragatz, Scesaplana, Berge von Graubünden und Glarus, Säntis, Bodensee und die schwäbische Ebene.

Die Bahn umzieht den Gebhardsberg, überschreitet die *Bregenzer Ache* (bei *Rieden*) und betritt bei Stat. *Lautrach* das *Rheinthal.* Weiter Stat. **Schwarzach** (408 m; *Hôtel Bregenzerwald* am Bahnhof; *Post*), ein grosses Dorf, von der Bahn 5 Min. entfernt, Stat. für die Besucher des *Bregenzer Wald.*

[Der **Bregenzer Wald** bildet das nördl. Vorarlberg zwischen *Rhein, Ill, Iller* und *Lech*, von der *Bregenzer Ach* durchströmt, ein Gebirgsland, das ob seiner idyllischen Schönheit, seiner reichen Abwechslung in alpiner Scenerie dem Touristen eine Fülle der schönsten und lohnendsten Touren bietet. Der Bregenzer Wald zerfällt in den *Vorderen* oder *Aeusseren Wald*, ein dicht bevölkertes, waldreiches Hügelland, und den *Hinteren* oder *Inneren Wald*, welcher zum grösseren Theile vollen Hochgebirgscharakter an sich trägt. Bei karg bemessener Zeit lohnt sich jedenfalls die Tour von *Bregenz* über *Schwarzenberg* oder *Bezau* zum *Schröcken* (1260 m), von welchem Steub sagt, dass es ihm „unter allen bewohnten Alpen an schauerlicher Schönheit keine gleich thut"; sodann entweder über das *Gentscheljoch* (1975 m) nach *Mitterberg* und *Oberstdorf* oder zum *Arlberg.*]

Eine sehr schöne Wanderung ist jene von Bregenz nach **Schwarzach** ($^1/_2$ St.), von hier mittelst Post (zweimal tägl.) nach **Bezau**, dem Hauptorte des Bregenzer Waldes; durch das malerische *Schwarzachthal* nach **Alberschwende**, (1$^1/_2$ St. (717 m; *Taube*), hübsches Dorf mit alter Kirche, von dem man auf nicht zu verfehlendem hübschen Fusswege über *Lorena* nach **Schwarzenberg** (694 m; *Lamm* und *Hirsch*, ein und demselben Besitzer gehörig), 1$^3/_4$ St., gelangt, ein am Fusse des *Hochälple* (1462 m) reizend gelegener Ort, beliebter Sommeraufenthalt. In der Kirche ein Altarbild von Angelika Kaufmann (geb. zu Chur 1741, gest. zu Rom 1807), deren Eltern hier lebten. Weiter nach **Mellau** 2$^1/_2$ St. (684 m; *Bär*, zugleich Stahlbad; *Adler*), von hier in 1$^1/_4$ St. nach **Schnepfau** (741 m; *Krone*; *Adler*); weiter nach (1 St.) **Au** (786 m; *Krone*; *Rössle* und (1 St.) **Schopernau** (832 m; *Adler*; *Krone*), Geburtsstätte des Dialektdichters F. M. F e l d e r († 1869); südl. die *Künzelspitze* (2307 m), im Vordergrunde l. die *Uenschellerspitze* (2035 m); von Schopernau aus über das Schwefelbad *Hopfreben* (Whs.) in 2$^1/_2$ St. auf den **Schröcken** (1260 m), rings von mit Schnee bedeckten 2300—2600 m hohen Bergen (Juppenspitze, Mohnenfluh, Rothhorn, Künzelspitze) trichterförmig umgeben, auf seiner Spitze das kleine Kirchlein mit Pfarr- und Schulhaus sowie einem Whs.

Vom Schröcken aus wird der *Widderstein* (2531 m) in 4 St. bestiegen. Von
der Spitze prachtvolle Aussicht: Allgäuer und Lechthaler Berge, Tauern, Oetzthaler und Rhätische Alpen, Ortler, Bernina, Glarner und Appenzeller Berge,
der Bodensee. — Ein äusserst interessanter Uebergang über *Hochkrumbach*
(1713 m) und das *Gentscheljoch* (1975 m) nach *Oberstdorf* im Illerthale; — ein
weiterer Uebergang in's *obere Lechthal* (bis Reutte 16 St.)]

Stat. **Dornbirn** (432 m; **Hirsch*; **Mohr*), ein langgestreck-
ter Marktflecken, der grösste Vorarlbergs, mit 9000 Einw., neuer
Kirche, lebhafter Industrie und schönen Neubauten. Von dem
¹/₂ St. östlich liegenden *Zanzenberg* äusserst lohnende Aussicht.
Von Dornbirn aus gegen S.-W. schöner Blick auf die Appenzeller Berge, den Kamor, Hohen Kasten, den schneeigen
Säntis und die sieben Kurfürsten. — Stat. **Hohenems** (429 m;
Post), schöner Markt in malerischer Lage am Fusse steiler Felsen, mit den alten Schlössern *Alt-* und *Neu-Hohenems*. Das
letztere, nur zum Theil noch bewohnt, wurde 1569 begonnen,
zu Beginn des 17. Jahrh. vollendet; Eigenthümer Fürst Wald-
burg-Zeil. Der Markt Hohenems betreibt einen lebhaften Holzhandel, besitzt schöne Fabriken und ist gleichzeitig der Sitz
der einzigen Judengemeinde Vorarlbergs. Nächst Stat. **Götzis**
(Goldner Adler; Engel; zum Bahnhof) die Ruinen zweier Schlösser der Grafen von Montfort. ¹/₂ St. vom Ort der *Kummen-
berg* (664 m) mit lohnender Rundsicht. Folgt Stat. **Rankweil**
(461 m; *Goldener* und *schwarzer Adler*), Marktflecken an der
Mündung des *Laternser Thales*. — ¹/₄ St. entfernt auf dem Wege
nach Satteins die Landes-Irrenanstalt *Valduna*.

Die Besteigung des *Hohen Freschen* (2001 m) äusserst lohnend, Dauer
des Anstieges 6 St. Führer in Rankweil: Leonhard W e b e r und Joh. H a r t -
m a n n. Aussicht von der Spitze grossartig: auf den Bodensee, die Schweizer
und Vorarlberger Alpen. ¹/₂ St. unterhalb des Gipfels ein von der A.-V.-Sektion
Vorarlberg erbautes Schutzhaus mit 20 Betten.

Stat. **Feldkirch** (455 m; *Englischer Hof*; *Löwe*; *Bär*;
Schäfle), altes, aber sauberes und gewerbthätiges Städtchen mit
2800 Einw., an der Ill gelegen; von Natur aus stark befestigt
und früher der Schlüssel Tirols, war es insbesondern 1799 der
Schauplatz heftiger Kämpfe zwischen Oesterreichern und Franzosen. Ueber dem Städtchen das alte Schloss *Schattenburg*.
In der gothischen Pfarrkirche gleichwie in der Kapuzinerkirche
gute Altarbilder; in ersterer eine Kreuzabnahme, angebl. ein
Werk Holbeins, und eine kunstvoll construirte Kanzel. Sehenswerth ist auch der *botanische Garten* nächst dem Gymnasium
wegen seiner alpinen Gartenanlagen. Die Jesuiten besitzen daselbst ein grosses Knaben-Erziehungsinstitut „Stella matutina".
Gegenüber dem städtischen Spital das neue, vom Bürgermeister
v. Tschavoll der Stadt geschenkte Kurhaus mit schönen An-

lagen. Sehr lohnende Aussichtspunkte von der *Schattenburg*, dem *Känzle*, von dem *Margarethenkapf (557 m); ¹/₄ St. am l. Illufer; gegenüber der *Veitskapf*; von *Maria-Grün ¹/₂ St. südl., von der unteren Illbrücke l. hinan.

Von Feldkirch führt eine Bahn an den Stat. *Nendeln* und *Schaan* vorbei über den Rhein nach Stat. *Buchs* und von hier nach **Chur.** Die seit dem Bau der Bahn verödete alte Strasse zieht durch das kleine Fürstenthum *Liechtenstein* über **Vaduz** (465 m; Engel; *Linde; Löwe), 3 St., Hauptort des Fürstenthums Liechtenstein, mit hochgelegenem fürstl. Schlosse, am Fusse der *Drei Schwestern*, und 1¹/₂ St. *Balzers* (Löwe); beim Catharinenbrunnen die Graubündener Grenze; weiter zwischen dem Falknis (2568 m) und Fläscherberg- (1105 m) r. zur St. Luziensteig (727 m), einem befestigten Engpasse, wo sich oftmals Schweizer, Franzosen und Oesterreicher bekämpften (bes. 1799 unter Masséna), nach 1¹/₂ St.) der Eisenb.-Stat. *Mayenfeld* (Post) gegenüber von Ragatz. Näheres in „Grieben's illustr. Schweiz" (Verlag von Albert Goldschmidt in Berlin.)

Die Bahn führt durch einen 137 m l. Tunnel unter der *Schattenburg* in die obere Illklamm, überschreitet die Ill und gelangt nach Stat. **Frastanz** (458 m; *Kreuz*; *Löwe*) an der Mündung des wilden *Saminathales* gelegen.

Das bis Bludenz *Inner-Walgau* genannte Illthal erweitert sich, die Bahn geht über den *Gallinabach* am l. Illufer nach Stat. **Nenzing** (505 m; *Sonne* und Gasthaus zur *Gamperdona*), ein stattlicher Ort an der Mündung des besuchenswerthen Gampertonthales. Westl. (¹/₂ St.) Ruine *Wälsch-Ramschwag* (641 m), schöner Aussichtspunkt. Ueber den *Mankbach* und die *Ill* nach Stat. *Strassenhaus* (³/₄ St. davon an der Mündung des *Walser Thales* das grosse Dorf *Thüringen*) und, weiter mit lohnendem Blick r. in's *Brandnerthal* (Brandnergletscher und die Eisspitze der *Scesaplana*) zur vorläufigen Endstation der Bahn, **Bludenz** (581 m; **Post; *Kreuz; *Krone*), düsteres Städtchen in malerischer Umgebung, mit altem Schlosse. Standort für die Touren in das *Brandner-, Montafoner-, Silber-, Kloster-* und *Walserthal.* Touren von Bludenz aus: Auf den **Hohen Frassen** (1976 m), auch *Pfannenknecht* gen. 3¹/₂—4 St. Führer 4 fl., für geübte Bergsteiger nicht nöthig. — Zum **Lüner See** (5¹/₂ St.) durch das herrliche **Brandnerthal;** — auf die **Scesaplana** (2961 m), höchster Gipfel der Rhätikonkette, mühsam aber ohne Gefahr. Führer von Bludenz 6 fl., ohne Verpflegung 8 fl. — Von Bludenz in's *Montafon.* Das Illthal führt von ersterem an den Namen *Montafon.*

Die Strasse geht über den *Alfenzbach* und längs der Ill in 2¹/₂ St. nach **Schruns** (686 m; **Löwe; *Taube; Stern;* **Hôtel-Pension Gauenstein*), Hauptort Mantafons und gern besuchte Sommerfrische.

Vom *Ausser-Bartholomäusberg* (1075 m, 1 St.) schöne Aussicht. — Auf die *Sulzfluh* (2804 m) in 7—8 St. nicht schwierig und ungemein lohnend. — Verschiedene Uebergänge durch's *Rellsthal* und über das *Schweizerthor* (2150 m), durch's *Gauerthal* über das *Drusenthor* (2200 m), durch's *Gampadelthal* über das *Plasseggen-Joch* (2321 m) u. s. w. führen in's *Prättigau.*

Bei dem Nonnenkloster *St. Peter* kurz hinter Bludenz verlässt die Arlbergstrasse das Illthal, geht durch das *Klosterthal* hinan dem Alfenzbach entgegen, erreicht (2 St.) *Bratz* (709 m; Rössl, Löwe), mit schönem Wasserfall, übersetzt dreimal den Alfenzbach und gelangt nach (1³/₄ St.) **Dalaas** (870 m; *Post*), stattliches Dorf, im Osten der *Burtschakopf* (2242 m), im Norden die *Saladinaspitze* (2227 m). — Oberhalb des Dorfes wieder auf's r. Ufer der Alfenz nach (1 St.) *Wald* und weiter (1 St.) **Klösterle** (1057 m; *Löwe*) nunmehr steiler ansteigend durch ein einsames düsteres Thal nach (1¹/₂ St.) **Stuben** (1418 m; *Post)*, dem letzten Dorfe des Thales, „*des Kaisers grösste Stuben*", wie es im Volksmund heisst, am Fusse des **Arlbergs**, dessen Jochhöhe (1797 m) der Wagen in zahlreichen Windungen in 1¹/₂ St. mühsam erreicht. Wasserscheide zwischen Rhein und Donau, Grenze zwischen Tirol und Vorarlberg. Die Höhe ist häufig im Frühsommer noch mit mehr denn fusshohem Schnee bedeckt; die Strasse selbst wird aber mit Sorgfalt in Stand gehalten. 5 Min. unterhalb der Jochhöhe, auf deren Ostseite das ehem. Hospiz *St. Christoph* (Whs.), welches im 14. Jahrh. von Heinrich dem Findelkinde gegründet, 1486 von Herzog Leopold bestätigt, unter Kaiser Josef II. aber wieder aufgelöst wurde. Letzterer liess dafür eine neue Strasse anlegen, die 1824 in ihrer jetzigen Anlage hergestellt wurde. Die Aussicht von der Jochhöhe wegen ihrer Lage zwischen hohen Bergen äusserst beschränkt.

Die Strasse betritt nunmehr das *Rosannathal* (Stanzerthal) und senkt sich dann steil hinab nach St. **Anton** (1382 m; *Post)*, dem höchst gelegenen Dorf des Rosannathales nächst der Mündung des *Moosthales*; in der Nähe die Burgruine *Arlen. St. Anton* ist das Hauptquartier der Tracirungsarbeiten für den *Arlbergtunnel*, der in seiner Länge von 6470 m gebaut wird. Die Strasse übersetzt zweimal die Rosanna und geht am l. Ufer über *Vadisen* nach (1³/₄ St.) *Pettneu* (1212 m; Adler). Von (³/₄ St.) Dorf *Schnan* (1180 m) aus empfiehlt sich ein Besuch der *Schnaner Klamm*, einer oft kaum 2 m breiten wilden Schlucht, durch welche der vom *Vorderseespitz* kommende *Schnanerbach* braust.

Es folgt Dorf **Flirsch** (1143 m, *Post)*, am Fusse des *Eisenkopfs* (2820 m) gelegen. Im S. W. erheben sich die *Rifflerspitze* (3041 m), das schwer zugängliche *Blankahorn* (3153 m) und die *Blankaspitze* (2882 m), alle drei durch ihre Fernsichten berühmt.

Die Scenerie gestaltet sich immer schöner, nimmt vor (1¹/₂ St.) *Strengen* (1008 m; Traube) einen wildromantischen Charakter an und ist von Wasserfällen belebt. Unterhalb des oben genannten Dorfes mündet r. das *Paznaunthal*, welchem die *Trisanna* entströmt, die im Vereine mit der *Rosanna* die *Sanna* bildet; über dem Vereinigungspunkte beider Flüsse in malerischer Lage Schloss-Ruine *Wiesberg*. Es folgt das freundlich gelegene *Pians* (Pöll, nächst der Kirche). Die Strasse überschreitet bei dem Weiler *Bruggen* die Sanna, übersetzt den *Inn* und führt nach **Landeck** (813 m; *Schwarzer Adler*; *Post*; *Goldener Adler*), durch seine schöne Lage ausgezeichnetes Dorf, an beiden Ufern des Inn, mit dem Schlosse *Landeck* (jetzt Wohnsitz armer Familien), ohne Aussicht, und der Ruine *Schroffenstein*. Besitzt eine Kirche rein gothischen Stils. Landeck ist gleichzeitig der Knotenpunkt für die Strassen nach Vorarlberg, dem Vintschgau und Oberinnthal. Von Landeck über Finstermünz nach Meran und Bozen s. R. 40.

Weiter nach ³/₄ St. **Zams** (773 m; *Schwarzer Adler*; *Goldener Stern*), stattliches Dorf mit einem Mutterhause der Barmherzigen Schwestern und grosser Innbrücke, jenseits welcher ein Fusspfad in 10 Minuten zum schönen *Wasserfall des Lötzenbaches** führt. (Zugang versperrt, Schlüssel in der Mühle gegen 10 kr. Entrée.)

Rechts auf hoher Wand die Ruine der *Kronburg* (1052 m). Folgt *Starkenbach* und weiter (1³/₄ St.) *Mils*. Der steile Abhang bei letzterem Orte, wo die Strasse den Felsen abgerungen ist, bezeichnet die Stelle, an welcher 1809 ein Trupp Bayern und Franzosen durch die in den Höhen verborgenen Tiroler, welche Baumstämme und Felsstücke auf sie herabwälzten, fast aufgerieben wurde.

Die Strasse verlässt das Innthal, wendet sich am *Galgenbühl* hinab in's *Gurgler Thal* und erreicht nach 1¹/₂ St. **Imst** (826 m; *Post*; *Lamm*; *Sonne*), stattlicher Markt mit ca. 2600 Einw., liegt am Fusse des *Lagerbergs* und des *Platteinkogls* auf einem Schuttberge am *Malchbach*. Die Umgebung ungemein malerisch. Schönster Blick auf dieselbe vom *Calvarienberge*: nordw. u. n. Muttekopf, Platteinkogl, Heiterwand, Rauchbony, Wanneck; östl. Tschürgant s. u.; südl. zwischen Wildgrat und Venetberg das *Pitzthal*, ziemlich parallel mit dem Oetzthale laufend und überreich an Naturschönheiten, im Süden von der *Wildspitze* (3776 m) geschlossen. Unterhalb (20 Min.) *Brennbichl* (Whs) steht seit 1856 an der Stelle eine gothische Votivkapelle, wo am 9. August 1854 in Folge eines unglücklichen Sprunges aus dem Wagen Friedrich August, König von Sachsen, durch den Huftritt eines Pferdes tödtlich verletzt wurde, in Folge dessen er in dem Wirthshause von Mayr seiner Wunde erlag.

Vom Imst führt eine interessante Strasse über *Tarrenz* und (2³/₄ St.) *Nassereit* nach (10 St.) *Reutte* und (2 St.) *Füssen* bei Hohenschwangau; von Nassereit auch über (4 St.) *Ober-Miemingen* nach (2 St.) *Telfs, s.* unten.

Der **Tschürgant** (2366 m) wird (mit Führer) am besten (4 St.) vom Imst bestiegen; Reitweg über *Karrösten* bis zur *Karröstner Alp*, 2 St. unterm Gipfel. Aussicht von Letzterem sehr lohnend; nördl. Kalkalpen, Oetz- und Pitzthaler Ferner, das Innthal von Landeck bis Innsbruck. — Auf den **Muttekopf** (2771 m), gleichfalls sehr lohnend mit Führer in 6 St., von der Spitze prachtvolle, sehr ausgedehnte Fernsicht.

Die Strasse geht am Fusse des Tschürgant bergan nach (20 Min.) *Karres*; beim Whs. zu *Magerbach* (2¹/₂ St.) von Imst) auf das r. Innufer nach *Haimingen* (hier Eingang in's *Oetzthal R. 42), dann am r. waldreichen *Petersberg* mit der gleichnamigen Schlossruine, der Geburtsstätte der Margarethe Maultasch und dem nach dem Brande von 1858 wieder erbauten stattlichen Schlosse *Welfenburg* des Grafen Wolkenstein-Rodenegg, vorüber nach (1 St.) **Silz** (650 m, *Post*), mit hübscher neuer Kirche. (Sehenswerthes Altarbild von Hellweger.) Unsere Strasse berührt des Weiteren r. das (1 St.) im Jahre 1271 von Elisabeth, Conradins, des letzten|Hohenstaufen, Mutter gegründete Cisterzienserstift **Stams**, dessen Kirche 14 Altäre mit Gemälden von Wolker aus Augsburg zieren. In letzterer auch die Gruft tirolischer Fürsten, angeblich auch das Grab Conradins von Hohenstaufen. In Stams hielt Kaiser Maximilian I. 1497 Hoflager und empfing daselbst die Gesandten des Sultans Bajazid, welche für diesen um die Hand der Schwester des Kaisers, Kunigunde, warben. Das Stift enthält eine sehr werthvolle Incunabeln- und Münzsammlung, Handzeichnungen des Malers Schöpf u. s. w.

Von Stams in 3¹/₂ St. mit Führer auf die **Stamser Alpe** (1856 m, Whs.) mit lohnender Aussicht auf das Innthal und die nördl. Kalkalpen.

Von dem hübschen Dorfe (2¹/₂ St.) **Telfs**, am Fusse der hier furchtbar steil abfallenden *Hohen Mundi* (2590 m) gelegen (631 m, *Post*, *Löwe*), einem der ansehnlichsten Dörfer des Oberinnthales, setzt die Strasse wieder auf das l. Innufer über und vereinigt sich mit der Bergstrasse von Nassereit. In der Kirche Fresken. Baumwollenspinnerei. Kapuzinerkloster. Dem Löwen gegenüber, an einem Eckhause, die 1875 errichtete Marmorbüste des hier geborenen Malers *Schöpf* († 1823) von Gapp. Vom Calvarienberge schöne Aussicht.

Von Telfs über *Platten* und *Pettnau*, ziemlich monotoner Weg nach (3¹/₂ St.) **Zirl** (620 m, *Löwe*, *Goldener Stern*), Dorf in malerischer Lage am Vereinigungspunkte der Oberinnthaler und Mittenwalder Strasse. Hoch oben Ruine *Fragenstein*. Neue

Kirche mit Fresken von Plattner. Vom Calvarienberg lohnende Fernsicht.

Sehr lohnend und mit geringen Beschwerden verbunden eine Besteigung (mit Führer) des **Grossen Solstein** (2540 m) von Zirl über die *Erlalp* in 6 St. — Beschwerlicher die Tour auf den höheren *Kleinen Solstein* (2655 m).

Unterhalb Zirl die senkrechte **Martinswand** (1113 m ü. M.), die Grenze zwischen Ober- und Unterinnthal, berühmt durch das lebensgefährliche Abenteuer Kaiser Maximilians (1493), der sich bei Verfolgung einer Gemse verstiegen hatte und weder vor noch rückwärts konnte, endlich aber von einem kühnen Gemsjäger, der später unter dem Namen von Hollauer geadelt, gerettet wurde. Die Stelle, wo sich der Kaiser in Lebensgefahr befunden, bezeichnet ein 6 m hohes Kreuz, zu welchem nur für Schwindelfreie ein Fusssteig von der Kapelle l. ausserhalb Zirl in ¹/₂ St. hinführt.

Die Strasse senkt sich, erreicht nach 1³/₄ St. *Kranebitten* und geht durch die *Höttinger Au* nach (1¹/₄ St.) Innsbruck.

27. Innsbruck und Umgebung.

Gasthöfe: *Tirolerhof*, nächst dem Bahnhofe; *Hôtel de l'Europe*, gegenüber dem Bahnhofe; *Sonne*, Maria-Theresienstrasse; *Stadt München*, Landhausgasse; *Goldener Adler*, Herzog-Friedrichstrasse (durch Göthe's, Andreas Hofer's und Heine's Einkehr berühmt); *Goldener Stern*, Untere Innbrückenstrasse. Freitags kein Fleisch; *Rother Adler* und *Goldener Hirsch*, beide in der Seilergasse; *Krone*, Mariatheresienstr.; *Grauer Bär*, Universitätsstrasse; *Goldenes Kreuz*, Untere Innbrückenstrasse; *Mondschein*; desgl.; *Rose*, Herzog-Friedrichstrasse. —

Pension Kayser, in Schloss Cederfeld, 5 Min. von der Innbrücke.

Bierhäuser: *Breinössel*, Mariatheresienstrasse; *Hofgarten*, schattig und kühl; *Bierwastl*, Innrain, schöner Garten am Inn; *Löwenhaus*, am r. Innufer, Weg zur Kettenbrücke; *Adamsbräu*, nächst dem Bahnhof; *Kapfererbräu*, Bahnstrasse; *Bierstindl*, am Fusse des Berges Isel; *Büchsenhausen*, am l. Innufer, unweit des neuen Steges.

Kaffeehäuser: *Deutsches Kaffeehaus*, vis-à-vis dem Museum, mit Restauration; *Café Bilger*, Museumstrasse; *Café Grabhofer*, Erlerstrasse; *Café Katsung*, Herzog-Friedrichstrasse; *Bahnhofs-Restauration*, stark besucht.

Bäder: *Zur Kaiserkrone*, am Innquai, das einzige in der Stadt; *Schwimmbad* zu *Büchsenhausen*; *Städtische Schwimmschule "am Giessen"*; *Badeanstalt* in *Mühlau* (auch Dampfbäder); Pension Kayser.

Geldwechsler: *Markus Löwe*, Museumstrasse; G. *Bederlunger*, Herzog-Friedrichstrasse; *Sonvice & Payer*, Landhausstrasse.

Theater: k. k. *Nationaltheater*, Saison von Oktober bis April; *Sommertheater* im Lodronischen Hofe zu Pradl; nur an Sonn- und Feiertagen Nachm. (Bauernkomödien).

Postamt in der Maria-Theresienstrasse und im Bahnhof; Briefschalter in allen Strassen.

Telegraphenamt in der Museumstrasse neben dem Museum.

Lohnkutscher und Fiaker: Siehe den in den Gasthöfen aufliegenden Tarif.

Stellwagen: Poststellwagen nach Landeck tägl. 5 Uhr Morgens vom „Goldenen Adler"; desgleichen Mittags nach Silz; vom „Stern" früh 6 Uhr über Inzing und Silz nach Landeck; nach Reutte vom „Mondschein", früh, nach Silz Mittags; Nachm. 4 Uhr vom „Rothen Adler" nach Neustift in Stubai.

Droschken in der Mariatheresienstrasse.

Dienstmänner haben feste Taxe von 5 kr. aufwärts gegen Markenabgabe.

Innsbruck, 570 m, Hauptstadt der gefürsteten Grafschaft Tirol mit 19,000 Einwohnern und 2000 Mann Besatzung, ist nach Salzburg die schönst gelegene Stadt der deutschen Alpen. Die Stadt liegt am *Inn*, unweit der Mündung des *Sill*, und wird in weitem Bogen von fruchtbarem Mittelgebirge umzogen, einer Hauptzierde der Innsbrucker Gegend. Darüber erheben sich aber im S.O. der *Patscherkofel* (2214 m), an dessen Westabhang das *Wippthal* mit der Brennerbahn ansteigt, im S. die *Waldraster-* oder *Serlesspitze* (2715 m), im S.W. die *Saile* oder *Nockspitze* (2401 m). Im N.O. und N.W. der imposante Kalkgebirgsstock des *Solsteins* (2540 und 2655 m hoch), das *Brandjoch* (2579 m), der *Frauhitt* (2377 m), die *Sattelspitze* (2287 m) u. s. w. Innsbruck ist der Sitz des Statthalters von Tirol und Vorarlberg, einer Universität (6—700 Studenten), eines Gymnasiums, einer Oberrealschule u. s. w., zahlreicher Klöster etc. und besteht aus der eigentlichen Stadt und drei Vorstädten, *Mariahilf* und *St. Nicolaus*, am l. Innufer, *Kohlstadt* am Ostende der Stadt, mit dem Dorfe *Pradl* (Sonntags Bauerntheater) durch die Sillbrücke verbunden, und unmittelbar an der Brennerbahn am Südende der Stadt *Wilten*.

Von der *Innbrücke* (schöne neue Brücke aus Eisenkonstruktion, 1871—72 erbaut) lohnende Rundsicht. Die an ihrer Stelle gestandene Holzbrücke war 1809 wiederholt der Schauplatz heftiger Kämpfe zwischen Tirolern und Bayern. Ober- und unterhalb der Brücke sind an beiden Ufern Alleen angelegt, weiterhin, Hopfgarten gegenüber, neue Anlagen. Unweit davon ein eiserner Steg über den Inn und 10 Min. weiter die Kettenbrücke von Mühlau. Am Bahnhofe eine Reihe hübscher Neubauten.

Am Wege vom Bahnhof in die Stadt, auf dem Margarethenplatze, der neue 1877 vollendete **Rudolfsbrunnen** aus rothem Tiroler Marmor, zum fünfhundertjährigen Jubiläum der Vereinigung Tirols mit Oesterreich im Jahre 1863 begonnen, gekrönt von der 3 m hohen Bronzestatue des Herzogs Rudolf IV.

Die ***Franziskaner-** oder **Hofkirche** aus dem 16. Jahrh. ist wegen des Grabmals des Kaisers Maximilian's I., eines der kunstvollsten Europas, vom höchsten Interesse. Maximilian verfügte in seinem letzten Willen deren Bau. Er starb 1519 in Wels und wurde in Wiener-Neustadt beigesetzt. Hier ist er in Erz, auf hohem, marmornem Sarkophage knieend, dargestellt (Arbeit L. del Duca's aus dem Jahre 1542) und das Ganze von 28 überlebensgrossen, schwarzen Bronzestandbildern umgeben, welche die Brüder Steph. und Melch. Godl, Gregor Löffler, Hans Lendenstreich u. a. 1513—83 fertigten. Sie stellen meist Ahnen des Kaisers dar, deren Namen beigesetzt sind (s. unten). An den Seiten des Postaments befinden sich 24 *Marmor-Reliefs unter Glas, darunter 1 bis 20 Meisterwerke des Alex. Colin aus Mecheln (1558—1566), nach Thorwaldsen's Ausspruch das Vollendetste in dieser Art; die übrigen, von Bernh. und Arnold Abel aus Cöln, von viel geringerm Werthe. Sie stellen die Hauptbegebenheiten aus dem Leben des Kaisers dar und sind 2¹/₂' br., 1³/₄' h.; der Ausdruck der Gesichter ist bei den oft zu Hunderten zusammengedrängten Personen bewunderungswürdig. Für jede Platte erhielt der Künstler damals 240 fl. r. W. Dem Messner für das Besichtigen des Grabmals und der Silberkapelle 50 kr.

Bronze-Standbilder. *Rechts:* 1. Chlodwig von Frankreich, † 511; 2. Philipp I. von Spanien, † 1506; 3. Kaiser Rudolph von Habsburg, † 1291; 4. Herzog Albrecht der Weise, † 1358; *5. Theodorich, König der Ostgothen, † 526; 6. Herzog Ernst der Eiserne von Oesterreich, † 1421; 7. Herzog Theodobert von Burgund, † 640; 8. Arthur von England, † 542; 9. Erzh. Sigismund, † 1496; 10. Bianca Maria Sforza, Maximilian's zweite Gemahlin, † 1540; 11. seine Tochter Margarethe, † 1530; 12. Zimburga von Massovien, Gemahlin des Herz. Ernst des Eisernen, † 1429; 13. Carl der Kühne von Burgund, † 1477; 14. dessen Vater Philipp der Gute, † 1467; *Links:* 15. Johanna, Gemahlin Philipp's I. von Spanien, † 1555; 16. Ferdinand der Katholische, deren Vater. † 1516; 17. Cunigunde, Maximilian's Schwester, † 1520; 18. Eleonore von Portugal, seine Mutter, † 1467; 19. Maria von Burgund, seine erste Gemahlin, † 1482; 20. Elisabeth, Kaiser Albrecht's II. Gemahlin, † 1442; 21. Gottfried von Bouillon; 22. Kaiser Albrecht I., † 1308; 23. Friedrich IV. Graf von Tirol, „mit der leeren Tasche"; 24. Leopold III. der Fromme, Herzog von Oesterreich; 25. Graf Rudolph von Habsburg, † 1232; 26. Markgraf Leopold der Heilige, Oesterreichs Schutzpatron, † 1136; 28. Kaiser Friedrich III., Maximilian's Vater, † 1495; 28. Kaiser Albrecht II., † 1439.

Marmor-Reliefs. 1. Maximilian's Vermählung mit Maria von Burgund, 1477; 2. Besiegung der Franzosen bei Guinegate, 1479; 3. Eroberung von Arras, 1492; 4. Krönung Maximilian's zum röm. Könige in Aachen, 1486; 5. Niederlage der Venetianer bei Calliano, 1487; 6. Einzug Maximilian's in Wien, 1490; 7. Eroberung von Stuhlweissenburg, 1490; 8. Margaretha, Maximilian's Tochter, kehrt aus Frankreich heim, 1493; 9. Vertreibung der Türken aus Croatien; 10. Bündniss zwischen Maximilian I., Papst Alexander VI., der Republik Venedig und dem Herzoge von Mailand gegen Carl VIII. von Frankreich: 11. Ludovico Sforza wird mit dem Herzogthume Mailand belehnt; 12. Philipp des Schönen Vermählung mit Johanna von Aragonien; 13. Niederlage der Böhmen bei Regensburg, 1504; 14. Belagerung von Kufstein, 1504; 15. Unterwerfung des Herzogs Carl von Geldern, 1505; 16. Ligue von Cambray, 1508; 17. Uebergabe von Padua an Maximilian, 1509; 18. Max Sforza wird wieder als Herzog von Mailand eingesetzt, 1512; 19. zweite Schlacht bei Guinegate, 1515; 20. Heinrich VIII. von England und Maximilian bei der Belagerung von Tournai, 1513; 21. Schlacht bei Vicenza gegen die Venetianer, 1513; 22. Angriff des venet. Lagers bei Murano, 1514; 23. Vermählung von Maximilian's Enkel Ferdinand und seiner Enkelin Maria mit Maria und Ludwig, Kindern des Königs Wladislaus von Ungarn, 1515; 24. Vertheidigung von Verona gegen Franzosen und Venetianer, 1516.

In der Kirche befinden sich l. am Eingange seit 1823 die Ruhestätte und das *Marmor-Standbild Andreas Hofer's*, des Anführers der Tiroler im Jahre 1809, Sandwirths von Passeir, welcher am 20. Febr. 1810 von den Franzosen zu Mantua standrechtlich erschossen wurde. Denkmal von Joh. Schaller in Wien, Basreliefs des Piedestals (6 Tiroler als Repräsentanten der 6 Kreise Tirols) von Jos. Klieber, letzteres an Kunstwerth die Hoferstatue übertreffend. Zu beiden Seiten Erinnerungstafeln und die Ruhestätten Speckbacher's und Haspinger's, der wackeren Gefährten Hofer's. Gegenüber ein Denkmal für alle in den verschiedenen Befreiungskämpfen Gefallenen, von *Kriesmayer* (1842); links nennt eine Marmortafel drei im J. 1848 gefallene Offiziere, darunter einen Enkel Hofer's.

Beim Denkmale führt r. eine Treppe in die *Silberkapelle*, in welcher eine Statue der h. Jungfrau und am Altare die Lauretanische Litanei in getriebener Arbeit, beides von Silber; ferner das Grabmal des Erzherzogs Ferdinand II. († 1595), des Gründers der Kapelle, und seiner Gemahlin *Philippine Welser* († 1580). Reliefs am Grabmale, von Colin: 1. Schlacht bei Mühlberg und Gefangennehmung des Kurf. Joh. Friedr. von Sachsen durch Carl V. 1547; 2. Ferdinand als Statthalter von Böhmen; 3. Eroberung von Szigeth; 4. der Zug Max II. gegen die Türken. — In einer Nische unterhalb Philippinens Grabmal jenes ihrer Oberhofmeisterin Phil. von Loxan. Sehenswerth noch eine alte Orgel aus Cedernholz, angebl. ein Geschenk von Papst Julius II., und 23 Heiligenstatuetten in Bronzeguss. Gustav Adolph's Tochter, Christine·von Schweden, legte in dieser Kirche am 3. November 1654 das kathol. Glaubensbekenntniss ab.

Die **Pfarrkirche**, mit der Burg durch einen Corridor verbunden, 1438 erbaut, 1717 neu aufgeführt, enthält in ihrem Hauptaltarblatte ein Marienbild von L. Cranach, das von einem Gemälde Schöpf's umrahmt ist und von Kurfürst Johann Georg von Sachsen dem Erzherzog Leopold geschenkt wurde; ausserdem Gemälde von Grasmayr und eine heil. Anna von Hellweger. — Das *Kapuzinerkloster*, das erste dieses Ordens in Deutschland, wurde 1598 begonnen; die Einsiedelei, von Erzherzog Maximilian dem Deutschmeister († 1618) errichtet, enthält Bildnisse, die an ihren Stifter erinnern. —

Die kaiserliche **Burg** am Rennplatze (Fremden täglich von 10—12 und 2—4 Uhr geöffnet), im Zopfstile erbaut, enthält schöne Säle. Der Burg gegenüber das *k. k. Nationaltheater*. Auf dem Rennplatz eine kleine Reiterstatue des Erzherzogs Leopold V., ihm errichtet von seiner Gemahlin, Claudia von Medicis. Unter der Burg das *Neugebäude*, Sitz der Statthalterei; ebenerdig das k. k. Archiv, nach dem Wiener Staatsarchiv das bedeutendste Oesterreichs. Nordöstl. von hier der **Hofgarten** mit seinen schönen und vielbesuchten Anlagen. (Restauration.) — In der Herzog Friedrichstrasse das *Goldene Dachl*; ein schöner, aus Marmor gebauter Erker an der ehemaligen Fürstenburg (jetzt Zinshaus) dessen Dach Friedrich mit der leeren Tasche, um seinen Spottnamen zu widerlegen, mit schwer vergoldeten Kupferplatten eindecken liess, was ihn volle 30,000 Dukaten gekostet haben soll. Die Bildnisse Kaiser Maximilian's und seiner beiden Gemahlinnen, sowie sieben Wappenschilder schmücken die Aussenseite des Gebäudes. Von dem *Stadt-* oder *Feuerthurm* nebenan schöne Aussicht. — In der nahe gelegenen Universitätsstrasse die **Universität** mit den gewöhnlichen Sammlungen; Bibliothek ca. 90,000 Bände. — Bei der Innbrücke die *Ottoburg*, erbaut 1234 von Ritter Otto von Andechs, der älteste Bau der Stadt.

Das ***Museum** (Ferdinandeum), ein Privatinstitut, täglich von 9—12 und 3—5 Uhr gegen ein Entrée von 30 kr. (Katalog 20 kr.) zugänglich, enthält eine Masse von Gegenständen aus und über Tirol, Alterthümer, Waffen, Werke der Bildhauerkunst, Glasmalereien aus dem 16. Jahrhundert, naturhistorische Sammlungen, Gemälde, Handzeichnungen, meist von Tiroler Künstlern u. s. f. Erwähnenswerth sind: Hofer's Büchse (Geschenk des Herzogs Ernst von Coburg, 1862), Hosenträger, Säbel und Abschiedsbrief; ferner eine von Innsbrucker Studenten im Juni 1809 im Kofelpass erbeutete piemont. Kanone, Garibaldi's Feldsänfte, im Kriege des J. 1866 in Wälschtirol erbeutet; ein grosser Erdglobus von Anich, einem Tiroler Bauern; treffliche Reliefkarten von dem Gleirschthale, dem Grossglockner und von Voralberg; die im 30jährigen Kriege durch Schärtlin von Burtenbach, Moritz von Sachsen, Bernhard von Weimar und Wrangel viel bestürmten grossartigen, aber durch sie theilweise zerstörten Festungswerke von Ehrenberg und Scharnitz in Reliefs geschnitzt; eine kostbare Jagdflinte von Jakob Pallhuber, ein

merkwürdiges Erzeugniss tirol. Erfindungsgeistes; das Schmuck-
kästlein der Philippine Welser und ihre eigenhändigen Sticke-
reien; 2 Gliederpuppen von Albrecht Dürer u. a. — In der
Gemäldesammlung Bilder von Jos. Koch, Knoller, Professor
Blaas, Hellweger, Wörndle, Flatz (Tiroler Künstler); von Bassano, Paul Veronese, Tizian, Fiesole, Salvator Rosa. Werke,
welche den berühmtesten Galerien zur Zierde gereichen würden,
enthält die 112 Nummern umfassende *Tschager'sche Sammlung*,
darunter die ersten Grössen der niederländischen Schulen: 2 Landschaften von Claude Lorrain, 2 Rubens, 2 Mieris, 3 Ostade,
1 Tintoretto, Gerard, Dow, v. d. Helst's niederl. Familie beim
Essen, van Dyk, Paul Potter, Hobbema, v. d. Neer, Terburg,
Teniers, Rembrandt, Rachel Ruysch u. a. Ein Album, einzig
in seiner Art, ist die Autographensammlung des Radetzky-Ver-
eins mit Unterschriften und Sprüchen von den meisten Fürsten,
Kriegern, Gelehrten und Künstlern Europa's aus der Zeit von
1850.

In der Maria-Theresienstrasse (ehemals Neustadt) die *Annen-
säule*, 1706 errichtet; am südl. Ende dieser breiten Strasse eine
*Triumphpforte, von den Innsbruckern 1765 aus Anlass der
Vermählung des nachmaligen Kaisers Leopold II. mit der
Infantin Maria Ludovica von Spanien errichtet. Während der
Hochzeitsfeierlichkeiten ereilte den Gemahl Maria Theresia's,
Kaiser Franz I., der Tod, weshalb die gegen die Stadt gekehrte
Nordseite der Pforte Sinnbilder der Trauer zeigt, darüber Maria
Theresia, Josef II. und Franz I.; die Südseite enthält hochzeit-
liche Sinnbilder (Franz I., Maria Theresia, ihre Kinder Leo-
pold und Ludovica und ihre Enkelinnen M. Anna und M.
Christina). —

Im neuen Stadtparke am l. Innkai das in Zinkguss aus-
geführte Denkmal des Dichters Walther von der Vogel-
weide.

Vor der Triumphpforte r. (Müllerstrasse) Neuhauser's *Glas-
malerei - Anstalt*. Gegen den Inn zu der *neue Friedhof* mit
manchen hübschen Denkmälern.

Zu Spaziergängen bieten die herrliche *Promenade* von der
englischen Anlage bis zur *Kettenbrücke* (am r. Innufer), sowie
der *Hofgarten* (r. Innufer) beste Gelegenheit.

Vor dem Thore an der Brennerstrasse (15 Min.) **Wilten**
oder Wiltau, die reiche Prämonstratenser-Abtei, das alte römische
Veldidena; am Portale die Riesenstandbilder der angebl. Gründer Haimon und Thyrsus; nach der Sage erschlug der Erstere
den Letzteren bei Tirschenbach im Oberinnthal, bereute jedoch
später diese That und erbaute in Wilten ein Kloster. Die
Klosterkirche enthält Gemälde von Grasmayr und Egid. Schnorr.
Von der Kirche südl. (10 Min.) der in der neueren Geschichte

Tirols berühmt gewordene **Berg Isel** (748 m), Schiessstand des Tiroler Kaiser-Jäger-Regiments. Zwei Denksäulen am Schiessstande tragen folgende Inschriften: *„Tempora qua volvunt discrimina semper in altis Austria splendebit tecta valore suo, 1703, 1797, 1809"*. — *Donec erunt montes et saxa et pectora nostra, Austriacae domui moenia semper erunt, 13. April, 29. Mai, 13. Aug. 1809.* Nebenan ein kleines Gasthaus. — Ein kleineres Denkmal (Pyramide) erinnert an die in den Kriegen von 1848, 1849 und 1859 gefallenen Landeskinder. — Von Wilten östl. führt längs des Waldes eine direkte Fahrstrasse zum Schlosse *Amras (auch Ambras), einem der schönsten Punkte um Innsbruck. Von Innsbruck aus 1 St. über *Pradl* nach Dorf *Amras* (575 m) am Ufer des jetzt trocken gelegten Amrasersees (Whs. zum „Kapeller"). Auf einem Vorsprunge am Fusse des Patscherkofels liegt *Schloss Amras* (622 m), die gut erhaltene Hauptburg der Grafen von Tirol, im 13. Jahrhundert erbaut und ursprünglich Eigenthum der Andechser, ging es 1563 an Kaiser Ferdinand I. über, der es wieder seinem Sohne Ferdinand II. († 1595), vermählt mit der schönen Philippine Welser, schenkte. In neuester Zeit ist das Schloss von Erzherzog Carl Ludwig gründlich restaurirt und mit einem hübschen Parke versehen worden. Von den Altanen prächtige *Aussichten nach allen Richtungen. Im Inneren treffliche Holztäfelung der Decken, viele Rüstungen, Alterthümer etc. und andere Kostbarkeiten. (Die berühmte Gemäldegalerie, sowie der Kern der Kunstsammlung ist nach Wien gebracht worden.)

Zur Besichtigung von Schloss und Park erhält man die Karten bei der Residenzschlossverwaltung zu Innsbruck (Burg, Parterre) unentgeltlich. Die Besichtigung ist im Sommer tägl. von 9—12, 3—5 Uhr, von Oktober bis Mai von 10 Uhr Vorm. bis 4 Uhr Nachm. gestattet. Dem Kastellan ein Trinkgeld.

Am Wege von Wilten nach Schloss Amras liegt der *Tummelplatz* (einst Turnirplatz), mit Kapelle und Votivbildern. Hier ruhen aus 7—8000 in- und ausländische Soldaten aus den Kriegen von 1796, 1809 und 1859.

Der schönste Ausflug von Innsbruck aus ist jener auf die *Lanserköpfe** (945 m) 1½ St. am r. Innufer, zwei Schieferköpfe nächst dem Dorfe **Lans** (*Wilder Mann, Traube*), von welchen namentlich die östl. eine wundervolle Aussicht auf das Innthal und seine Umgebung bietet. Zurück wähle man den Weg an dem kleinen *Lanser See* vorüber nach *Vill* (Whs.) und (1 St.) Innsbruck; oder über *Lans* nach *Amras*. — Der **Patscher-Kofel** (2214 m), welcher eine prachtvolle, insbesondere wegen seines Thalpanoramas, fast unübertroffene Aussicht gewährt, wird gleichfalls viel besucht und von Innsbruck aus in 5—5½ St.

bestiegen. Ungefähr auf der halben Höhe die Wallfahrtskirche *Heiligwasser* (1232 m).

Zur *Weierburg (673 m), am l. Innufer (¹/₂ St.) über *St. Nicolaus* an den Schlössern *Büchsenhausen* und *Cederfeld* vorüber, mit schönster Aussicht auf das Innthal, den Glungetzer, Patscherkofel u. s. w. — Dann (¹/₄ St.) hinab nach *Mühlau* (Pension Schlechter). — 240 m über der Weierburg liegt der Bauernhof *Maria Brunn*, die *Hungerburg* genannt, mit schöner Aussicht auf die Stubaier Ferner. — Nächst Mühlau (¹/₄ St. bis zum Eingang) die wilde *Mühlauer Klamm*.

Von grösseren Gebirgstouren bieten sich von Innsbruck aus 1. eine in das *Selrainthal* und 2. eine in das *Stubaithal*, beide äusserst dankbar. Der Ausflug in's erstere ist namentlich Jenen zu empfehlen, die ohne grosse Beschwerden sich das Vergnügen gönnen wollen, grossartige Gletscher in nächster Nähe zu betrachten. Von Innsbruck über *Axams* (3 St.) nach *Rothenbrunn* (1¹/₂ St.), auch *Selrain* genannt, Dorf mit Whs. und Bad. Von Rothenbrunn am *Melachbach* aufwärts nach 1¹/₂ St. Dorf *Gries* (Whs.); in 2¹/₂ St. nach dem *Bergweiler Praxmar* (Whs.). Von hier 1 St. bequem zur *Längerthaler Alpe*; da steigt in nächster Nähe der ungeheure *Fernerkogl* (3294 m) empor, vom breiten Felsenfuss übersichtlich bis an die Spitze (7 St. von der Alpe, beschwerlich, Aussicht auf die Kalkalpen vom Allgäu bis zum Dachstein, Bayr. Hochebene mit München, Stubaier und Oetzthaler Gletscher, Ortler, Venediger, Langkofel im Grödner Thal u. a.)

28. Von Innsbruck über Rosenheim nach Salzburg.

Eisenbahn bis Rosenheim 3¹/₂ St. — bis Salzburg 7 St. — Interessanter bis Wörgl mit Eisenbahn in 3 St., von hier Fusswanderung (s. R. 21) über Lofer nach Salzburg.

Die Bahn überschreitet bei *Mühlau* den Inn, in den hier in der Nähe die vom Brenner kommende *Sill* mündet, und durchzieht das meist breite *Unter-Innthal*. Weiterhin r. zeigt sich das stattliche Schloss *Amras* (s. S. 117).

Stat. **Hall** (559 m; *Bär*; *Erzherzog Stephan*; *Stern*), ein altes Städtchen am schiffbaren Inn mit 5400 Einw. und einer interessanten Pfarrkirche, 1352 erbaut. Hall ist der Sitz eines Bergamtes. Die Saline von Hall erhält ihre Soole von dem 10 km entfernten *Salzberg*. Die Sudhäuser in der Nähe des Bahnhofes. Interessant ein für Sachverständige sehenswerthes Modellkabinet, dann die *Münze*, woselbst einst die sog. Guldengroschen und 1809 die Sandwirths-Zwanziger geprägt wurden.

Ausflüge von Hall: Nach Dorf *Absam* auf kl. Anhöhe, ¹/₂ St. Geburtsort des berühmten Geigenmachers Jac. Stainer; — in den *Gnadenwald* mit dem Dorfe *St. Martin* (Geburtsort Jos. Speckbacher's) und ¹/₂ St. davon *St. Michael* (Whs.); — zum **Haller Salzberg** (2¹/₂ St.). Einfahrt in das Bergwerk interessant.

Stat. **Schwaz** (535 m; *Post*; *Mohren*; *Restaur. am Bahnhof*), ein ansehnlicher, vom Schlosse Frundsberg überragter Marktflecken mit 5000 Einw., in reizender Lage am r. Innufer. Die einst so reichen Silbergruben — sie waren die Quelle des Reichthumes der Augsburger Fugger und lieferten 1525 fast 78,000 ℳ Silber — sind vollkommen erschöpft, die Eisen- und Kupferbergwerke stehen aber noch im Betriebe. — Sehenswerth die *Pfarrkirche*, in gothischem Stile von Hirzvogel erbaut, das Dach mit 15,000 Kupferplatten gedeckt. — Im Kreuzgang des *Franziskanerklosters* alte Fresken.

Von der Bahnstation l. 20 Min. entfernt liegt das Benediktinerstift *Fiecht* (Erziehungsanstalt), gegen O., 1¹/₂ St. entfernt, Schloss *Tratzberg*.

Ausflüge: Zu den Schlössern *Frundsberg* (Ruine) ¹/₂ St., mit schöner Aussicht vom Thurme, und *Friedheim* (¹/₄ St.); — nach *Weerberg* 2¹/₂ St. — Auf das **Kellerjoch* (2340 m) mit Führer, sehr mühsam in 5—6 St. — Ueber *Weng* zur *Stallenalp* (1314 m) 3 St. in das *Vomper Thal*, eines der wildesten und abgelegensten Thäler der nördl. Kalkalpen, mündet nördl. ¹/₂ St. oberhalb Schwaz; ein Besuch, wenn auch nicht ohne Interesse, so doch kaum lohnend genug.

Stat. **Jenbach** (559 m; Hôtel *Jenbach*, in nächster Nähe des Bahnhofes; zum *Bräu;* in schöner Lage; *zur Toleranz*, an der Bahn; zur *Post* im Dorf; Pfretzchner zum Bräu, oberhalb des Dorfes), ein stattliches Dorf, ¹/₄ St. vom Bahnhof, mit ca. 1100 Einw., Hochöfen und Hammerwerken. Station für die Besucher des *Achensees* und des *Zillerthales*. In Jenbach mündet die interessante Strasse, welche über Achenthal, Krouth und Tegernsee nach München führt. (R. 24.) Wer nach dem Zillerthale will, verfolge die Strasse längs der Bahnlinie bis zur Innbrücke von *Rothholz*, dann durch den Weiler Rothholz (Whs.) oder, den näheren Weg nehmend, an der Brücke l. durch den Hof des Schlosses *Thurneck* (Ackerbauschule für Nordtirol) in einer Allee nach *Strass* (520 m), Dorf mit 344 Einw. Hinter diesem die Zillerbrücke, die einstige Landmark gegen Bayern und Schauplatz wiederholter Gefechte in den Jahren 1703 und 1809.

Ausflüge: Nach Schloss **Tratzberg** (610 m), dem Grafen Enzenberg gehörig, mit Waffensammlung etc. (Entrée 40 kr.) und schöner Aussicht von oberhalb der Anlagen (¹/₂ St.). — Von Tratzberg aus in 1¹/₄ St. zur Wallfahrtskirche **St. Georgenberg** (938 m), in höchst malerischer Lage im *Stallenthal* w.

Weiterhin die verfallenen Burgen *Kropfsberg, Lichtwehr* und *Matzen*. Die Bahn überschreitet den Inn und erreicht Station

Brixlegg (552 m; Hôtel *Vogl; *Bahnhofrestauration*; *Herren-haus*; *Judenwirth*), Markt mit ca: 1100 Einw. in freundlicher Lage an der Mündung des *Alpach* in den Inn am Fusse des *Thierberges* (höchster Punkt die *Gratlspitze*); besitzt ein k. k. Berg- und Hüttenamt, eine sehenswerthe spätgothische Kirche und Kupfer-, Schmelz-, Hammer- und Walzwerk. Als Sommerfrischort viel besucht. — ½ St. davon entfernt das Städtchen **Rattenberg** (583 m; *Adler*; *Kramerbräu*; *Stern*) mit über 1100 Einw. und 3 Kirchen. In der Spitalkirche schöne Schnitzereien. Vom alten Schlosse aus, in dem 1651 „der Kanzler von Tirol" Dr. W. Biener enthauptet wurde, lohnende Aussicht auf die Umgegend.

Ausflüge: Nach *Kramsach* (Bierkeller) ¾ St.; zum *Reinthaler See* am Fusse des *Brandenberger Jochs*. — Nach *Strass*. — Nach *Reith* (Whs.) mit dem *Reitherkogl* (1334 m) 1½ St. — In das *Alpachthal* bis zu dem freundlich gelegenen Dorfe *Alpach* in 2 St. (975 m, Knollenwirth). — Auf die *Gratlspitze* (1890 m), nicht schwierig, mit Führer in 3½ St. Von oben wundervolle Rundsicht.

Die Bahn passirt einen kurzen Tunnel und gelangt nach Stat. *Kundl*; vor dieser r. die angebl. von Kaiser Heinrich II. 1019 gegründete *St. Leonhardskirche.* — Es folgt Stat. **Wörgl** (508 m; *Giselahof*, am Bahnhof; *Bahnhofrestaur.*; im Orte selbst: *Post*; *Lamm*; *zur hohen Salve*), Knotenpunkt der Salzburg-Tirolerbahn, welche südöstl. über die Dörfer *Hopfgarten, Brixenthal* und *Kirchberg* nach *Kitzbühel* und weiter nach Salzburg führt. Siehe Route 11. Von Hopfgarten aus auf die *Hohe Salve* (1824 m) in 3 St.

Es folgt Stat. *Kirchbichl*, dann Stat. **Kufstein** (487 m, *Auracher*; Hôtel * *Vitzthum* oder *Post*; *Drei Könige*, billig und gut; *Hirsch*; *Eggerbräu* zur *Zollerburg* am l. Innufer; *Bahnhofrestaur.*), ein am r. Ufer des Inn gelegenes Grenzstädtchen (2800 Einw.) mit alter Festung, in welcher durch lange Zeit der berüchtigte ungarische Betyarenhauptmann Rosza Sandor gefangen sass. Kaiser Maximilian I. belagerte 1504 die Festung, welche von dem bayrischen Kommandanten Pienzenau vertheidigt wurde. Lange nach ihrer Einnahme wurden Pienzenau und zehn seiner Gefährten enthauptet. Vom *Calvarienberg*, gleich hinter dem Friedhof, auf welchem „Deutschlands Friedrich List" († 1846) begraben liegt, lohnender Ueberblick der Gegend. Am Kienbühl Bad *Kienbergklamm.

Ausflüge: Solche bietet die reizende Umgebung Kufsteins zur Genüge. Ein Verschönerungsverein sorgt bestens für die Erhaltung der Wege. — Am l. Innufer über *Zell* zur (½ St.) *Zellerburg* durch schönen Wald; — nach *Ed* ½ St. Whs. — zur Klause ¾ St. — Auf den **Thierberg** (723 m) 1 St.; vom Thurm des Kirchleins (dem Messner 10 kr. für das Oeffnen) treffliche Aussicht, unten die vier Thierberg-Seen (*Pfrillen-, Läng-, Hecht-* und *Egelsee*). — Auf das **Duxerköpfl** (737'm) 1 St. mit lohnender Fernsicht über das Innthal, Kaisergebirge u. s. w. — In das *Kaiserthal (¹/₂ Tag, Führer entbehrlich), lohnend. — Von *Kufstein* nach *Söll* 3¹/₂ St.

Bei Stat. *Kiefersfelden*, bayr. Grenzdorf, die *König-Otto-Kapelle*, Abschiedsdenkmal König Otto's von Griechenland, erbaut von Ziebland, nicht weit davon die *Klause* (Whs.; schöner Aussichtspunkt). — Es folgen weiter Stat. *Oberaudorf* (482 m, Hofwirth: zum *Brünnstein), mit lohnendem Ausflug auf den (4 St.) *Brünnstein* (1635 m), prächtiger Aussichtspunkt, Stat. *Fischbach, Brannenburg* (507 m; Whs. am Bahnhof, ein zweites im Dorf), beliebter Sommeraufenthalt, mit schönem Schloss gl. N. Von der Schlossterrasse reizende Aussicht. — Nunmehr verflacht sich die Gegend mehr und mehr, es folgt Stat. *Raubling* und endlich die freundliche Fabrikstadt **Rosenheim**. Von hier nach Salzburg s. R. 9.

29. Von Innsbruck in's Zillerthal über die Gerlos und Pinzgau nach Gastein.

Eisenbahn bis Jenbach (s. R. 27), von dort Stellwagen tägl. Vormittags 8¹/₂ Uhr und Nachm. 2¹/₄ Uhr nach Zell in 3³/₄ St. (1 fl.), woselbst Führer und Saumpferde über die (4 St.) Gerlos nach (3¹/₂ St.) Krimml zu finden sind.

Das vom Ziller bewässerte **Zillerthal**, mit Recht bei Malern und Naturfreunden beliebt, verdient wegen seiner reichen pittoresken Partien einen Besuch. Es ist weniger durch Grossartigkeit als durch die Lieblichkeit und die blühendste Cultur ausgezeichnet; seine Bewohner, meist wandernde Vieh- und Handschuhhändler, sind ein munteres, lebensvolles Völkchen mit eigenthümlichen Sitten und kleidsamen Trachten. An besonderen Festtagen in Zell grosse Schützenaufzüge. Bei Zell verengt sich das Anfangs breite Thal; den Hintergrund bilden Schneeberge und Gletscher. Das Zillerthal wurde im Aug. 1878 vom Hochwasser hart mitgenommen.

Von *Jenbach* (S. 119) nach *Strass* (520 m, *Neuwirth*) über (³/₄ St.) *Schlitters* (zum *Jäger*; *Stern*) nach (³/₄ St.) **Fügen** (544 m; *Post* bei Rainer; *Stern* bei Margreiter; *Höllwarth*; *Aigner*, einfach aber gut), Hauptort des unteren Zillerthales, mit gräfl. Dönhof'schem Schlosse in freundlicher Lage dem *Wiedersberger Horn* (2124 m) gegenüber. An der Kirche die Darstellung eines Leichenzuges von 13 Fügener Schützen, welche 1838 durch den Einsturz eines Hauses in Hall, wo dieselben übernachteten, ihren Tod fanden; im Inneren hübsche Schnitzarbeiten von Nissl. Der Ort treibt Nadelfabrikation.

Allen Touristen und Bergfreunden ist eine Besteigung des *Kellerjochs (2340 m), 5 St., auf das Wärmste zu empfehlen. Aufstieg ohne Beschwerden; von Schwaz aus zwar besser und bequemer; von der Spitze wundervolle Thalaussicht, verbunden mit imposantem Blick auf die Zillerthaler und Stubaier Ferner. — Auf das *Wiedersberger Horn* (2124 m) gleichfalls lohnend in 4¹/₂ St. Die Strasse führt im Thale weiter nach (³/₄ St.) *Uderns* (Erzh. Johann) und (¹/₂ St.) *Ried* (Whs.) mit ansehnlicher Handschuhfabrikation. In ³/₄ St. *Kaltenbach* (*Post); Besuch der (¹/₂ St.) am r. Ufer der Ziller gelegenen *Mürzenbachklamm* zu empfehlen; ebenso die Besteigung des *Kreuzjoch* (2501 m), beschwerdelos und lohnend. Es folgen (³/₄ St.) *Aschau* und (1 St.) *Zell* (573 m; *Post; *Welschwirth; *Bräu; Greiderer; *Neuwirth; zum *Daviter*; Café *Holzeisen* nächst der Post), Hauptort des oberen Zillerthales, in reizender Lage an beiden Ufern des Ziller. Oestl. der *Hainzenberg* und die steil anstrebende *Gerloswand* (2162 m); südl. die *Ahornspitze*, die *Tristenspitze* (2768 m) und der schnee- und eisbedeckte *Ingent* (2915 m). Am Fusse des Hainzenbergs (mit der *Maria Rast-Kapelle* auf einer vorspringenden Anhöhe und einem längst ausser Betrieb gesetzten Goldbergwerke) ¹/₂ St. östl. von Zell der *Gerlosbachfall.*

Von Zell nach *Mayrhofen* führen zwei Wege: ein Fahrweg am r. Ufer des *Ziller* über *Ramsau, Eckartau, Hollenzen, Laubbüchel* in 1¹/₂ St., — und ein Fussweg am l. Ufer des *Ziller* über *Laimach* und *Hippach* (lohnender) in 1³/₄ St.

Mayrhofen (639 m; *Neuhaus*; *Stern bei Wildauer; *Post*), das letzte Dorf des unteren Zillerthales mit 1300 Einw., in wunderbarer Lage an der Mündung grossartiger Hochthäler, umgeben von einem Kranze imposanter Gebirge. Mayrhofen gilt als das beste Standquartier für Besucher des unteren Zillerthales zu Excursionen in den östl. *Zillergrund*, das süd-östl. *Stillupp-*, süd-westl. *Zemm-* und westl. *Duxerthal.*

[Der **Zillergrund** (mittlere Erhebung 3000 m) bietet in seinen Anfängen wenig Abwechslung, gegen Ende aber dominirt der Hochgebirgscharakter und verleiht ihm hohen Reiz. Von *Mayrhofen* steil aufwärts, am r. Ufer des Ziller nach *Brandberg* (1073 m, *Tanner*), Dorf mit 280 Einw. (1¹/₂ St.), weiter in 1¹/₂ St. nach *Häusling* (Whs.), 1055 m, von da 1¹/₄ St. zur Jägerhütte „auf der Au", 1269 m, dann rechts durch den hier mündenden *Sondergrund* zum (4 St.) *Hörndljoch* (2548 m) mit herrlicher Aussicht, endlich hinab nach (3 St.) *St. Jakob* im Ahrenthal. 1 St. weiter aufwärts zur *Sulzau Alpe* (1418 m). Von hier an Alpenvereinsweg zum (4 St.) **Hundskehljoch** (Karscharte 2555 m); hinab nach (3 St.) *St. Peter* im *Ahrenthal.*

Von hier durch das *Tauferer-* beziehungsweise *Ahrenthal* über *Luttach* und *Taufers* nach *Bruneck* im Pusterthale (12 St.). Von Mayrhofen aus wird die *Ahornspitze* (2965 m) erstiegen; Führer nöthig. Tour beschwerlich, aber von herrlichster Aussicht belohnt.

Zwischen der l. *Ahorn-* und r. *Tristenspitze* südöstl. zum
Zillerthaler Hauptkamm hinan zieht sich der malerisch schöne
Stilluppgrund, der mit seinen grossartigen Felspartien, seinen
Wasserfällen und eisbedeckten Bergspitzen eines Besuches für
alle Fälle werth ist. Von Mayrhofen bis zur (5 St.) *Taxacher
Alp* am Ende des Thalgrundes, von schnee- und eisbedeckten
Bergen eingeschlossen. Von hier über das *Keilbachjoch* (2838 m)
nach *St. Johann* oder *Steinhaus* im Ahrenthal, 6—7 St. Besteigung der Ahornspitze am besten aus der Stillupp in 5 St.
    Ueberreich an den mannigfachsten Reizen alpiner Natur ist
das Zemmthal (mittlere Erhebung ca. 1350 m), einer der. herrlichsten Thalgründe des ganzen Tirol. Ein Besuch desselben
nicht zu versäumen, wenn auch für die Bequemlichkeit des
Touristen hier noch wenig vorgesorgt ist. Hinter Mayrhofen
über den *Ziller*, dann bei *Haus* über die *Stillupp*, weiter durch
die eingedeckte *Hochstegenbrücke* über den Zemmbach; nunmehr bergan durch Wald und Wiesen in das sogen. *Lindthal*
(einige Bauernhöfe und Gehöfte), dann durch die immer wilder
werdende *Dornauklamm* über hölzerne Stiegen bis zum *Karlssteg.* Auf dem Wege dahin bildet der Zemmbach eine Reihe
der schönsten Fälle, und bieten sich dem Auge herrliche Fels-
landschaften. — Der *Karlssteg* (852 m) überbrückt den Zemmbach. Stets das Eisfeld des Ingent vor Augen, gelangt man in
sanfter Steigung in 1¼ St. nach *Dornauberg* oder *Ginzling*
(994 m; Kröll, bescheiden), dem letzten Dorfe des Thales, in
schöner Lage. — Von hier führt ein ziemlich anstrengender,
stellenweise schlechter Weg in 10—11 St. über das *Pfitscher
Joch* (2231 ˙m) nach *Sterzing*; Führer (für geübte Touristen unnöthig) 8½ fl. —
    Von *Ginzling:* In die **Gunkel** (1¼ St.), lohnend; auf die
Tristenspitze (2768 m), 5 St. mit Führer; — südöstl. in das
wildschöne **Floitenthal**, 3 St. lang, Führer entbehrlich.
    Das **Duxer-** oder **Tuxerthal** (mittlere Erhebung 960 m) ist
der am meisten bevölkerte westl. Thalast des oberen Zillerthales und wegen seiner grossartigen Gletscher viel besucht.
Die Bevölkerung hat viel Eigenthümliches in Tracht, Sitten und
Gebräuchen. — Von Mayrhofen zum *unteren Steg* und über
diesen nach 1½ St. *Finkenberg* (929 m, Neuwirth; Eberle, einf.),
Dorf mit ca. 640 Einw., ehem. Hauptsitz der vertriebenen Protestanten; in 2½ St. **Lanersbach** oder *Vorder-Tux* (1298 m;
Unterer Wirth Math. Stock; *Brückenwirth*; *Kapellenwirth*),
Hauptort des Thales. Von hier in 1¾ St. nach *Hinter-Tux*
(1475 m), mit einer treffl. Badequelle (18° R.), in grossartig
schöner Umgebung mit mächtigem Gletscher, die *Gefrorne
Wand* genannt; unter diesem ein prächtiger Wasserfall in drei
Abtheilungen. Weiter über das 2½ St. **Tuxer-Joch** (2336 m)

nach *Schmirn* im Schmirnthale und 4¹/₂ St. *Stafflach* an der Brennerbahn.]

Oestl. von Zell öffnet sich das *Gerlosthal*, durch welches ein mehr, minder guter Saumpfad nach dem oberen Pinzgau führt. Von Zell südöstl. an der (10 Min.) *Mariensäule* r. vorüber zum *Hainzenberge*, diesen auf ziemlich steilem und schlechtem Wege hinan,· an der Kapelle *Maria Rast* vorüber zum 1 St. Dorf *Hainzenberg*. ¹/₂ St. weiter hinauf *Oetschen-Whs.* (1021 m), mit hübschem Blick auf Zell; hinter (¹/₄ St.) *Marteck* 10 Min. über den *Schönbach*, ¹/₂ St. weiter über den *Zaberbach* in wilder Schlucht. Die *Schwarzach*, den *Wimmerbach* und gleich darauf den *Gerlosbach* überschreitend, erreicht man nach 1 St. das Dörfchen *Gmünd*, von dem aus man in ³/₄ St. das langgestreckte Dorf **Gerlos** (1254 m; *Alpenrose*; *Kammerlander)*· erreicht.

Ausflüge: In's *Schönachthal* zur *oberen Iss-Alpe* 2¹/₂ St.; — in die *Wilde Gerlos*, am Thalende der *Gerlosgletscher* von der *Reichenspitze* überragt. — Auf den *Thorhelm* (2492 m) lohnend, nicht schwierig, mit Führer 4 St. — Auf die *Reichenspitze* (3294 m) 7—8 St., schwierige Gletscherpartie, nur mit tüchtigen Führern und von geübten Bergsteigern auszuführen.

1¹/₂ St. hinter Gerlos, an der Grenze zwischen Salzburg und Tirol, theilt sich der Weg: links, wendet er sich über das *Gerlosjoch* oder die *Pinzgauerhöhe* (1457 m) in das Salzachthal hinab nach (¹/₂ St.) *Ronach* und (2 St.) *Wald*; rechts (mit Führer) viel lohnender über die *Pinzgauer Platte* nach (2 St.) *Krimml*. Am schönsten jedoch ist der weitere Weg über den *Plattenkogl* oder die *Hintere Platte* nach *Krimml*. Führer, wegen der sumpfigen Stellen rathsam, von Gerlos bis Krimml 3 fl. 60 kr. Auf dem Gipfel des **Plattenkogls** (2029 m) erinnert eine halb verfallene Pyramide aus Holz, das „Fürst-Schwarzenberg-Monument", an den Besuch des Kardinals Friedrich, Fürsten zu Schwarzenberg (1838). Vom Gipfel aus prachtvoller Blick über den Pinzgau, tief unten Krimml mit den Wasserfällen, südwestl. Reichenspitze und Wilde Gerlos, südöstl. Dreiherrnspitze.

Krimml und die ***Krimmler Wasserfälle** s. S. 98.

Die Strecke von Krimml bis Lend (R. 22) wird am besten zu Wagen zurückgelegt. Fuhrwerk mitunter knapp.

Höchst lohnend, aber beschwerlich, ist die Wanderung von Krimml über *Kasern* nach *Bruneck* im Pusterthale, 18—20 St. Der interessante Weg steigt an den Wasserfällen empor zum *Tauernhause* (3¹/₂ St.) und weiter auf das 2635 m h. *Tauernthörl* (3¹/₂ St.), bis wohin ein Führer nöthig. Der 2 St. l. Weg hinab nach *Kasern* (Whs.) ist nicht zu verfehlen. (Von hier über das *Umbalthörl* nach *Pregraten*, s. u.). Weiter 1 St. *St. Valentin* (Whs.), hier beginnt der Fahrweg; 1 St. *St. Peter auf dem Kofel*, 1 St. *St. Jacob* und ¹/₂ St. *Steinhaus* (Whs.). Von hier in 1 St. über *St. Johann* nach 1 St. *Luttach* (Whs.), mit Aussicht auf die *Löffelspitze* und den Schwarzenstein. In 1 St. **Taufers** oder 'Sand (*Post*,

Elephant, Bräuh. m. Garten), wo das alte Schloss gl. N. eine überaus prächtige Aussicht gewährt. Von hier nach Bruneck, 3 St. (s. R. 33).

Von **Kasern** über das *Umbalthörl* (Ahrnerthörl), 2826 m nach *Pregraten* über Schnee, Eis und Steingeröll, 9—10 St. sehr beschwerlich (jedenfalls nur mit Führer!) auf das Thörl (4 St.), theilweise über Schnee, und auf dem Umbalferner (2½ St.), auf schlechtem Pfade längs dem *Umbalthal* nach *Pregraten* (3 St.), wo man beim Pfarrer bessere Unterkunft als im Whs. findet. Weiterhin führt ein 4 St. l. Fahrweg über Virgen (Whs.) nach **Windisch-Matrei,** auf dem Wege prächtige Rückblicke. Es ist der Hauptort des Iselthals, den die Burg *Weissenstein* überragt (s. S. 143).

30. Von Innsbruck über den Brenner nach Bozen.

Oesterr. Südbahn bis Bozen. Eilzug 5 St. Postzug 6½ St. Aussicht bis zur Brennerhöhe rechts, dann meist links.

Die *Brennerbahn* ist eines der grossartigsten Werke der Eisenbahnbaukunst, wurde 1864 begonnen und trotz der immensen Schwierigkeiten, welche sich dem Bau entgegenstellten, nach kaum 3 Jahren, August 1867 dem Verkehre übergeben. Die Fahrt über dieselbe bietet eine Reihe mannigfaltiger Landschaftsbilder, mächtige Tunnels, kühne Brücken, thurmhohe Böschungen, tiefe Schluchten, düstere Wälder neben grünen Fluren, alte Städte und Burgen, freundlich gelegene Dörfer und eisumgürtete Hochthäler. Die interessanteste und sehenswertheste Strecke der Bahn ist jene bis *Gossensass.* Von Innsbruck mit dem Vormittagszug nach Gossensass, 3 St. Aufenthalt, Nachmittags retour.

Vom Innsbrucker Bahnhof (583 m) führt die Eisenbahn an *Wilten* vorüber in die düstere Sillschlucht (l. unten am Thalesrand Schloss *Amras*) und bald in den ersten Tunnel durch den Berg Isel 682 m l., dem 6 andere Tunnels, von welchen der letzte, der berüchtigte *Schürfestunnel,* wegen der Brüchigkeit seines Gesteins und des beständigen Abrutschens der Bergmassen, am meisten Mühe und Arbeit verursachte, folgen. Nach diesem Stat. Patsch (777 m), das Dorf gl. Namens von der Bahn aus nicht sichtbar.

In das **Stubaierthal.** Von *Patsch* steil hinab zur Sill, über dieselbe, dann wieder hinauf nach *Oberschönberg* (¾ St.), dann r. ab auf der eigentlichen Stubaierfahrstrasse nach (¼ St.) Dorf *Schönberg;* weiter ½ St. *Mieders* (973 m), Dorf und Hauptort des Thales mit 424 Einw. — 1 St. nach *Vulpmes* (927 m), Industrie treibendes Dorf mit 1200 Einw. Eisen- und Stahlwaarenfabriken beschäftigen 500 Menschen. — ½ St. *Medraz* (945 m), vielbesuchte Badeanstalt; — weiter über *Neder* nach 1½ St. *Neustift* (987 m zum *Salzburger* bei Jennewein; *Hofer),* dem letzten Dorfe des Thales, mit 1450 Einw., neuer, aber geschmackloser Kirche (schöne Holzschnitzereien); ¼ St. von Neustift bei Milders theilt sich das Thal links in das *Unterberg-*, recht in das *Oberbergthal,* — Im s.-w. fortziehenden *Unterbergthal* nach 2½ St. der letzte Weiler *Ranalt* (1275 m), auch im Winter bewohnt. (Unterkunft zum Uebernachten. Gute Küche.) Von hier aus lohnender Ausflug auf die *Pfandleralpe* (2143 m), mit sehr schöner Aus-

sicht, 2 St. — Zwei beschwerliche Uebergänge führen von *Ranalt* über die
Dresdener Hütte (1875 in der Oberen Fernau von der Sektion Dresden erbaut)
in das *Oetzthal* und zwar von der *Dresdener Hütte* aus a) über das *Mutterberger
Joch* (3020 m) nach Längenfeld im genannten Thal 8—9 St., sehr mühsam, aber
gefahrlos, oder b) über das *Bildstöckljoch* (3130 m) nach *Sölden* 7 St., nicht
schwierig und sehr lohnend — Führer für Einzelne rathsam, von Ranalt aus
8 fl. — 3 St. über Eis. — Wer nach Bozen will, braucht nicht mehr nach
Schönberg zurück, sondern wandere von Miedern oder Vulpmes über die *Wald-
rast*, Wallfahrtskirche mit Whs. (3 St.) nach *Matrei* (1¼ St.) oder Steinach
(1½ St.) an der Brennerbahn.

Immer an der östl. Thalseite aufwärts (r. tief unten die Sill,
darüber die waldigen Vorberge der *Waldrasterspitze* mit der
Poststrasse). Der 9. Tunnel ist der längste (950 m) der ganzen
Bahn, es folgen zwei weitere Tunnels, von welchen der letzte
(11.) den Matreier Schlossberg durchbricht. Den Markt *Matrei*
(Stern; Krone) mit dem fürstlich Auersperg'schen Schlosse
Trautson r. liegen lassend, geht die Bahn über die Sillbrücke
an das l. Ufer der Sill nach Stat. **Matrei**, 989 m. Dann fast
oben in der weiten Thalsohle nach Stat. *Steinach* (1051 m), an
der Mündung des *Gschnitzthales* gelegen. Das Dorf **Steinach**
(Post; Rose; Wilder Mann) brannte 1853 fast gänzlich nieder;
Geburtsort des berühmten Malers *Martin Knoller* und des jetzt
noch lebenden *Georg Mader*, von beiden Bilder und Fresken in
der Steinacher Kirche.

Das **Gschnitzthal**, 5 St. lang, anfangs anmuthiges Wiesenland und kleine
Waldbestände, wird später um *Trins* (1184 m *Heidegger*) öde und unfreundlich,
erst das eigentliche Gschnitz nimmt wieder freundlicheren Charakter an, den
Hintergrund zieren die *Gschnitzer Ferner*, von welchen der *Habicht*, 3274 m, vom
Dorfe *Gschnitz* (1240 m. Eintr. beim Curat.) aus wegen seiner lohnenden Aus-
sicht gerne und ohne grosse Beschwerde bestiegen wird.

Hinter Steinach verengt sich wieder das Thal, die Gegend
wird wilder, rauher und winterlicher, die Thalwände steigen
höher und schroffer hinan, die Steigung bis auf den Brenner
ist eine bedeutende. Die Bahn gewinnt nun den Charakter einer
Hochgebirgsbahn, kein Weg lichtet die steilen Seiten, die nur
für Abzüge von Wasser, Schnee, Eis und Lawinen offen ge-
lassen sind. Die Bahn steigt nun an der östl. Thalwand ziemlich stark
an, biegt dann bei dem r. unten an der Brennerstrasse liegen
bleibenden Dörfchen *Stafflach* in das *Schmirnerthal* ein. R.
unten an der Mündung des *Valser Thales* das sehr hübsch gelegene Dörfchen *St. Jodok*. Die Bahn macht eine grosse Curve,
übersetzt den Schmirnerbach, passirt einen Tunnel, überbrückt
den *Valser Bach*, steigt an der s. Thalwand (die zurückgelegte
Bahnstrecke etwa 70 m tiefer) empor, betritt durch einen zweiten

Tunnel wieder das Sillthal und erreicht Stat. *Gries* (1251 m). Das Dörfchen (*Aigner) gleichen Namens unten an der Poststrasse, gern besuchter Sommerfrischort, liegt an der Mündung des *Obernbergthales*, durch welches man zum schneebedeckten *Tribulaun* emporsteigt.

Lohnender Ausflug zu den beiden *Obernberger Seen*. — Der **Tribulaun** (in Gschnitz „*Scharer*", in Pflersch „*Pflerscher Tribulaun*" genannt, ist der Doppelgipfel, der höchste jenes von dem Stubaier Stocke abzweigenden Kammes, der die n. Thalwand des Pflerschthales bildet. Der höhere der beiden Gipfel, der *Grosse Tribulaun*, ist 3096 m hoch; der *Obernberger Tribulaun* am Fusse der Obernberger Seen misst 2768 m.

Die Bahn beschreibt hoch über dem Sillthal einen grossen Bogen, geht an dem kl. *Brennersee* (1310 m) vorüber, übersetzt den *Vennabach*, später die Sill und gelangt zur Stat. **Brenner** (1362 m), höchster Punkt der Bahn, Wasserscheide zwischen dem Schwarzen und dem Adriatischen Meere. Gegenüber an der Landstrasse das alte Brenner-Posthaus (Whs.).

Die Bahn geht nunmehr dem *Eisackbach* entlang nach Stat. **Brennerbad** (1326 m; *Sterzinger Hof). Das *Wildbad Brenner* wurde von Zacharias Geizkofler in's Leben gerufen und wird seit 1731 von der Stadtgemeinde Sterzing im Einverständniss mit den Erben des Genannten verwaltet. Die Frequenz ist eine ganz ansehnliche (1000 Kurgäste), die *Heilkraft des Bades* anerkannt.

Die Bahn führt auf langem Damme bei starker Senkung durch zwei Tunnels weiter nach Stat. *Schelleberg* (1239 m). Zwischen dieser und der folgenden Stat. *Gossensass* befindet sich einer der merkwürdigsten Punkte der Bahn. Letztgenannte Station liegt nämlich fast senkrecht um 178 m tiefer; die Bahn macht eine scharfe Curve, wendet sich r. in das *Pflerschthal*, senkt sich an der n. Bergwand, dringt durch einen 763 m langen Kehrtunnel in den Berg, um tiefer unten in entgegengesetzter östl. Richtung wieder herauszukommen.

Stat. **Gossensass** (1061 m, *Bräuhaus, von der Veranda schöne Aussicht) in hübscher Lage, am Fusse des *Hühnerspiels, seit 30. Januar 1880 zu Ehren des um Tirols Touristik hochverdienten S. Ed. Amthor in Gera, „*Amthorspitze*" genannt, (ob der herrlichen Aussicht von seinem Gipfel aus, viel besucht), war ehedem durch den nahen Bergbau (silberhaltiger Bleiglanz) im Pflerschthale sehr wohlhabend; seit 1868 werden neue Versuche gemacht. Bei *Schelleberg* die Bahn verlassend und den Fusspfad herabsteigend, erreicht man Gossensass um 10 Min. früher als der Zug.

Das **Pflerschthal**, reich an reizenden Landschaften, zieht sich von Gossensass 4 St. l. zum südl. Kamme des Stubaier Eisstockes und ist namentlich an seinem Ende — die *Schneespitze* bildet den Hintergrund — von erhabener

Schönheit. Von Gossensass führt ein schlechter Fahrweg ziemlich eben über *Ast, Annichen* (1171 m, schöner Blick auf den Thalhintergrund mit eisbedecktem *Scharer*) nach *Boden* oder *Innerpflersch* (1251 m, Einkehr beim Geistlichen), Hauptort des Thales mit 381 Einw. In der Kirche alte Gemälde. — In Boden endet der Fahrweg; ein Reitweg, ziemlich steil ansteigend, führt zum (1 St.) *Hinterstein*, dem letzten Weiler des Thalbodens (hier grossartig schöner Wasserfall, die *Hölle* genannt). — Von Hinterstein in 1 St. zur *Schafalpe Fürt* (1658 m) am Fusse des *Feuersteingletscher*, r. der *Simmingferner*. — Von Gossensass aus empfiehlt sich ganz besonders die Besteigung des *Feuersteingletschers* und der *Schneespitze* (3172 m). — Ueber das *Pflerscher Hochjoch* nach *Stubai* schwieriger und nur geübten Bergsteigern zu empfehlender Uebergang. Sehr lohnend.

Hinter Gossensass überschreitet die Bahn den *Eisak*, geht eine Strecke in dem früheren Bette desselben fort, für welchen durch eine vorspringende Felswand ein Tunnel gebrochen wurde. L. oben Ruine *Strassberg*, r. an der Fahrstrasse das Dörfchen *Ried*. Alsbald gelangt man in das weite Thalbecken von Stat. **Sterzing** (947 m; *Goldner Greif (Alte Post)*; *Neue Post*; *Schwarzer Adler*; *Krone* (Brauhaus); *Rose*; am Bahnhofe *Stötter's* Restaur. und Gasthof). Die Stadt *Sterzing* mit ihren freundlichen, alterthümlichen Häusern und ihren Laubengängen liegt am Vereinigungspunkte der hier von O. und W. auslaufenden Thäler von Pfitsch und Ridnaun. Im 12. und 13. Jahrh. in Folge reichen Silberbaues in höchster Blüthe stehend, schwand aber mit dem Bergsegen auch allmählich der damalige Wohlstand, bis endlich mit Eröffnung der Brennerbahn der Holzhandel, die Marmorbrüche von Rathschinges und die wieder aufblühenden Gewerke am Schneeberg der Stadt neue und ergiebige Einnahmequellen erschlossen. Ein] bedeutender Gewinn] für, dieselbe ist die Trockenlegung des sagenreichen $1\frac{1}{2}$ Million ☐ Klafter grossen „Sterzinger Mooses." — Gegenwärtig zählt Sterzing 2400 Einw., ist Sitz eines k. k. Bezirksgerichtes und einer k. k. Telegraphenstation. An sehenswerthen Bauten sind zu nennen das *Rathhaus*, die sehr alte, aber leider sehr unglücklich renovirte *Pfarrkirche*, in der Nähe der Letzteren das 1263 vom Grafen Hugo von Taufers gegründete *Deutschordenshaus* und der Edelsitz *Jöchelsthurm*. 1809 war Sterzing wiederholt der Schauplatz blutiger Kämpfe. — Schöne Aussicht vom Kapuzinerkloster aus.

Ausflüge und Bergtouren: Nach *Reifenstein*, Schloss mit schöner Aussicht auf den Abschluss des Ridnaunthales $\frac{3}{4}$ St.; — nach *Custozza*, Restauration, mit herrlichem Blick auf Sterzing, Hühnerspiel, Pfitscherthal, Eisakthal, $\frac{1}{4}$ St. s. von der Stadt; — nach *Sprechenstein*, Burg im Besitze des Fürsten Auersperg, 1 St., mit herrlichem Blicke auf Sterzing und Umgebung. Ein Besuch dieses Punktes nicht zu versäumen; — nach *Thuins*, $\frac{1}{2}$ St., lohnendster Blick auf die Umgegend von Sterzing; — nach *Gasteig*, $\frac{3}{4}$ St.; — nach *Freienfeld*, 8 St.; — in die *Wöhr*, $2\frac{1}{2}$ St.

Der *Rosskopf* (2187 m), über den Weiler *Raminges* in 2 St. zu den *Gissmähdern*, von hier 1 St. auf den Gipfel. Ganz unbeschwerlich und sehr lohnend. ˙Aussicht wundervoll. — Auf den *Zinseler* (2418 m) über *Gupp* (mehrere Höfe) oder durch das *Gospeneidthal* nach *Pens* und dann aufwärts 4—5 St. Aussicht ähnlich jener vom Rosskopf aus. — Von Sterzing in das **Ridnaunthal** mit dem *Ueblethalgletscher*, dem grössten der Stubaiergruppe; — in das **Jaufenthal**, mündet vis-à-vis von *Thuins* in's Ridnaunthal; südwestl. von Sterzing über den *Geilbach* nach *Gasteig*. Hier Wegtheilung: l. durch das Jaufenthal über *Dörfl* (1160 m, mit 400 Einw.), r. auf dem eigentl. *Jaufenweg* aufwärts zum *Jaufenhaus* (1996 m und *Jaufenjoch* (2100 m). Dann abwärts auf holprigem Wege nach *St. Leonhard* in *Passeier*, 7 St. von Sterzing; — in das **Ratschingesthal**, ein Seitenthal des Ridnaunthales, wegen seiner Marmorbrüche und Schleifereien häufig besucht; — in das **Pfitscherthal**, das schönste unter den bei Sterzing mündenden Thälern; Uebergang in das obere Zillerthal.

Von Sterzing weiter, unterhalb der Burg *Sprechenstein* vorbei, r. drüben die Schlösser *Thumburg* und *Reifenstein*, auf langem Damm mitten durch das berüchtigte *Sterzinger Moos* nach Stat. *Freienfeld*, (932 m), l. oben Dorf und Wallfahrtsort *Trens*, diesem gegenüber Dorf *Stilfes*; weiter thalabwärts l. die Reste der Burg *Welfenstein* und Dorf *Mauls*, über mehrere Bergbäche in einförmiger Gegend nach Stat. *Grassstein* (837 m); hinter derselben durch die Thalenge *Sack*, dann weiter, · l. jenseits des Eisack an der Poststrasse *Mittewald*, unter dem herabrauschenden *Flaggenbach* hin, der in einem Aquädukt über der Bahn hingeleitet ist; l. der Weiler *Oberau*, 1809 der Schauplatz erbitterter Kämpfe zwischen Tirolern und Franzosen. Wo die beiderseitigen Bergwände auf das Engste an einander rücken, liegt die Stat. **Franzensfeste** (750 m, Bahnhof-Restauration M. 1 fl. 20 kr.; hinter dem Bahnhof Gasthof zum *Reifer*), ¹/₂ St. von der Veste gleichen Namens entfernt, hinter welcher sich das Thal mehr und mehr erweitert.

Von *Franzensfeste* ö. durch das *Flaggenthal* und in das *Seebthal*, weiter nach *Durnholz* im *Sarnthal*.

Die Eisenbahn zieht nun zwischen ganz aus Granit (1833— 38) gebauten und rothbedachten Festungswerken hindurch, die Gegend erweitert sich, statt dunkler Tannen bekleiden Reben und prächtige Kastanienbäume oder Nussbäume und Maulbeerbäume die Terrassen. Beim Dorfe *Vahrn* (Whs. zum Waldsacker) öffnet sich das *Schalderthal* mit der Ruine *Salern*, 1 St. aufwärts in demselben Bad *Schalders* (1172 m), viel besucht.

Von hier (mit Führer) über das *Schalderjöchl* nach *Durnhols*, am reizend schönen *Durnholzer See* gelegen, und *Sarnthein*, dem Hauptorte des Sarnthales.

Die Bahn erreicht nach kurzer Zeit Stat. **Brixen** (567 m; *Elephant*; *Stern*; *Sonne*; *goldnes Kreuz*), freundliche Stadt mit etwas über 4800 Einw., neun Jahrhunderte lang der Hauptort eines geistl. Fürstenthumes (bis 1803), heute noch Sitz eines Fürstbischofes, Suffragan's des Erzb. von Salzburg; geschichtl. merkwürdig durch das Concil von 1080, welches Guibert von Ravenna zum Gegenpapste Gregor's VII. aufstellte. Brixen ist der Sitz einer Bezirkshauptmannschaft, eines k. k. Bezirksgerichtes, einer kathol. theologischen Lehranstalt, eines Priesterseminars, eines Gymnasiums u. s. w. Unter den 8 Kirchen der Stadt bieten die *Domkirche* und das *Johanniskirchlein* das meiste Interesse. Die erstere mit ihren Gemälden von Christ, und Franz Unterberger, Cignaroli, Schöpf, Dornschatz und Fresken von Paul Troger, mit ihren alten Kreuzgängen und Grabdenkmälern, darunter jenes des Minnesängers Oswald von Wolkenstein († 1445); Letztere als Schauplatz der Wahl des genannten Gegenpapstes am 25. Juni 1080.

Von Brixen schöner Spaziergang nach dem herrlich gelegenen Dorf *Vahrn* (*Villa Mayer*). Pens. 2 fl. ; *Waldsacker*) ³/₄ St. ; lohnender Ausflug über *Tschöltsch* nach (2 St.) *Velthurns* (*Oberwirth*) mit gleichnamigem prachtvollen Schlosse des Fürsten Liechtenstein; von hier über *Seben* nach (1¹/₂ St.) *Klausen.* — Besteigung der **Plose** (2595 m) entweder über Bad *Burgstall* und den schön gelegenen Hof *Plasbon* (2¹/₄ St.), besser aber über (4 St.) *Afers* oder *St. Georg* und von da in 2¹/₂ St. zum Gipfel. Von diesem herrliche Aussicht auf die Oetzthaler, Zillerthaler Alpen, Dolomiten u. s. w.

Hinter Stat. Brixen über den Eisack, der von Klausen bis Bozen (7 Wegstunden) sich durch eine selten ununterbrochene Thalenge zwängt. Die Höhen auf beiden Seiten der Schlucht sind bebaut und mit vielen Dörfern belebt (darunter die reizenden Sommerfrischorte der Bürger von Bozen *Kastelruth, Seis, Völs, Ritten* und *Oberbozen*).

Stat. Klausen (511 m; **Lamm; Post*); das gleichnamige Städtchen liegt an der Mündung des Thinnerbachs und besteht aus einer einzigen, zwischen Felsen zusammengezwängten Strasse. 1875 wurde dem von hier stammenden Minnesänger Leutold von Seben ein Denkstein errichtet. In der Kirche des *Kapuzinerklosters*, ausserhalb der Stadt, sind sehenswerthe Gemälde aus Murillo's Schule und Holzschnitzereien; in der anstossenden *Loretto-Kapelle* merkwürdiger spanischer Kirchenschmuck, Bücher, Gemälde und dgl. P. Joachim Haspinger, einer der Hauptanführer des Tiroler Aufstandes von 1809, gehörte diesem Kloster an.

Auf gewaltigem Fels thront die ehemal. Residenz der Bischöfe von Brixen jetzt Nonnenkloster *Seben*, an der Stelle eines röm. Castells; oben gute Aussicht. Ein gemaltes Kreuz am Thurme erinnert an eine Nonne, die sich aus Furcht vor den herandringenden französischen Soldaten (1809) herabstürzte. — Ausflüge in's Villnös-Thal, nach *Latzfons* und der Wallfahrtskapelle *Ritzlor'* mit reizender Aussicht.

Stat. **Waidbruck** (463 m; *Alte Post*; *Krone*, am Bahnhof), an der Mündung des Grödener Thales, 1. hoch oben die *Trostburg*, Eigenthum des Grafen Wolkenstein.

Von Waidbruck mag man auf der neuen Strasse 3 St. lang in das *Grödener Thal* fahren, dann über die Seisseralpe auf den *Schlern* wandern, und über Bad *Ratzes* und *Kastelruth* nach Bozen hinabsteigen. — Eine zweite interessante Wanderung: von Waidbruck über *Lengstein* und *Mittelberg* auf den *Ritten* nach **Lengmoos** (*Amtmann*), *Klobenstein* und **Oberbozen** (mit zahlreichen Villen oder Sommerfrischen der Bozener, besuchensw. Schiessstand), dann hinab nach Bozen; 7—8 St. Zwischen den ersteren beiden Orten liegen die berühmten, höchst sonderbar gestalteten *Erdpyramiden*. Bietet sich schon in Lengmoos eine sehr lohnende Aussicht auf die herrlichen Dolomitmassen des Schlern, Rosengarten etc., so sollte doch der Besuch des von da in 3 bis 4 St. bequem zu ersteigenden *Rittnerhorns* (2257 m) nicht versäumt werden. Man gewinnt einen Anblick der grossartigsten Gebirgswelt, den das kunstvolle Panorama von Seelos wiedergiebt.

Beim sog. *Röthele* (Whs.) auf einer eisernen Gitterbrücke von 57 m Spannung über den Eisak nach der Stat. *Atzwang*, (379 m, Post in Ober-Atzwang), wo r. über dem Posthaus die ersten Cypressen den nordischen Wanderer begrüssen. Stat. *Blumau*, 312 m (Bräuhaus), an der Mündung des *Tierser Thales*; bald führt die Bahn durch den letzten Tunnel auf dem üppigen, mit Weinlauben dicht durchzogenen und mit Pfirsich-, Mandel- und Kirschbäumen besetzten Bozenerboden in den nah an der Stadt gelegenen Bahnhof der Stat. Bozen.

31. Bozen und Umgebung.

Gasthöfe: **Hôtel Victoria*, vis-à-vis dem Bahnhof; **Kaiserkrone* am Musterplatz mit dem hübschen städt. Theater; — einfacher: *Mondschein*, Bindergasse; *Erzherzog Heinrich*, Dominikanergasse, Standort der Poststellwagen; **Kräutner* am Johannisplatz; *Schwarzer Greif*, ebenda, bedeutend vergrössert; — *Schwarzer Adler*, am Obstplatz; — *Stadt Meran*, Lauben; — *Blaue Traube*, Bindergasse; — *Stiegelwirth*, mit Veranda und Garten, 10 Minuten ausserhalb der Stadt; — *Goldner Engel*, Weintraubengasse; — *Stiegl*, billig.

Kaffeehäuser: *Kusseth*, nahe der Kaiserkrone; *Schgraffer*, am Johannisplatz, mit schönem Garten (Bier, Wein, Gefrornes); *Tschugguel*, am Obstplatz (Pilsner Bier, Wein, Gefrornes); *Café National*, Pfarrplatz (grosse Auswahl von Zeitungen).

Conditorei: *Rizzi*, Laubengasse.

Restaurationen und **Biergärten:** **Kräutner Bierhalle* und *Schgraffer*, beide am Johannisplatz; *Vilpianer Bierquelle*, nächst dem Bahnhof; — *Brauhaus*, an der Talferbrücke. — Guter Wein im *Pfau*.

Lesekabinette: *Bürger-Casino*, Kornplatz; — *Lesekasino*; Café National im 1. Stock.

Bäder: Im *Badl* und im *Löwenhaus* in Gries. — *Schwimmschule* bei *Gugler* am r. Talferufer, l. an der Brücke.

Postämter: Am n. Ende der Bindergasse und am Bahnhof.

Telegraphenamt: Raingasse, Gebäude der Bezirkshauptmannschaft, 1. Stock.

Stellwagen nach *Meran:* Vom Stellwagen-Bureau am Obstplatz tägl. um 5, 7 und 10½ Uhr Vorm. und 3, 4 und 4½ Uhr Nachm. in 3 St. für 80 kr. vom Bahnhof und Obstplatz aus; — nach *Kaltern* tägl. 6 Uhr früh und 4 Uhr Nachm. nach *Sarnthein* tägl. 1½ Uhr Nachm. für 1 fl. 50 kr. in 4 St., beide Abfahrt vom „Mondschein"; nach *Lana* vom „Schwarzen Adler" am Obstplatz um 6 Uhr früh und 4 Uhr Nachm.

Eilwagen nach *Meran:* tägl. 8 Uhr Vorm.

Geldwechsler: *Tschurtschenthaler*, am Obstplatz; *E. Schwarz' Söhne*, am Johannisplatz; *D. Lehmann*, Bindergasse.

Bozen, 262 m, lebhafte deutsche Stadt mit nahezu 10,000 Einw., von italienischem Charakter, zur Blüthezeit Venedig's einer der grössten Transitoplätze und noch jetzt bedeutende Handelsstadt Tirols, mit 4 Jahresmessen, zugleich Knotenpunkt der Strassen aus Italien, Deutschland und der Schweiz, liegt wundervoll in einer fruchtbaren Gegend im Kranze hoher, grüner Berge und schneebedeckter, zackiger Dolomitfelsen, am Einflusse der Talfer in den Eisack, welcher eine Stunde weiter in die Etsch mündet. Bozen war es, wo das wichtige Stückchen Papier, der Wechsel, erfunden wurde; Bozen ist es auch, welches als Mittelpunkt des gesammten Landes festgehalten werden muss, so lange es ein Tirol giebt. Seine Lage, die Wohlhabenheit seiner Bürger und die Fruchtbarkeit seines Bodens, der milde Himmel und die edlen Formen der Landschaft begründen diesen Anspruch. Die Stadt selbst bietet nichts Besonderes: die Laubengasse, der Brennpunkt des Verkehrs, hat hohe Balkonhäuser und Arkaden (Lauben); die Mehrzahl der Häuser ist mit sogen. Dachhauben versehen, grosse bedeckte Oeffnungen im Dache, durch welche Licht und Luft eindringen. Der Grund dieser Einrichtung ist eines Theils in den engen Strassen, andererseits in der tiefen Lage der Stadt zu suchen. Im Sommer ist's darin oft drückend heiss, daher denn auch die Mehrzahl der Bozener in den Sommerfrischen von Oberbozen auf dem Ritten (S. 134.) wohnt. Garten- und Weinbau sind bedeutend, der Obstmarkt bietet die schönsten Früchte; an Markttagen gewähren die verschiedenen Trachten der Landleute besonderes Interesse. — Zwischen Stadt und Bahnhof neue, sehr hübsche und schattenspendende Anlagen.

Die goth. **Pfarrkirche*, errichtet im Jahre 1400, ist ein stattlicher Bau mit hübschem Thurme, letzterer aus dem Jahre 1519. Am westl. Portale zwei Löwen aus rothem Marmor. Das Innere der Kirche ist durch zwei Säulenreihen in drei Längenschiffe geschieden; das Hochaltarbild von Lazzaro Lazzarini, einem Schüler Titian's. Hinter dem Hochaltar Gruft und

Grabdenkmal des 1853 in Bozen verstorbenen Erzherzogs Rainer und seiner Gemahlin Elisabeth († 1856). Eine gothische Monstranz, schöne Kanzel und einige Altarbilder von Flatz und Glantsching noch bemerkenswerth. — Oestl. von der Kirche durch ein Portal mit der Inschrift: *„Resurrecturis"* auf den *Gottesacker*, mit Arkaden, Fresken (Stationen) und schönen Marmordenkmälern, worunter namentlich jenes der Familie Giovanelli (Familiengruft in der südwestl. Ecke) nach einer Zeichnung von Schnorr, Madonna unter goth. Baldachin, hervorragend. — Ueber dem Gymnasium das *Deutschhaus*, Ansitz und Kirche des deutschen Ritterordens, jetzt Sitz des k. k. Kreisgerichtes. — Das alte *Postamtsgebäude*; in ihm soll Margaretha Maultasch am 27. Jänner 1363 die Abdikationsurkunde an Oesterreich unterzeichnet haben. — Im *Franziskanerkloster*, und zwar in der Kapelle neben der Sakristei, ein schön geschnitzter, altdeutscher Altar; die Kirche enthält bemerkenswerthe Gemälde von Glantsching, Psenner und Arnold. — Im *Gesellenhaus* in der Zieglergasse die berühmte Moser'sche Krippe.

Pflanzenfreunden sind die herrlichen *Ziergärten* des Erzherzogs *Heinrich*, der Herren *von Toggenburg, Moser, Auchenthaler,* *A. Kirchebener*, und der Gräfin *von Arz* zugänglich.

Von der *Talferbrücke* schöner Ueberblick der reizenden Umgebung Bozens. — Jenseits der Brücke bei Kreutner's Bierkeller l. ab über das Eisenbahngeleise, dann r. hinan, an Stationskapellen mit lebensgrossen Holzfiguren vorüber zum *Calvarienberg* mit schöner Aussicht auf Bozen und Umgebung; — noch umfassender von dem ¼ St. höher gelegenem Dörfchen *Virgl*. — Südl. hinab nach *Haslach* und weiter zur **Haselburg*, Eigenthum des Grafen Sarnthein, in höchst malerischer Lage mit schönem Blick auf das Etschthal.

Ausflüge: Nach dem stattlichen Dorfe Gries (¼ St.), 2150 Einw., klimatischer Kurort, namentlich von Brustleidenden als Winteraufenthalt stark besucht. Das Klima ist wärmer (um 2 Grad durchschnittlich) als jenes von Meran, auch nebel- und windfreier. *Gasthöfe und Pensionen:* *Hôtel Austria, Kurhaus (1873 erbaut), mit üppigen Gartenanlagen in geschützter Lage; — Hôtel-Pension Bellevue; *Goldenes Kreuz; Wohnungen in den Villen Aufschnaiter, Melchiori, Schmidt, Gruber u. v. a. für Familien mit eigenem Haushalte. — Die Cactusart (Opuntia vulgaris) wächst in der Gegend wild. — Knapp neben der Benediktiner Abtei die Klosterkirche mit Gemälden von M. Knöller; auf einer Anhöhe die alte Pfarrkirche mit werthvollem, geschnitzten Altar von Michael Pacher (1475). — Von Gries lohnender Spaziergang über Troyenstein und die Talfer nach St. Anton. — Von Gries in 1½ St. nach dem Dörfchen Glaning (Whs.) mit malerischer Aussicht; ½ St. weiter das auf steilem Fels gelegene Schloss Greifenstein (im Volksmunde „Sauschloss" genannt, weil einst die in demselben Belagerten den Belagerern an einem Seile ein Schwein hinabliessen, um ihnen zu zeigen, dass sie noch genügend mit Proviant versorgt seien).

Schloss **Sigmundskron**, 377 m, 1 St. von Gries am Wege nach Ueberetsch gelegen, ist Eigenthum des Grafen Sarnthein, jedoch vom Aerar gepachtet und als Pulvermagazin verwendet. Als Führer durch die grossartige Ruine kann den Besuchern einer der daselbst auf Wache befindlichen Soldaten dienen. Aussicht prächtig: auf den ganzen Bozener Boden mit der Stadt, das Etschthal bis Meran. Ein Besuch dieses interessanten Punktes nicht zu versäumen.

St. Isidor (912 m, Bad (vulgo **Badl**), ö.; üb. *Kampill* (alte, sehenswerthe Kirche) nach *Kampenn*, 1½ St., dann weiter 1 St. nach **St. Isidor**, in Mitten üppigen Waldes gelegen, als Sommeraufenthalt gerühmt und viel besucht. 1 St. weiter der Sommerfrischort der Bozener, **Kollern**, 1179 m; herrlicher Aussichtspunkt.

St. Georgen, nordwestl., ein Weiler mit Kirche; über die *Wassermauer*, auch über *Dorf*, nach *St. Anton* (Spinnfabrik), von hier über die Talfer zum *Troyenstein*, ziemlich steil aufwärts bis zum „Tscheipn Thurn" (gescheibten d. i. runden Thurm) und weiter, 1 St., *St. Georgen*. Von der Kirche prächtige Rundsicht. — 1 St. weiter Dorf *Jenesien* mit 850 Einw., in hoher freundlicher Lage.

Der **Ritten** (Collectivname für die beliebten Sommerfrischorte *Oberbozen*, *Klobenstein* und *Lengmoos*) ist ein in dem Winkel zwischen Eisack und Talfer im Osten von Bozen gelegenes, circa 1000 m hohes wald- und wiesenreiches Hochplateau. Von Bozen aus führen drei Wege auf dasselbe, und zwar einer direkt nach *Klobenstein* (1147 m; *Staffler; Post und Telegraph), zwei nach *Oberbozen* (1166 m; zum Hofer). Nach Letzterem ist der sog. *neue Weg* an *St. Anton* und *St. Peter* vorbei zum (1 St.) *Plonerhof* und von diesem (1½ St.) nach *Oberbozen* zu empfehlen. Von *Klobenstein* aus wird das *Rittnerhorn* (2257 m) bestiegen; nach *Pennern*, dann r. zur *Saltnerhütte* (näher l. zur *Rittneralpe*), zum Kreuz auf der *Schön* (1940 m), von hier zur Spitze, ¼ St. — Weiteres s. S. 131.

Das **Eggenthal**, vom Kardaunerbach durchflossen, beginnt an den dolomitischen Grenzgebirgen gegen **Fassa**, zieht sich herab zum Eisack und mündet bei *Kardaun*.

In seinem unteren Theile ist das Eggenthal eines der schönsten Thäler in Bozens Umgebung und von letztgenannter Stadt unter den grösseren Ausflugspunkten einer der empfehlenswerthesten. — Von *Kardaun*, Dorf ³/₄ St. oberhalb Bozens, zum schattigen *Florkeller*, 5 Min., hierauf die **Eggenthaler Schlucht**, durch welche eine 1860 fertig gewordene, an vielen Stellen durch Tunnels und Galerien führende, den Felsen abgerungene Strasse geht. Ausserhalb der Schlucht gelangt man nach (1¼ St.) *Pirchabruck*, 809 m. Hier theilt sich das Thal; l. Strasse nach **Wälschnofen**, 1 St., 1184 m (*Kreuz*; Krone; **Führer**: Joh. Plank), in dessen Nähe sich am Fusse des *Lattemar* in malerisch schöner Lage die beiden kleinen *Karerseen* befinden. Von Wälschnofen über den **Caressa-Pass** nach *Vigo*. An den Karerseen vorüber zur *Costalunga-Alpe* (Erfr.) von hier in 40 Min. zum Pass (1750 m); abwärts entweder r. am Costalungabach nach Moëna, oder l. nach *Vallonga* und *Vigo*. — Ein äusserst lohnender und Jedermann zu empfehlender Weg führt von *Pirchabruck*, *Deutschnofen*, *Weissenstein*, *Aldein* (3. Bahnstat. südl. von Bozen) nach *Auer*. Von Deutschnofen oder *Weissenstein* auf das *Weissjoch* (2312 m); mit diesem durch einen Sattel verbunden das *Schwarzhorn* (2437 m).

Das **Sarnthal**, nordwestl. von Bozen, 11 St. lang, bis an das östl. Grenzgebirge des Passeierthales sich hinziehend, theilt es sich oberhalb Sarnthein in zwei Aeste, das *Penser-* und *Durnholzerthal*. Sehr interessante Wanderung auf der grossartigen, vielfach in Felsen gesprengten *Sarner Strasse* zu der Baumwollspinnerei St. Anton mit Schloss *Klebenstein*; hier r. am Talfer-Ufer fort an der Ruine **Runkelstein** (gut erhalten, mit Fresken aus Tristan und Isolde) vorüber. L. Schloss *Ried* auf einem Fels, später hoch oben Ruine *Rafenstein* (Sarner Schloss); r. Ruine *Wangen*. $^1/_4$ St. ausserhalb des *Zollhauses* (1 St. von Bozen entfernt) der *Mackner Kessel*, ein Chaos gigantischer Felsblöcke; gleich dahinter r. der *St. Johannskofel*, ein Fels, 250 m h., mit schwer zugänglicher Kirche. Endlich ($4^1/_2$ St. von Bozen entfernt) der Hauptort des Thales, **Sarnthein** (991 m: **Gensbacher*; **Schweitzer*), als Sommerfrische und Luftkurort beliebt. Oestl. die Ruinen *Reineck* und *Kränzelstein*. Von Sarnthein (mit Führer 3 fl.) westl. über das *Kreuzjoch* (1873 m) und *St. Katharina in der Scharl* nach *Meran* (7 St.) — nördl. über *Astfeld*, *Pers* und das *Penser Joch* nach *Sterzing*, 7 St. (wenig lohnend).

Lohnender als die Eisenbahnfahrt ist der Weg *von Bozen über Kaltern nach Neumarkt* (Omnibus bis Kaltern in 3 St., Abf. von *Bozen* (Mondschein) tägl. 6 Uhr früh und $3^1/_2$ Nachm.; von *Kaltern* $5^1/_2$ früh und 3 Uhr Nachm.; von dort bis zur Stat. Neumarkt 4 St.); an den Burgen *Sigmundskron* (s. o.), *Wart, Altenburg* vorüber nach *St, Pauls*. Von der Gleifkapelle westl. vom Dorfe **Eppan** oder **St. Michael** (**Sonne; Rössl; Stern; Traube*), wundervolle Aussicht. Eppan war einst die beliebteste Wohnstätte des Tiroler Adels, der sich hier unter freundlichem Himmel und auf üppigem Boden Schlösser baute, die nun grösstentheils in den Händen von Bauern sind. *Gandegg*, das ansehnlichste derselben, ist $^1/_4$ St. in südwestl. Richtung vom Dorfe entfernt. Majestätische Linden zieren den Hof des Schlosses, welches mehrere Jahre hindurch der Sommersitz des früheren Vicekönigs der Lombardei, des Erzherzogs Rainer († 1853), gewesen und an einen Föhrenwald sich lehnt, der parkähnliche Reize zum Lustwandeln bietet. Aus dieser Gegend geben wir eine **Naturmerkwürdigkeit* bekannt, die lange der Reisewelt entgangen ist. Etwa 20 Min. nordwestl. vom Schlosse, fast am Fusse der steilen Mendola, ziehen sich nämlich als Zeugen einer furchtbaren Zerstörung in unerforschlicher Vorzeit die Felstrümmer eines geborstenen Berges in einer Ausdehnung von $^3/_4$ St. hin. In diesem Steinmeere steigen da und dort Löcher und Höhlen in die Tiefe, in denen man selbst zur heissen Sommerzeit unvergängliches Eis und darüber eine fast unerträgliche Kälte sammt der blühenden Alpenrose (Rhododendron ferrugineum) und dem Speick (primula glutinosa) findet, während an dessen Rand, merkwürdig genug, oft im heissen Hochsommer eine Wärme bis zu 26 Grad R. herrschen kann. Um diesen durch keinen Uebergang vermittelten Gegensatz zwischen Hitze und Kälte, zwischen Rebe, Edelkastanien und Alpenrose, recht lebendig zu fühlen, erscheint es gerathen, den Besuch dieser Oertlichkeit, den Ortsbewohnern unter dem Namen „Eislöcher in der Gand" bekannt, vorzugsweise in heisseren Mittagsstunden vorzunehmen.

In 1 St. der Marktflecken *Kaltern* (Rössl), Hauptort von Ueberetsch, mit ansehnlichem Weinhandel, Kalterer Seewein; in der Kirche hübsche Bilder. (Von hier gelangt man westl. über die *Mendelscharte* (1354 m) nach Cles im Val di Non (auf den 2053 m hohen *Monte Roën*, die höchste Spitze des Mendel- (Mendola-) Gebirges, ohne Führer: Anfangs steil über $1|_2$ St. *St. Nicolaus* zum Gipfel ($2^1|_2$ St. Mit grossartiger Aussicht auf eine vierfache Bergkette). Jenseits der Mendelscharte, welche die Sprachgrenze bildet, nur italien. Ortschaften; über *Romeno*, *Casez* und *Banco* in's Thal, dann über die *Novella* und den *Noce* nach *Cles*. Von Kaltern führt unser Weg s. am freundlichen Kalterersee entlang (wo die *Leichtenburg*) nach *Tramin*, durch seinen bedeutenden Weinhandel bekannt; von dort l. über die Eisenbahn und quer durch die Etschebene nach Neumarkt. Auch die Wanderung weiterhin am r. Etschufer von Tramin über *Kurtatsch* und *Margreid* bis Stat. Salurn jenseits Neumarkt ist lohnend (3 St.).

32. Von Bozen nach Verona.

149 Kilom. Eisenbahn, Schnellzug in 4 St., gewöhnl. Zug $5^1/_2$ St. Fahrpreis 7 fl. 20 kr., 5 fl. 40 kr., 3 fl. 60 kr.

Die Bahn überschreitet den Eisack, der sich später mit der Etsch verbindet, und berührt einen sumpfigen und ungesunden, aber fruchtbaren Landstrich. In der Gegend von Stat. *Branzoll*, wo die Etsch (Adige) schiffbar wird, tritt der italien. Charakter der Bewohner schon deutlich hervor. Von den Stationen *Auer* und *Neumarkt*, ital. *Egna* (*Post; Engel, Krone), führen Strassen nach Cavalese im Fleimserthale (s. R. 36). Hinter Stat. *Salurn* (Adler), dem letzten vorwiegend deutschen Orte, ist ein merkwürdiger Wasserfall; von der Schlossruine schöne Aussicht. Weiterhin mündet das *Nonsberger Thal*, mit den Orten *Deutsch-* und *Wälsch-Metz* (Mezzo-Tedesco und Mezzo-Lombardo) am Eingange des Rocchetta-Passes (s. R. 37). Es folgt S. **Michele** oder *Wälsch-Michael* (216 m, Hôtel am Bahnhof; Adler im Ort), Station für den Nonsberg, am Einfluss des Noce in die Etsch, mit ehemal. Augustiner-Chorherrenstift (worin jetzt eine landwirthschaftliche Lehranstalt) und Stat. *Lavis* (Corona) am Avisio, in anmuthiger Lage am Eingang in das Avisiothal (R. 36) 920 m lange Brücke über den Avisio, der hier dem Val cembra entströmt.

Trient (190 m).

Gasthöfe: *Hôtel Trento* (neu, in schöner Lage nächst dem Bahnhofe); *Europa*; *Hôtel de la Ville*; einfacher: *Rebecchino*; *Agnello d'oro*; *Aquila bianca*; *all' Isola nuova*, Restaur. und Bierhaus, am Bahnhof; *Frassoni*, nächst dem Theater.

Kaffeehäuser: *All' Europa* (von Offizieren und Beamten besucht); *Nones*; in beiden deutsche Zeitungen; *Specchi*.

Weinhäuser: An solchen hat Trient keinen Mangel; sie befinden sich meist in den alten Prachtpalästen, der zum Ausschank gebrachte Wein ist billig und echt. Die beste Weinstube im Palaste des Cavaliere Sardangna, im Extrazimmer Nachmittags meist Deutsche zu treffen.

Geldwechsler: *Kargruber* (deutsch, nächst der Kirche St. Pietro).

Schwimm- und Bade-Anstalt am *Fersinabach*.

Post nächst der Domkirche.

Trient, ital. Trento, lat. Tridentum; Hauptstadt Wälschtirols, ehedem die reichste Stadt Tirols; wie die Sage behauptet, von den Etruskern gegründet, am l. Ufer der Etsch gelegen. Sie macht mit ihren stattlichen Palästen, breiten Strassen und zahlreichen Thürmen einen schönen Eindruck, wozu das an der Ostseite der Stadt gelegene, uralte, einst fürsterzbischöfl. Schloss *Buon-Consiglio* nicht wenig beiträgt. Die Stadt zählt 17,500 meist italienisch sprechende Einwohner. Viele geschichtliche Erinnerungen knüpfen sich an dieselbe.

Auf dem Domplatze steht das *Tribunal* mit dem Stadtthurme und ein schöner, marmorner Springbrunnen. Der stattliche roman. *Dom, ganz aus Marmor mit einer hohen Kuppel erbaut, wurde 1048 gegründet, in seiner gegenwärtigen Form 1212 begonnen und zu Beginn des 15. Jahrhunderts vollendet. Aussen, am nördl. Portale, zwei Löwen aus Porphyr; innen in den beiden Seitenschiffen eigenthümliche Treppenaufgänge; interessante Grabdenkmäler, darunter jenes des venetianischen Feldherrn Sanseverino, gefallen 1487 in der Schlacht bei Calliano; halb verblichenes Wandgemälde. — Die schöne im italienischen Stil des 15. Jahrh. erbaute Kirche *Santa Maria Maggiore* war 1545—63 der Sitz des berühmten Tridentiner Concils, an welchem. 7 Cardinäle, 8 Patriarchen, 33 Erzbischöfe, 235 Bischöfe, 7 Aebte, 7 Ordensgenerale und eine grosse Anzahl gelehrter Theologen theilnahmen; ein daselbst aufbewahrtes, interessantes aber unvollkommenes Bild enthält die Portraits aller Theilnehmer. Die ehedem berühmte Orgel, an welche sich die Sage knüpfte, dass ihr Erbauer geblendet wurde, auf dass er nicht eine zweite bauen könne, welche dieser an Schönheit gleichkäme, wurde 1819 durch einen Blitzstrahl zerstört. — Die alte *St. Peters*-Pfarrkirche, ein schöner gothischer Bau, der aber durch seine in den Jahren 1848—50 angebaute neue Façade aus

weissem Marmor verunstaltet wird. In einer Kapelle die Ge-
beine des heil. Kindes Simon, das nach einer Sage 1475 von
den Juden zu Tode gemartert worden sein soll. — Architekto-
nisch beachtenswerth sind unter den zahlreichen Palästen der
Palazzo Zambelli, vom Volke „Teufelspalast" genannt, weil ihn
der Teufel über Nacht erbaut haben soll; einst Eigenthum der
Augsburger Fugger, aus deren Besitz er in jenen des aus dem
30jährigen Kriege bekannten Generals Matthias Galasso, Grafen
von Castelcampo, 1642 überging — und der *Palazzo Tabarelli*
(jetzt *Salvatori*). — Im *Museum* (n. vom Dom) interessante
Bibliothek und Alterthümersammlung.

Promenaden auf den Dämmen der Fersina, an der Eisenbahn und vorzugsweise an der *Piazza d'Armi* ausserhalb der Stadt, zwischen Porta Aquila
und Porta Nuova, beim Eingange in das Suganathal.

Schöne Aussichten von der Terrasse des Kapuzinerklosters, sowie von der
Höhe des 1857 befestigten Hügels *Verruca* oder *Doss Trento* (Bierbrauerei) und
w. vom Eingange der Schlucht *Buco di Vela*. Oestl. von Trient auf einer Anhöhe nächst dem *Porte altô* sehenswerther Fall der *Fersina* in wildschöner
Schlucht. *Povo* (1½ St. ö.) ist ein beliebter Sommeraufenthalt.

Interessante Ausflüge: Durch das herrliche *Suganathal;* wer nicht die ganze
Route machen kann, besuche mindestens *Pergine* (2 St.) und den *See von Caldonazzo*, die schönste Gegend Wälschtirols. — Von Trient durch das *Sarcathal*
nach *Riva am Gardasee* (2 Tage).

Bergtouren: auf den *Bondone*, 2100 m südwestl. von der Stadt durch die
Buco di Vela nach *Cadine*, von hier l. hinan nach *Sopramonte*, dann hinauf. Im
Ganzen 4—5 St. Führer nothwendig. — Auf den *Kalisberg* (1093 m). — Auf
den *Monte Paganella* (2120 m).

Die Bahn folgt dem Laufe der Etsch; südwestl. von Trient,
am r. Ufer, das Dorf *Sardagna* und ein schöner Wasserfall.
Weiter die Orte l. *Villazzano*, r., am jenseitigen Ufer der Etsch,
Pissavacca, Ravina, Romagnano, letzteres am Fusse des *Monte
Bondone*, endlich Stat. *Mattarello*, Dorf an der Mündung des
Hochthales von *Vigolo - Vattaro*. Stat. *Calliano*, an der Mündung
des herrlichen Hochthales von *Folgaria*, mit dem Schlosse *Beseno*
l. auf der Anhöhe, Eigenthum des Grafen Trapp; die Umgegend
von Calliano litt 1868 durch Ueberschwemmungen bedeutenden
Schaden. Hinter letztgenanntem Orte folgen die Dörfer *Nomi,
Chiúsole, Pamarolo, Villa Lagarina*; nach Letzterem folgen die
Orte *Brancolino, Marano* und *Iséra* (unweit ein Wasserfall),
durchwegs gute Weinorte.

Roveredo, deutsch *Rovereith*, ³/₄ St. von der Etsch entfernt
(217 m, *Corona, all' Agnello* und *Lammwirth*), nach Trient die
bedeutendste Stadt Südtirols, namentlich in Bezug auf ihren
Seidenhandel, circa 11,000 Einwohner, im *Val Lagarina* am
Lenofluss, der sie in zwei ungleiche Hälften theilt, gelegen. An

Gebäuden erwähnenswerth das alte *Castell* oberhalb der Piazza del Podestà, *Palazzo Alberti*, Sitz eines Gymnasiums und einer Realschule; unter den Kirchen ist die schönste die Pfarrkirche von *S. Maria*.

Roveredo ist seit Jahrhunderten der Hauptsitz des Tiroler Seidenhandels; der jährliche Gewinn an Seide in der Gegend von Trient bis Verona beläuft sich auf mehr als 1000 Centner. Jenseits der *Etsch*, ½ St. das stattliche Dorf *Sacco* mit grosser k. k. Tabakfabrik; bei *Lizzana*, am l. Etschufer, ein Schloss, im Jahre 1302 das Exil Dante's, der als Ghibelline aus Florenz verbannt wurde. Von Roveredo führt eine 1817—1824 erbaute schöne Fahrstrasse nach Vicenza. Die Bahn, stets am l. Ufer der Etsch bleibend, erreicht Stat. *Mori*, kleiner Ort, wegen seiner Spargel berühmt. .

Bei *Marco* die Trümmer eines gewaltigen Bergsturzes, der 883, wie schon Dante in seiner „Hölle" schildert, eine Stadt vernichtet haben soll und von der Bahn durchschnitten wird. Bei *Serravalle* verengert sich das Thal. Folgen: Stat. Ala (147 m; *Bahnhof Restaur.*: *Vapore*; *Cervo*; *Post*), hübsch gelegenes Städtchen mit circa 4000 Einw. und ehemals bedeutender Sammetfabrikation. Gegenwärtig bestehen noch einige Sammetfabriken, unter welchen jene *Malfatti's* die bedeutendste und sehenswertheste. Hier Gepäckrevision für die nach Italien Reisenden. — *Avio* (136 m) mit gut erhaltenem Schlosse des Grafen *Castelbarco*, letzte österr. Station, am r. Ufer der Etsch gelegen. *Borghetto*, Grenzort Tirols. Es folgen auf italienischem Boden die Orte r. *Belluno*, l. *Ossenigo*, dann Stat. *Peri*, der ersten jenseits der Grenze. Nach einigen starken Windungen der Etsch folgt Stat. *Ceraino* (107 m). Hinter dieser tritt die Bahn in die berühmte *Veroneser Klause* (Chiusa di Verona), ein gigantisches Felsenthor, ein. Otto von Wittelsbach rettete hier 1155 Kaiser Friedrich den Rothbart und das deutsche Heer vor schmachvoller Niederlage seitens der andringenden Veroneser. Auf einer Anhöhe am r. Etschufer *Rivoli*, in den Franzosenkriegen von 1796 und 1797 der Schauplatz wiederholter heftiger Kämpfe. — Das Etschthal wird durch den *Monte Baldo* (2219 m) vom Gardasee getrennt. Es folgen noch die Stat. *Domegliara*, *Val Pulicella*, *Pescantina* und *Parona*. Nach Ueberschreitung der Etsch erreicht die Bahn bei S. Lucia die Mailand-Veroneser-Bahn, bald darauf den kl. Bahnhof vor der Porta Nuova, endlich den Centralbahnhof von *Verona* vor der Porta Vescovo.

Verona s. in „Grieben's Italien".

33. Von Franzensfeste (Brixen) durch's Pusterthal nach Klagenfurt.

Oesterr. Südbahn: Fahrzeit 7¹/₂—9¹/₂ St. Die Bahnhofsrestaurationen sind übel bestellt; Proviant mitzunehmen! In Lienz werden beim Schaffner vorausbestellte Diners à 1 fl. in die Waggons gegeben.

Von Stat. *Franzensfeste* führt die Bahn durch die Festungswerke und gelangt über eine in bau-technischer Beziehung bewundernswerthe Brücke von 190 m Länge vom r. auf's l. Eisackufer. 6 riesige Pfeiler aus Granit tragen das eiserne Fachwerk der 80 m über dem Spiegel der wildschäumenden *Eisack* schwebenden Brücke; die der Festung zunächst liegenden Gitter der beiden Viadukte sind in die Festung einziehbar, so dass im Falle eines Krieges die Verbindung unterbrochen werden kann, ohne das Bauwerk zu schädigen. — Sodann durch einen schönen gewölbten Durchlass zum Dörfchen *Aicha*, wo ein Platz für einen grossen Kriegsbahnhof mit 7 Schienengeleisen geebnet ist. Ein über 257 m langer Tunnel führt durch den sog. Ochsenbühel, in einen durch Thonschiefer gesprengten Einschnitt von 16 m Tiefe und 1150 m Länge. Nach Passirung des Tunnels wird südlich der *Schlern (*2561 m) sichtbar; bald erblickt man auch *Schabs*, r. *Rodeneck*, die stattliche Stammburg des Grafen Wolkenstein-Rodeneck, l. oben das in der Kriegsgeschichte berühmte Plateau von *Spinges*, wo im April 1797 die Tiroler einer Lawine gleich über die Franzosen unter General Joubert herfielen und nach zweitägigem heissen Kampfe Sieger blieben. Die Bahn führt an einer Berglehne entlang und erreicht in Bogenlinien die Stat. **Mühlbach** (738 m; *Sonne; Linde), stattlicher Markt an der Rienz und der Mündung des *Valser Thales*. Diesem Markte gegenüber am linken Rienzufer das kl. Bad *Bachgart*. (In's *Valser Thal* lohnender Spaziergang über *Valser Bad* nach *Vals*. Zurück über *Meransen*, Dorf, 1415 m. Von diesem aus Besteigung des *Gitsch* (2504 m). Die Gegend wird nun rauher, enger und der Weinbau hört auf, man gelangt in eine enge von der Rienz durchrauschte Thalschlucht zur *Mühlbacher Klause* (726 m), einem kleinen, dem Verfalle nahen Festungswerke, welches einen seiner Thürme dem Schienenwege opfern musste. Das Thal erweitert sich sodann wieder, die *Rienz* hat einen sanfteren Lauf, die Bahn steigt, führt über einen mächtigen Damm und über die Poststrasse hinüber zur Stat. *Vintl* (760 m) nächst dem Dorfe *Untervintl* (Post), l. Blick auf die 2735 m hohe *Eidechse* und auf das *Pfündersthal*. Bald wieder auf das l. Ufer der Rienz, l. die Dörfer *Obervintl, St. Sigmund*, *Kiens*, r. das Schwefelbad *Illstern*, r. Schloss *Ehrenburg*, Eigenthum des

Grafen Künigl, dann Stat. *Ehrenburg.* Weiterhin verengt sich das Thal zu einem förmlichen Engpasse *(Kniepass)*; die Rienz musste ihr altes Bett der Bahntrace abtreten und in ein neues geleitet werden, das durch den Felsen gesprengt wurde. L. auf schroffer Felswand das ehemalige Schloss und nachmalige Kloster *Sonnenburg*, seit 1785 von den Nonnen verlassen, r. auf hohem Fels die *Michaelsburg.*

Stat. **Bruneck** (825 m; **Post; *Sonne; *Stern; Lamm; Hirsch; Bräu*), ein freundlich gelegenes Städtchen mit gleichnamigem Schlosse, das ehemals den Fürstbischöfen von Brixen zur Sommerresidenz diente. Vom Schlossthurme sehr schöne **Aussicht.* Die *Pfarrkirche*, ein Neubau aus dem Jahr 1850, die frühere fiel einem Brande zum Opfer, enthält sehenswerthe Fresken von Mader und Altargemälde von Hellweger. Vor der neuen Realschule die Broncebüste E. v. Grebmer's, ihres Erbauers.

Spaziergänge: Nach *St. Lorenzen*, 806 m, stattlicher Marktflecken mit alter Kirche, ¹/₂ St., Bahnstation. — Zur *Sonnenburg* s. o. und *Michaelsburg*; über *Stegen* nach *Greinwalden* und Dorf *Pfalzen*, 2 St., 1008 m. — Nach *Ameten*, Bauernhof, 1250. m, oberhalb des Dorfes Dietenheim, schöner Ausblick auf Bruneck und die Dolomiten. — Am l. Ufer der Rienz aufwärts zur *Lamprechtsburg*, südöstl. ¹/₂ St.

Nördl., von Bruneck mündet das weite und ebene **Tauferer Thal**, oben ansteigend *Ahrner Thal* genannt. Bei *Taufers* (954 m, 8¹/₂ St.), wo eine schöne Ruine und ein merkwürdiges Echo an der Burgsteinwand, zweigt östl. das romantische *Reinthal*, mit herrlichen Wasserfällen, nach Defereggen ab. Führer in's Reinthal für die Riesenfernergruppe: der Messner in St. Wolfgang. Bei St. Valentin, 8 St. höher hinauf im Ahrnthal, nimmt man Führer über den Krimmler Tauern nach dem Pinzgau, grossartige gefahrlose Gletscherpartie für tüchtige Fussgänger (s. R. 29.) Südlich von Bruneck erhebt sich der wegen seiner herrlichen Aussicht besteigenswerthe (2269 m) **Kronplatz** (Spitzhörndl), 4 St. mit Führer. Aussicht nach N.: die Tuxer und Zillerthaler Gletscher, der die Dreiherrnspitze verdeckende Hockkofel und Lanebachferner, dahinter der ausgedehnte Sulzbacher Ferner mit der nahe an 3673 m. h. majestätischen Venedigerspitze. Daran schliesst s. in einem ununterbrochenen Eisgürtel der Felber- und Kalsertauern, beherrscht vom Gletscherfürsten Grossglockner. Von Südost starren in den sonderbarsten Bildungen die Dolomitzinnen von Ampezzo herüber. Gegen S. öffnet sich das idyllische Thal *Enneberg* mit der durch ihren grossartigen Eismantel berühmten *Vedretta Marmolada*. Nordwestl. die *Sarnerscharte* bei Bozen, rückwärts der *Ifinger* bei Meran, weiter der gewaltige Grenzhüter, der *Ortler*.

Die Eisenbahn umzieht das Städtchen in einem grossen Bogen, übersetzt die Rienz, geht l. zu dem gegenüber der *Lamprechtsburg* gelegenen 320 m langen Tunnel empor, tritt bei *Percha* wieder auf das l. Ufer der Rienz über und geht hier weiter, passirt zwei kleinere Tunnels und erreicht Stat. **Olang,** 1022 m (umfasst die Dörfer *Ober-, Mitter-* und *Nieder-Olang*), an der Mündung des *Geiselsberger Thales.* Gegenüber die Dörfer *Ober-* und *Niederrasen;* ihnen zunächst mündet das *Antholzer Thal.*

Stat. **Welsberg** (1078 m, **Löwe; Rose; Lamm*) mit der Schlossruine gleichen Namens, an der Mündung des *Gsieserthales* sehr freundlich gelegen. Gegenüber dem Bahnhof das kleine Bad *Waldbrunn.* $^3/_4$ St. östl. von Welsberg mündet das besuchenswerthe *Pragser Thal.*

Das **Pragser Thal* theilt sich bei *Hofstadt* in *Ausser-Prags* (1 St. von Niederndorf) in *Alt-Prags* r. (östl.) und in *Inner-* oder *Neu-Prags* l. (westl.). Im Ersteren liegt das freundliche Bad *Alt-Prags* (1377 m), während der Saison viel besucht; im Letzteren das kleine Bad *Neu-Prags*, auch *Möselbad* (1325 m), genannt; von besonderer Naturschönheit ist der **Pragser Wildsee* (1479 m), eingeschlossen vom mächtigen *Seekofel* (2808 m), vom *Herstein* (2550 m) und und dem *Schwarzberg.* Ein Besuch des Pragser Thales kann dem Naturfreunde nur dringend empfohlen werden. — Nach *Schluderbach.*

Es folgt Stat. *Niederdorf* (1158 m; Post; Adler; Bräu), schön gelegener Markt, in neuerer Zeit viel besuchter Sommer-Aufenthalt. 10 M. ö. das *Weicherbad.*

Bei *Gratsch* die aus dem Ampezzothale kommende Rienz zum letzten Male überschreitend, erreicht die Bahn Stat. **Toblach** (1233 m, **Hôtel Toblach*, von der Südbahngesellschaft erbaut, unmittelbar am Walde gelegen; *Hôtel Rohracher* nächst dem Bahnhof. Im Dorfe: **Kreuz; *Adler*), höchster Punkt der Bahnstrecke und gleichzeitig Wasserscheide zwischen Rienz und Drau, sowie Grenze zwischen dem oberen und unteren *Pusterthale.* Die weite Fläche, auf der Toblach liegt, heisst das *Toblacher Feld* (1204 m).

Ausflüge: Zum *Wetterkreuz; nach Gratsch, Aufkirchen, Niederdorf.* — Zum *Toblacher See* ($^3/_4$ St.) — auf das **Pfannhorn* 3$^1/_2$ St. Reitweg bis zum Gipfel, von diesem prächtige Fernsicht. Südlich am Toblach führt eine kunstvoll angelegte Strasse durch's **Ampezzothal**, dessen wilde Grossartigkeit man hier nur ahnen, aber nicht schauen kann, in's Venetianische (Route 34).

Die Bahn geht nunmehr bergab, an der Quelle der Drau (r.) vorüber, nach Stat. **Innichen** (1166 m; Bär; Stern; Rössle), das alte römische *Aguntum.* Die *Stiftskirche*, ein romanischer Bau aus dem 11. Jahrhundert, mit schönem Portale aus rothem Porphyr, Altargemälden von Hellweger und einem uralten wunderthätigen Kruzifixe auf dem Hauptaltar. Südöstl. der *Helm* (2430 m) mit wundervoller Aussicht; im Süden die *Dreischusterspitze* (3160 m).

$^1/_2$ St. vom **Marktflecken**, im **Sextenthale** herrlich gelegen, *Wildbad Innichen* (1332 m) mit stark frequentirtem Badhause; 3 Quellen. Ueber dasselbe hinaus nach (1½ St.) *Sexten* oder *St. Veit*, der Hauptort des Thales. Von hier aus die Besteigung des **Helm* (2430 m) sehr lohnend, 3 St. mit Führer.

Stat. **Sillian** (1097 m; *Post*: *Risser*; *Adler*), grosses freundliches Dorf. Im Norden desselben an der Mündung des *Villgrattenthales* auf einem Hügel die Burg *Heimfels*, in alten Urkunden Hunnenfels genannt. ½ St. von Sillian an der Südseite des Pusterthales Bad *Weitlahnbrunn.*

Von *Sillian* nach *Kötschach* in 13—14 St. Nicht lohnend. Stat. *Abfaltersbach* (944 m), nächst welcher bald eine wilde, von der Drau durchströmte Schlucht ihren Anfang nimmt. Eisenbahn, Poststrasse und Fluss finden in dem Engpasse oft kaum Platz. Hinter der Stat. *Thal* (802 m) betritt die Bahn die *Lienzer Klause*, 3 St. lang, 1809 wiederholt der Schauplatz erbitterter Kämpfe, dann öffnet sich ein liebliches Thalbecken und man erblickt

Stat. **Lienz** (667 m; *Post*; *Weisses Lamm*; *Sonne*; *Rössel*; *Adler*; *Rose*; *Hubert*; *Bahnhofrestaur.* u. a. sehr gute Whs. Neben der Post ein Café), unweit der Einmündung der *Isel* in die *Drau* gelegen. Beste Uebersicht der Stadt und Umgebung vom Thurme des Schlosses *Bruck*, jetzt Brauerei (20 Min. am Eingang in das Iselthal). Unter den Bergen, welche in weitem Bogen die Stadt einschliessen, fallen ganz besonders die Dolomitberge (*Rauchkofel* 1908 m und *Spitzkofel* 2740 m) in's Auge.

Hübsche Promenaden n. nach *Oberdrum*, *Nusdorf* und auf den *Gaimberg*; s. nach dem Eisen- und Mineralbade nebst Gasth. *Leopoldsruh* an der Brixener Strasse (¼ St.), *Amlach* an dem *Tristacher See* (1½ St.), zurück über den Jungbrunnen (1½ St.). — Auf die *Kerschbaumer Alp* (1767 m), 3½ St.) beschwerlich, aber lohnend. Auf das *Böse Weibele* (2519 m, 5 St.), weniger beschwerlich, schöne Aussicht.

Nordwestl. öffnet sich das **Iselthal,** der bequemste Zugang zur Ersteigung des **Grossglockner** und **Venediger.** Stellwagen bis Huben 3 St. — Die Fahrstrasse nach *Windisch-Matrei* und *Kals* zieht am Schlosse *Bruck* über Aineth (Whs.) nach (3 St.) *St. Johann* (Whs.), in ¾ St. das einsame Gasth. in der *Huben*, w. mündet hier das *Defereggen-*, nordöstl. das *Kalserthal* (3 St. bis Kals, von dort zum Grossglockner und nach Heiligenblut, s. Route 18). — Von Huben auf schmalem Fahrweg fort in 2 St. nach **Windisch-Matrei** (*Whs. zum Rauter*), Hauptort des Iselthales, 973 m.

Touren von hier: 1. *Kalser (Matreier) Thörl*, 2205 m, 3½ St. Führer erwünscht. Grossartige Aussicht auf das Gebiet des Glockner und Venediger und die von ihnen nach Süden auslaufenden Thäler.

2. *Gross-Venediger*, 3673 m (mit Führer) über *Prägraten* oder besser über das *Gschlöss*, beiderseits etwa 12 St., sonst gefahrlos und nicht beschwerlich. — Aussicht: Glocknergruppe, Dreiherrenspitze, Zillerthaler, Stubaier und Oetzthaler Gletscher, Bernina, Ortler, Adamello, die Dolomitgebirge, die nördl. Kalkalpen von der Zugspitze bis zum Dachstein (dazwischen Rosenheim).

An den unbedeutenden Stationen *Dölsach* (von hier über den Iselsberg nach Winklern, Heiligenblut und Gastein, s. R. 13) und *Nicolsdorf* vorüber nach Stat. *Ober-Drauburg* (Post), der erste Ort in Kärnthen. Nun folgen die Stat. *Dellach*, *Greifenburg*, *Kleblach-Lind*, *Sachsenburg* und *Spital* (540 m; Post), Marktflecken an der Drau mit einem schönen Schloss des Fürsten Porzia.

Hier lohnender Ausflug nach *Millstadt* am gleichnamigen *See* und durch das *Lieserthal*, eine enge Schlucht, zurück (2 St.).

Es folgen die Stationen *Rothenthurm*, *Paternion-Feistritz* (grosser Marktflecken), *Gummern* und **Villach** (486 m; *Post in der Stadt*; *Hôtel Tormann* am Bahnhof), alte Stadt mit 4500 Einw. und bedeutendem Handel, am Fusse des Dobratsch.

Der **Dobratsch (Villacher Alpe)*, 2154 m, in 3 St. nach Bleiberg, von hier in 4 St. auf bequemem neuen Fahrweg zur Spitze, kein Führer nöthig. Oben Whs., Telegraphen-Station, schöne Aussicht auf den Ossiacher, Wörther- und Faaker-See, die Thäler der Drau und Gail, die Kärntner Alpen u. s. w.

Nach 1¹⁄₂ St. Fahrzeit die Stat. **Klagenfurt** (*Europa*; **Kaiser von Oesterreich*, **Moser*; *Sandwirth* u. a.), Hauptstadt Kärntens mit circa 17000 Einw.

34. Von Toblach durch's Ampezzothal nach Venedig.

Ausgangspunkt Stat. *Toblach* an der Pusterthalerbahn. Treffliche Fahrstrasse. Der Besuch der *Dolomiten*, welchen Namen die Südtiroler Kalkalpen zwischen Drau, Rienz, Eisack, Etsch, Brenta und Piave tragen, hat sich ganz besonders durch die Pusterthalerbahn sehr gehoben.

In *Toblach* (s. Route 33) zweigt die *Ampezzo-Strasse* vom Pusterthale ab und tritt südl. in das von der Rienz bewässerte *Höhlensteiner Thal*, eine romantische Schlucht mit dem kleinen, düsteren *Toblacher See* (1233 m). An diesem vorüber verengt sich das Thal und gewinnt einen wilden Charakter. Bei dem am Rande wilder Abhänge gelegenen (2 St.) **Höhlenstein** oder **Landro** (1407 m; *Post*), gern besuchter Sommerfrischort, mündet l. das Thal der *Schwarzen Rienz* mit den *Drei Zinnen* (2963 m) im Hintergrunde. Am *Dürrensee*, in dessen Rücken die gewaltigen Eismassen des *Monte Christallo* (3260 m) sich erheben, vorüber, erreicht die Strasse in ¹⁄₂ St. **Schluderbach** (1442 m; Ploner's Gasthaus zum „*Monte Christallo*"), am Eingange des *Val Popena* gelegen. (Im Sommer ist Ploner's Gasthaus meist überfüllt; über Bergtouren ertheilt der Wirth beste Auskunft.)

Der höchste Punkt des Passes (1522 m), zugleich Wasserscheide zwischen Rienz und Boite und Grenze des Ampezzaner-Bezirkes, gewährt einen überraschenden Blick auf die 2148 m hohe Felspyramide der *Rothwand* (Croda Rossa), den 2808 m hohen *Seekofel* und die Dolomitnadeln des Enneberger Thales. Hier beginnt die italienische Sprache. Die Strasse senkt sich allmählich, passirt l. den kl. *Lago bianco* (1483 m), übersetzt weiterhin den *Rufreddo*, dann den *Gottresbach* und erreicht (1¹/₂ St.) *Ospitale* (1481 m; Whs.), ehemals ein Hospiz, am Fusse der *Croda della Süoghe*. ¹/₂ St. von Ospitale r. der vorspringende Fels *Peutelstein* (1507 m), auf dem die 1866 abgetragene Schlossruine gleichen Namens (ital. *Poddestagno*) stand. Die Strasse wendet sich dann in Windungen abwärts, an Abgründen vorbei, in das ausserordentlich malerische *Boitethal*, das sich, immer abwärts gehend, mehr und mehr erweitert, indess im S. die Bergriesen Ampezzo's allmählig sichtbar werden. (Im S. umrahmen *Becco di Mezzodi* (2570 m), *La Rochetta* (2371 m), hinter diesem *Pelmo* (3168 m); im S.O. *Antelao* (3320 m), *Sorapiss* (3310 m); im S.W. *Monte Nuvolau* (2574 m), *Cima di Formin* (2687 m); im W. *Tofana* (3269 m); im N. *Monte Christallo* (3260 m) den Kessel von Ampezzo). Ueber eine schöne Brücke erreicht man endlich den Hauptort des Thales.

Cortina d'Ampezzo, auch blos Ampezzo oder Cortina genannt (1219 m; *Aquila nera*; *Hôtel Cortina, neu, mit allem Comfort eingerichtet; *Croce bianca*; *Stella d'oro*; u. a.), 3¹/₂ St. von Schluderbach entfernt, angeblich die reichste Gemeinde Tirols, am Fusse zackiger Dolomiten höchst malerisch gelegen. Sehenswerthe Pfarrkirche; von dem freistehenden Glockenthurme (Campanile) derselben, 76 m hoch, prachtvolle Aussicht auf Cortina d'Ampezzo und seine Umgebung.

Ausflüge: Zum Belvedere auf der *Crepa* (1535 m) 1¹/₄ St., wundervoller Ueberblick des Thales. — Zum *Col d'Alfiere* (1¹/₂ St.) und Col Druscié (1743 m) 1¹/₂ St., zwei gleich lohnende Aussichtspunkte. — Nach *Zumelles* (2071 m) 2 St., äusserst lohnend. — Nach den *Tondi di Faloria* am *Monte Casadio* 2¹/₂ St., herrlicher Blick auf das Ampezzo-Thal. — Mit geringen Mühen verbunden und äusserst lohnend ist die Besteigung des *Nuvolau* in 3¹/₂—4·St. mit Führer (2 fl. 70 kr.). Von der mittleren Spitze (2574 m) überraschend herrliche Rundsicht. — Unter den grösseren und beschwerlicheren, nur geübten Bergsteigern ausführbaren Bergtouren sind anzuführen: *Monte Christallo* (3260 m) über *Tre Croci* in 5—6 St. (Führer 7 fl.); *Tofana*, drei Gipfel, höchster *Tofana di mezzo* 3269 m, schwierig, mit Führer (7 fl.) in 7—8 St. — *Sorapiss* (3316 m), sehr schwierig, nur mit Führer (11 fl.) in 7—8 St. — *Antelao* (3320 m), mit grossen Schwierigkeiten verbunden, 9 St. Führer. — Ueber *Tre Croci* von *Cortina* nach *Schluderbach* in 4¹/₂—5 St. Man berührt auf dem Wege dahin auch die *Mesurina-Alp* unter dem *Lago Mesurina*.

Zuel und *Aquabuona* sind die letzten Tiroler Orte; ¹/₂ St. von dem letztgenannten Dorfe die italienische Grenze. Nach ¹/₂ St. das erste italienische Dörfchen *Chiapuzza*, weiter **San Vito** (*Hôtel Antelao), *Serges* und *Borca*, wo noch die Spuren eines

1816 stattgehabten ungeheueren Felssturzes, der die beiden
Dörfer Marceana und Taulen vernichtete, wahrnehmbar. Es
folgen die Orte *Cancia*, *Vodo* und *Peajo*, endlich (2¹/₂ St.) **Venas**
(883 m; Alb. al Borghetto), der Mündung des *Val Cibiana* gegenüber gelegen. Weiter unten vereinigt sich die *Vallesina* mit
der *Boite*, dann (³/₄ St.) *Valle* und (¹/₂ St.) *Tai di Cadore*. Bei
letzterem zweigt l. ein Fahrweg in das **Cadore-Thal* ab, in
diesem nach ¹/₄ St. *Pieve di Cadore* (886 m; *Progresso) in
herrlicher Lage, der Geburtsort Tizian's (1477). — Die Strasse
senkt sich nun mit ziemlich starkem Gefälle in das Thal der
Piave, in welche die Boite einmündet, und geht dann im Zickzack hinab nach (1¹/₂ St.) **Perarolo** (529 m; *Post*; *Kofler),
am Zusammenflusse der Piave und Boite gelegen; durch eine
enge Schlucht, in welcher die wildschäumende Piave der Strasse
kaum genügenden Raum lässt, an den Dörfern *Rucorvo*, *Rivalgo*
und dem alten Orte *Castel Lavazzo* vorüber nach (2¹/₂ St.)
Longarone (449 m; *Post*; *Albergo di Roma*), in reizender Lage
an der Mündung des Maè in die Piave. Hier theilt sich die
Strasse.

Rechts ab nach **Belluno** (405 m; *Leon d'oro*, *Capello*), auf einem Hügel
zwischen der *Piave* und dem *Ardo* malerisch gelegene Hauptstadt der gleichnamigen Provinz, Geburtsort Gregor's XVI., mit 10,000 Einw. und sehenswerthem *Dome* von Palladio erbaut, 1873 in Folge eines Erdbebens, das die
ganze Stadt arg beschädigte, zum Theil eingestürzt, gegenwärtig nahezu hergestellt. Dem Kaiser Franz ist 1815 ein Triumphbogen errichtet; ursprünglich
war derselbe jedoch, gleich jenem in Mailand, dem Kaiser Napoleon bestimmt.
Weiter über *Feltre* nach *Primolano* im *Val Sugana*, Verbindungsstrasse zwischen
Trient und *Bassano*. — Unweit Belluno mündet das reiche Thal von *Agordo*;
bis *Agordo* (628 m; *Albergo alle Miniere*) Fahrweg 5¹/₂ St., weiterhin über *Cence-
nighi* nach *Caprile* im *Livinalonga-Thale*, Fussweg 5 St.

Unser Weg wendet sich südl. über die Brücke der Piave
nach 3¹/₂ St. *Santa Croce* am See gleichen Namens; weiter durch
eine Schlucht nach *Seravalle*, (2 St.) *Ceneda (Post,)* mit den
Castellen *San Martino* und *Giacomo* und tritt endlich in die
Venetianisch-Friaul'sche Ebene. (2 St.) **Conegliano** *(Europa)*,
schön gelegene Stadt mit mancherlei Sehenswürdigkeiten. Eisenbahnstation. Vom Castell prächtige Aussicht.
Von *Conegliano* Eisenbahn nach Venedig (s. in Grieben's
Italien).

35. Von Bruneck durch das Enneberger und Grödner Thal nach Bozen.

Für Fussgänger 2—3 Tage. Die landesübliche Sprache in den beiden
eben genannten Thälern ist das Deutschen und Italienern unverständliche

Ladinisch, doch wird auch überall deutsch gesprochen. — Fahrweg besteht im Enneberger Thale bis Corvara, durch das Grödner Thal eine neue Strasse von St. Ulrich bis Waidbruck (8¹/₂ St.); weiterhin in beiden Thälern Saum- und Fusspfade.

Man betritt das rauhe, aber malerische, von der *Gader* durchflossene, an 10 St. lange, mannigfach verzweigte **Enneberger** oder **Gaderthal** bei *St. Lorenzen* im Pusterthale, ³/₄ St. von Bruneck. Oben die Ruinen des einstigen Nonnenklosters *Sonnenburg.*

Im Thale wandert man am linken Ufer der Gader hinauf nach *Welschellen*, weiter auf dem Sattel von *Plaiken*, herrlicher Blick südöstl. über das *Vigilthal.* Nunmehr weit l. ausbiegend hinab zur Einmündung des letztgenannten Thales in das Gaderthal; ganz unten *Zwischenwasser*, roman. *Lunghiega* (Whs.). Dann folgen (1¹/₂ St.) *St. Martin* mit dem alten Schlosse *Thurn*, weiter *Premoran* am Eingange in das *Campillthal.* Fort geht's nach (2¹/₂ St.) *Abtei* oder *St.* **Leonhard** (roman. *Badia*), Hauptort des Thals. Hinter demselben bei *La Muda* spaltet es sich: südöstl. nach *St. Cassian* (1526 m; Whs.), westl. nach (1¹/₄ St.) *Stern* (1468 m; Whs.), weiter in dem südwestl. Thalarme nach dem malerisch gelegenen *Colfosco* (seitwärts links bleibt *Corvara* 1572 m; Whs.) auf das (1¹/₂ St.) *Grödner Joch* (2130 m), wo sich die Dolomiten des Kreuzkofl, des Höhlensteiner Passes und des Langkofl auf das Grossartigste präsentiren. Nun steil hinab nordwestl. in's *Grödner Thal* nach (1 St.) *Sta. Maria*, mit den kaum mehr kenntlichen Ruinen der Burg *Wolkenstein.* Von hier aus Fahrweg über das Dorf *Sta. Christina* (Whs.) nach dem Hauptorte im Grödner Thal (1 St.).

St. Ulrich oder Grödnerisch „*Ortiseit*" (**Rössl*, vom Balkon prächtiger Blick; *Adler*, *Engel*), reizend gelegen, 1236 m ü. M., besitzt in der hübschen *Kirche* eine Madonna von einem Schüler Canova's. [Man nehme den weiteren Weg nicht durch das enge Thal, sondern entweder (mit Führer) über den durch prächtige Aussicht ausgezeichneten *Puflatsch* (2174 m) und die grasreiche **Seisser Alpe** (die bedeutendste Weide Tirols mit 70 Sennhütten, 3 St. breit, 4 St. lang), ein Hochplateau mit reicher Flora, dessen Grenzen nordwestl. der *Puflatsch* (2174 m), der *Pitzberg* (2104 m); südl. das *Mahlknechtjoch* (2212 m) bilden, und das in seiner Mitte kaum 1800 m hoch ist, nach Bad *Ratzes*, mit schwefel- und eisenhaltiger Quelle, am *Frötsch*- oder *Tschapitbach* gelegen (1199 m; *Whs.), oder über die untere Brücke des Pufelsbaches, bei der (¹/₄ St.) Wegetheilung links hinauf, immer dem Hauptwege folgend, oben durch (1¹/₄ St.) Wald. Dann öffnet sich ein prächtiger Blick auf den Schlern und die Oetzthalgletscher.

Beim *Dörfchen* l. hinab nach (1 St.) **Kastelruth** (1035 m;

Lamm), Sitz eines k. k. Bezirksgerichtes, in freier, herrlicher Lage mit hübscher Kirche und gleichnamiger Ruine. Aussicht sehr lohnend.]

Von Kastelruth leitet ein Weg über Seiss nach dem vielbesuchten, höchst einsam gelegenen Bade (1½ St.) Ratzes, 1199 m ü. M., mit wirksamen eisenhaltigen Quellen gegen Schwäche und Nervenzustände; Einrichtungen und Preise sehr bescheiden. Darüber erhebt sich 2561 m hoch der Dolomitberg *Schlern (3 St.), der wegen seiner eigenthümlichen, schönen und grossartigen Aussicht gern bestiegen wird; eine ziemlich beschwerliche Wanderung, welche sich am besten mit der Seisser Alpe verbinden lässt, doch dann nur mit Führer zu unternehmen ist (von der Alpe, wo man vorher über Nacht bleiben mag, 3 St.). Von Ratzes wendet man sich nach 1 St. Seiss, hinter 1¼ St. Constantin r. hinab und stets r. in's Eisackthal und nach der Eisenbahnstat. *Atzwang* (s. R. 30). Von hier nach Bozen.

36. Das Avisiothal (Zimmers-, Fleimser-, Fassathal).

Das für Mineralogen und Geologen höchst interessante, 20 St lange, vom Avisio durchströmte Thal besteht aus den 3 Thälern: Zimmers (Cembra) von Lavis bis Val Floriana 7 St, Fleims (Fiemme) bis Moëna 8 St., und Evas (Fassa) bis an die Grenze vom Grödner Thal und Buchenstein 5 St. Bei Lavis 1 St. von Trient, ergiesst sich der Avisio aus einem engen Felsthore in das Thal, das in seinem untern Theile *(Cembrathal)*, wegen der überaus schlechten Wege und noch schlechteren Wirthshäuser, in denen man im günstigsten Falle auf einem Strohlager gegen Geld und gute Worte übernachten kann, wenig besucht wird. Meistens ist das ausserordentlich malerisch von hübschen Häusern übersäete *Fleimser-* und das *Fassathal* das Ziel des Lustreisenden, und in diesem Falle Neumarkt (von hier zweimal tägl. Stellw. nach Cavalese) oder Auer (einmal tägl. Stellw. nach Predazzo) der beste Ausgangspunkt. Fuhrwerk im Thale knapp und mangelhaft.

Von *Neumarkt*, 280 m; (S. 136) führt in eine 1860 vollendete Strasse im Zickzack in die Höhe. Bei (1 St.) Dorf *Montan* (Löwe, Rose) r. am Bergabhang das alte Schloss *Enn*. Prächtige Aussicht in's Etschthal und nordwestl. auf die Oetzthaler Gletscher. 1½ St. *Kalditsch* (Whs.); weiter (1¼ St.) das Bräuhaus *Kaltenbrunn* (950 m) nach *Lugano* (1097 m), dem höchsten Punkt der Strasse (der Sommerfrischort der Neumarkter), Truden (1150 m) bleibt rechts liegen. Links hinab am Bergabhang (das schön gelegene Schwefelbad (1 St.) *Carano* (Whs.) bleibt l. oberhalb der Strasse) nach 1½ St. St. **Cavalese** (985 m *Ancora; Uva; Stella*), Hauptort des Thales, von städtischem · Ansehen. Liegt höchst malerisch und besitzt eine Kirche mit merkw. Gemälden, ferner einen ehemal. bischöfl. Palast mit Fresken (jetzt Gefängniss) und ein Franziskanerkloster.

Weiterhin zieht sich die Strasse in häufigen Windungen 2 St. abwärts, fortwährend schöne Blicke in das Fleimser Thal gestattend, durch die Ortschaften *Tesero*, *Panchia*, *Ziano* nach (1 St.) **Predazzo** (1017 m; *Gold. Schiff* (Nave d'oro), nicht billig; *Rosa*), einer Fundgrube für Mineralogen, welche Leop. von Buch „den Schlüssel zur Geologie" nannte. Die Ortschaften haben sämmtlich italien. Anstrich.

Das Fleimser Thal verengt sich gegen sein Ende mehr und mehr und vereinsamt. Die Strasse berührt die Orte (1 St.) *Forno* und (1 St.) *Moëna* (1181 m; Capello di ferro), den ersten Ort des Fassathales, in pittoresker Landschaft; östl. öffnet sich das *Pellegrino-Thal.* (Von hier über *Welschnofen* nach *Bozen* 9 St.) Immer näher rücken die Dolomitwände des 3179 m h. *Langkofl* und des 2956 m h. *Plattkofls* aneinander, die Strasse tritt auf das l. Avisioufer, kehrt bei (¹/₂ St.) *Soraga* wieder auf das rechte zurück und erreicht *S. Giovanni*, die Pfarrkirche für die kleine 10 Min. weiter gelegene Ortschaft **Vigo** (1308 m; *Corona*, nicht schlecht, doch willkürliche Preise, daher vorheriges Accordiren zu empfehlen), Hauptort des Fassathales. Die grossartigste Gebirgswelt präsentirt sich auf dieser Tour. Es folgen die Ortschaften (³/₄ St.) *Pozza*, (¹/₄ St.) *Perra* (G. B. *Rizzi*), (³/₄ St.) *Mazzin.* Hierauf (³/₄ St.) *Campidello* (1453 m; *Valentini*; „al Mulino") an der Mündung des Duronbaches in den Avisio. Ausgangspunkt für Ausflüge in das obere Fassathal.

Von hier führt ein interessanter Weg über die *Seisser Alp* in's *Grödnerthal;* mit Führer bis zum Joch 2¹/₂ St.), von hier zur (1 St.) *Duroner Alp*, weiter zum (1¹/₂ St.) *Mahlknechtjoch*, (2212 m), dann über die Alp nach *Ratzes* oder *Seiss.* (Als Führer G. Bernard in Campidello zu empfehlen.)

In's Grödnerthal durch die wilde *Saltaria-Schlucht* direkt in 3 St., oder über den Puflatsch in 4¹/₄ St. nach *St. Ulrich.*

Die letzten Orte im Fassathale, das sich nunmehr nach Osten wendet, sind (¹/₂ St.) *Gries*, (10 Min.) *Canazei* (1461 m; Gasthaus des *Valentini*). Das Thal nimmt nunmehr eine südöstl. Richtung. Man passirt das Dörfchen *Alba* und erreicht (³/₄ St.) *Penia* (1506 m), das letzte Dorf des Fassathales, an der Mündung des *Contrinthales* gelegen. Grossartig schöner Blick auf die Riesengletscher der *Vedretta Marmolada*, deren höchste Spitze 3494 m hoch ist. Höchst lohnend ist die 4 St. l. Wanderung von Gries über das *Sellajoch* l. in's *Grödner* und r. in's *Gader-Thal.*

37. Nons- und Sulzberg (Val di Non und Val di Sole).

Von der Station *Wälsch-Michael* oder *San Michele* an der Bozener Bahn tägl. *Post-Stellwagen* nach *Cles* in 5 St., nach *Malé* 8 St. (2 fl. 10 kr.); von *Malé* nach *Fucine* 2 St. (80 kr.). Die beiden, über 10 St. l. Thäler *Nonsberg* und *Sulzberg* bilden eigentlich ein einziges vom *Noce* bewässertes Thal, das ab und zu durch enge Schluchten unterbrochen wird. Sprache und Charakter der Bewohner ist, wenige Gemeinden ausgenommen, italienisch.

Von der Stat. *San Michele* (Route 82) nach ($^1\!/_2$ St.) **Mezzo Lombardo** (264 m; *Corona*; *Rosa*), stattlicher Ort am r. Noceufer gelegen, reich an historischen Erinnerungen und landschaftlichen Denkwürdigkeiten, im ital. Geschmack erbaut. Rechts thaleinwärts das alte, noch immer stattliche Schloss *Wälsch-Metz*, früher den Herren v. Metz, seit dem 14. Jahrhundert den Grafen von Spaur gehörig. Am l. Noceufer nördl. $^1\!/_4$ St. *Mezzotedesco* oder *Deutsch-Metz* (Alla mezza corona), am Fusse hoher Felswände gelegen, auf deren einer in einer mächtigen Höhle sich die Trümmer der alten Bergveste *Kron-Metz* zeigen. Oberhalb Wälsch-Metz der Engpass *Rocchetta*, in welchem r. hoch oben eine Thurmruine *Torre di Visione*, angeblich röm. Ursprungs, sichtbar ist; seit 1859 ist der Pass durch ein Fort befestigt. Die Strasse tritt bei Rocchetta dicht an den Noce, verlässt ihn aber alsbald wieder und betritt nunmehr das Thal **Nonsberg**; es bleibt die Wahl zwischen den Wegen am r. Ufer nach *Cles* oder am l. Ufer nach *Fondo*. Der erstere führt an *Belasio*, dem Stammschlosse des Grafen *Khuen*, vorbei, nach (2$^1\!/_2$ St.) *Denno* (421 m), sehenswerthe Pfarrkirche, oberhalb des Ortes das zerstörte Felsenschloss *Enno* auf dem Hügel *Curona*. Es folgen *Flavon*, mit hübschen Ruinen, und *Terres*. Durch die tiefe *Tresenga-Schlucht* hinab und in steilen Windungen wieder hinan gelangt man nach (2 St.) *Tuenno* (r. bleibt *Tasullo* mit den Nebendörfern *Pavillo*, *Campo*, *Sanzenone* und *Rallo* (vom Volke „le quattro Ville" genannt), 4 St. von der Rocchetta, Hauptort des Nonsberg-Thales, Sitz eines Bezirksgerichtes, einstiger Standort eines berühmten Tempels Saturn's. Lohnende Aussicht vom *Col Pez* und von dem Hügel *Faë*, $^1\!/_2$ St. von Cles.

Meran lässt sich von hier in 12 St. erreichen: über *Castelfondo* (bis hierher Fahrstrasse), *Unsere liebe Frau im Walde* (deutscher Wallfahrtsort mit Whs.), den *Gampenpass* (1567 m), *Gfrill*, *Tisens* und *Lana*.

Wer das ganze Thal kennen lernen will, wandere am l. Ufer über *Vigo* (r. hoch oben das ansehnliche gräfl. *Thun*'sche Stammschloss) und *Coredo* nach **Fondo** (976 m; *Sicher's Gasthaus*; *Albergo ai tre gigli*), stattlicher Markt, der 1865 und 1866 fast gänzlich durch Feuer zerstört wurde, an der Novella gelegen, beliebter Sommeraufenthalt; dann über *Castelfondo* und das malerisch gelegene *Revò* nach *Cles*, von hier in das *Val di Sole* bis **Malé** (771 m; *Corona*), Hauptort des ebengenannten Thales, am Eingange des *Rabbithales*, 4 St. von Cles.

Im *Rabbithale*, 2$^1\!/_2$ St. von Malé, liegt das **Rabbibad** (1249 m), das berühmteste Tirols; zwei Gasthäuser, jenes von *Ruatti* Deutschen zu empfehlen, im Landhaus gute Unterkunft), mit eisenhaltigen Quellen in einsamer Gegend, mit Malé durch eine Fahrstrasse verbunden. Von Rabbibad leitet ein ziemlich bequemer Weg durch das *Ultenthal*, in welchem die Ultener Bäder, nach *Meran*; ein anderer, höchst beschwerlicher über das *Sällent-Joch* (3018 m) in das *Martell-thal* und nach *Schlanders*.

Weiterhin führt das Hauptthal nach *Pejo* (1357 m), Säuerling und Kurórt, 6 St. von Malé, von wo man über die *Dreiherrenspitze* nach *Bormio* am Stilfser Joch (s. R. 39) gelangen kann.

Bei *Fucine*, nächst Pejo, wendet sich die neue, nur bis zur italienischen Grenze vollendete Strasse südl. über den *Monte Tonale* (1874 m) über *Ponte di Legno* (1290 m; *Due Mori*) durch das *Camonica-Thal* nach Edolo (697 m; *Posta, Leone*), Städtchen am Oglio. Von hier bis *Brescia* Postwagen täglich, bis *Lovere* 7 St., von da weiter mit Dampfboot bis *Sarnico*, dann mit Eisenbahn nach Brescia. (*Lovere* am *Lago d'Iseo* (Lacus Sebinus), einer der wundervollsten Seen Oberitaliens, 24 km lang, 2 bis 5 km breit, in der Mitte fast 300 m tief.) — Die neue Strasse steigt an der Nordseite des *Cortenothales* hinan, über den *Passo d'Aprica* (1234 m) an die Stilfser Jochstrasse unweit Terano führend. Sie wurde zu militärischen Zwecken angelegt und war in den Jahren 1799, 1808 der Schauplatz blutiger Kämpfe zwischen Franzosen und Oesterreichern, 1848 und 1866 auch zwischen Italienern und Tirolern.

38. Von Trient oder Roveredo nach Riva. Gardasee.

Entweder mit Eisenbahn bis Mori oder Ravazzone jenseits Roveredo in 1 St., von dort mit Omnibus über Mori nach Riva (2 St.), oder zu Wagen über Vezzano durch das *Sarcathal* in 5 St., zu Fuss 9 St. — Von Trient nach Riva einmal täglich Stellwagen 9 U. Vorm. von Mori tägl. 3 mal.

I. Die Strasse von *Mori* nach *Riva*, 3½ St., berührt zwar eine treffliche Gegend, doch ist die neuere Strasse von Trient durch das malerische *Sarcathal*, mit seinen zum Theil grossartigen Gebirgslandschaften, vorzuziehen. Die Strasse führt über die Etsch nach *Mori* und *Loppio*, an dem gleichnamigen kl. See vorbei, dann durch eine schroffe Felsengegend zur Passhöhe (320 m) und hinab nach *Nago*, mit Ruinen des gleichnamigen Schlosses. Hat man das befestigte Thor unterhalb des Dorfes passirt, öffnet sich dem Auge eine überraschend herrliche Ansicht des Gardasees. Weiterhin wendet sie sich über das Fischerdorf *Torbóle* , am Nordufer des Gardasee, und über die *Sarca*, welche hier in den Gardasee mündet, nach Riva.

II. Die treffliche, 1846 vollendete Strasse von *Trient nach Riva* (9 St.) steigt, nachdem sie die Etsch überschritten, bergan, führt oben (½ St.) durch düsterromantische Schluchten (Buco di Vela) und gewährt nach ½ St. einen überraschenden Blick

in eine liebliche Landschaft, die sich mit jedem Schritte schöner
gestaltet. Man berührt *Cadine*, mit neuen Festungswerken, dann
Terlago mit kl. See (r. im Thal), vom *Monte Gazza* (1986 m)
überragt, (1¹/₂ St.) **Vezzano** *(Croce)*, stattliches Dorf, *Massenza*,
den *Toblino-See*, mit altem gräfl. Wolkenstein'schen Schlosse
Toblino, 1848 von Oesterreichern gegen italienische Freischaaren
vertheidigt; weiter (1 St.) **Le Sarche** (245 m Whs. schlecht).
Hier zweigt die Strasse nach Giudicarien ab. Die Strasse geht
auf das rechte Sarcaufer über, an wildromantischen Felsbildungen, durch Bergstürze entstanden, vorüber nach (¹/₂ St.)
Pietramurata; bei 1¹/₂ St. *Drò* wieder auf das l. Ufer zurück
und erreicht endlich das reizend gelegene Städtchen
        Arco (91 m; *Corona*, Hôtelier *Tappeiner*; *Olivo* am Kur-
platze; Pension ·*Kirchlechner*, auch *Café* Pension *Reinalter*,
Grusch u. a.; das seit Herbst 1878 eröffnete neue *Kurhaus*,
ein schöner Bau mit allem Comfort eingerichtet mit Pracht-
sälen, Wandelbahn, Bädern, 80 Zimmer. Pension von 2¹/₂—5 fl.
bei mindestens einwöchentlichem Aufenthalt Pensionspreise, sonst
Hôtelpreise), als Kurort für Lungenkranke sehr empfohlen und
in neuerer Zeit auch stark frequentirt. Seine Lage ist eine sehr
gesunde, da der eigentliche Kurort nicht das Städtchen mit
seinen licht- und luftarmen Gässchen, sondern an dieses sich
anlehnend eine kleine Villenstadt ist, so dass der Kranke,
um in seine Wohnung zu gelangen, nie genöthigt ist, das alte
Arco zu passiren. Für das Unterkommen der Kurgäste ist trefflich vorgesorgt, und noch immer erstehen alljährlich neue
Bauten. Ein wahrer Prachtbau ist das Palais des Herrn Erzherzogs *Albrecht*, der in demselben während der Saison (vom
1. Septbr. bis 1. Mai) kurzen Aufenthalt nimmt. — Jeder
Fremde, der länger als 8 Tage im Kurbezirk sich aufhält, hat
eine *Kurabgabe* zu entrichten und zwar beträgt diese pro Person und Monat 1 fl. 60 kr., Dezember und Januar 2 fl., für
Kinder unter 12 Jahren die Hälfte, für mitgebrachte Dienerschaft ein Viertel. In dieser Kurabgabe ist Lesezimmer und
Musiktaxe mit inbegriffen. — Die Kurmusik spielt 2—3 mal in
der Woche. — Deutsche Buch- und Kunsthandlung von *Emmert
& Kohn.*
        An Sehenswürdigkeiten besitzt Arco eine *Pfarrkirche*, an-
geblich ein Werk Palladio's und das auf steilem Fels liegende
alte *Schloss Arco* (von den Franzosen im spanischen Erbfolge-
krieg zerstört) mit schönem Garten und Treibhäusern.
        Durch das breite, ungemein üppige und traubenreiche Thal
nach (1¹/₄ St.) Riva.

Riva, zu deutsch Reif (53 m; *Sole d'Oro*, mit schönem Garten am See
gelegen; *Hôtel-Pension Kern* (früher Giardino); *Hôtel-Pension au Lac*; Hôtel
Baviera (früher Kern);. Giardino, Gallo. — Café *Andreis*; *Tschurtschenthaler*,

beide am Hafen und Landungsplatze der Dampfschiffe; — Biergarten von *Marchi;* öffentliche *Badeanstalt* am See. — Stellwagen nach Arco tägl. 12¹/₂ Uhr Nachm. 20 kr.). Geldwechsler: *Pernici & Comp.*

Riva ist ein Städtchen in überaus reizender Lage an der N.-W. Spitze des Gardasee's mit circa 5000 Einw., überragt von der steilansteigenden *Rocchetta* (1517 m). Von der Höhe schauen die runden Thurmruinen eines alten Schlosses, welches die Scaliger erbaut haben sollen, herab; am See steht das neuerdings befestigte Kastell *La Rocca.* Die *Minoriten- Wallfahrtskirche* von 1603 ist ein besonders schönes Gebäude mit trefflichen Holzschnitzarbeiten von G. Galieri, Wandgemälden, Zierrathen, Altarblättern von G. Reni, Palma Giovane; auch die *Pfarrkirche* hat hübsche Bilder und Fresken von Craffonara.

Spaziergang auf den Colonnaden am Hafen, Stationsort für die k. k. Dampfschifflottille; ferner nach dem (2 St.) schönen, circa 60 m h. *Wasserfalle,* den der *Ponal* bei der Mündung in den See bildet (Barke hin und zurück 2 fl. und Trinkg.), bester Standpunkt jenseits der alten Brücke, unterhalb des Falles. Derselbe liegt links von der neuen *Verbindungsstrasse durch das Ledrothal zwischen Riva und Giudicarien, einer grossartigen Felsenstrasse mit Galerien, in die man längs dem Ledrosee bis *Bezecca* (3¹/₂ St.) vordringen mag. Nordöstl. gewährt der *Monte Brione,* 361 m, zwischen Riva und Torbole (¹/₂ St.) eine gute Uebersicht des Sees. Den *Monte Baldo* besteigt man seiner grossen Aussicht wegen am besten von *Nago* in 4¹/₂ St., und zwar den nördl. Gipfel desselben Altissimo di Nago, 2070 m. — In's *Ledrothal* sehr zu empfehlen. Wagen nach Pieve und retour 5 fl: Post täglich 3 Uhr Nachm.

Der Gardasee, der röm. *Lacus Benacus,* etwa 55 km lang, 5—18 km breit, bis zu 362 m tief, zum kleinsten Theil zu Tirol, dann zu Venedig, das westl. Ufer zur Lombardei gehörend, ist der bedeutendste italienische und einer der interessantesten Hochgebirgseen. Seine Ufer prangen im reichsten Schmucke südl. Vegetation: Oliven wechseln mit Feigen, Mandeln, Limonen (Citronen) und Wein; sehr schmackhafte Fische (Forellen, Lachse, Karpfen, Aale), mit denen ein bedeutender Handel getrieben wird, beleben sein Wasser, das bei den nicht seltenen Stürmen noch jetzt flachen Fahrzeugen gefährlich ist.

Das *Dampfboot* verkehrt am westl. Ufer des Sees zwischen *Riva* und *Desenzano* täglich 1 mal. Stationen: *Limone, Tremosine, Tignale, Gargnano, Maderno, Salò* (4 fr. 85 cent. oder 2 fl. 40 kr.). — Am östl. Ufer zwischen *Riva* und *Peschiera,* tägl., mit Ausnahme Dienstags. Stationen: *Malcesine, Assenza, Castelletto, Torri, Garda, Bardolino, Lazise* (4¹/₂ fr.).

Am schönen *westlichen Ufer* (täglich Dampfboot zwischen Riva und Desenzano hin und zurück) der *Ponalfall,* leider verdeckt; *Limone,* mit berühmtem Citronenhain; *Tremosine,* hoch gelegen, mit Kalksteinbrüchen und Wasserfall; *Campione;* **Gar-**

gnano *(Cervo)*, einer der reizendsten Punkte, mit stattlichen Villen, geeigneter Punkt zur näheren Besichtigung der Citronengärten, deren Bäume im Winter mit Hilfe der hier sichtbaren, 6 m h. weissen Marmorpfeiler, oben mit Querbalken verbunden, überdacht werden und jährlich an 15 Millionen Citronen geringerer Art liefern. (Stellwagen nach Brescia.) Weiterhin die grossen Villen *Bogliaco* und *Bettoni*. Bei *Toscolano*, wo zahlreiche Papiermühlen, wird das Ufer flacher. Folgen: *Maderno*; **Salò** (*Hôtel Gambero*; Sirena), freundliches Städtchen mit 3500 Einw., in tiefer Bucht mitten in Orange- und Citronenwäldern gelegen; *Manerba* mit alter Basilica, **Desenzano** (*Meier's Hôtel, Posta vecchia*; *Due Colombe*), an der südwestl. Spitze, Stadt mit 4400 Einw. Die an der Südseite des Sees in denselben ca. 1 St. weit hineinragende schmale Landzunge *Sermione* besitzt noch Trümmer einer vom röm. Dichter Catull bewohnten Villa (Grotte di Catullo) und ein neueres Schloss.

Am *östlichen Ufer:* *Torböle*; *Malcesine* mit alter Veste Karl's d. Gr. und gutem Hafen, überragt vom *Isolettofels*; die Insel *Lecchi*, mit der sehr schönen Villa des Grafen Lecchi; *Brenzone*; *Casteletto*; *Torri* mit Marmorbrüchen: weiter am *Cap Vigilio* vorüber, wo die malerischen, an Feigenbäumen reichen Hügel den besten Ueberblick des Sees gewähren; dann **Garda,** von welchem der See seinen Namen hat, am Tessino, in der üppigsten Pflanzenwelt mit schönen Villen. *Bardolino*; *Lazise* nebst Hafen; **Peschiera,** Festung am Mincio, an der äussersten Südostspitze des Sees. Am Landeplatze eine Restauration (einfach, nicht billig, man accordire).

39. Von Trient nach Venedig. Das Suganathal.

92 km Poststellwagen von *Trient* nach *Borgo* tägl. 3 mal, in ca. 5 St. pro Person 1 fl. 20 kr.; von *Borgo* nach *Bassano*, tägl. 2 mal, in 7 St., pro Person 2 fl. 50 kr. Von hier bis *Padua* Eisenbahn (seit 1877 eröffnet). Von *Padua* nach *Venedig*. Die an Naturschönheiten reiche Strasse durch das von der Brenta durchströmte, üppige *Suganathal (Val Sugana)* der Eisenbahnstrasse vorzuziehen. Zu Fuss bis *Bassano* 1½ Tag; wer die ganze Tour nicht machen will, der sollte bis zum Galdonazzosee fahren (4 St.) und zu Fuss über Vigolo und Valsorda zur Eisenbahnstation Matarello zurückkehren.

Gleich hinter *Trient* über Hügel hinan nach dem höchst anmuthig gelegenen Civezzano. Dann durch die Schluchten der *Fersina* nach (2 St.) **Pergine,** deutsch *Fersen* (482 m; *Hôtel Voltolini*, neu; *Cavaletto bianco*; *Rosa*), überragt von einem alten, ehemals bischöflich trientinischen Schlosse mit schöner Aussicht; schöne gothische Pfarrkirche. Die Strasse überschreitet den zwischen den kl. Seen von *Levico* und *Caldonazzo* sich hinziehenden Bergrücken und steigt zu dem kleinen See von *Levico* nieder. Für Fussgänger der Weg von Pergine zwischen den beiden eben genannten Seen nach Levico sehr zu empfehlen. **Levico** (505 m; *Corona*), stattlicher Markt von etwas unreinem Ansehen, an der Mündung des *Val Sugana*. Der Ort besitzt ein grosses *Badhaus*, das sich guten Rufes erfreut, dessen Wasser aus den beiden vom Berge *La Fronte* hergeleiteten Quellen (Vitriolwässer) kommt.

(4¼ St.) **Borgo** *di Val Sugana* (395 m; *Croce bianca*; *Post*), ansehnlicher Markt und Hauptort des Thales, nächst welchem eine Steinbrücke über die Brenta führt, liegt sehr malerisch unterhalb der Schlösser *Telvana*, zum Theil noch bewohnt, und *San Pietro,* hoch über dem ersteren gelegen und bereits in Trümmern; sehenswerthe Gemälde in der Kirche. Von *Borgo* nach *Olle*, an der Mündung des *Val di Sella*, in welchem nach 2 St. ein Stabilimento di *Bagni*; in dessen Nähe eine grosse *Tropfsteinhöhle.* Am gräflich Wolkenstein-Trostburg'schen Schlosse *Ivano* vorüber gelangt man nach (³/₄ St.) *Ospedaletto* und (1½ St.) *Grigno.*

Nördlich von *Grigno*, in rauher, unfruchtbarer Gegend, wendet sich das 4 St. lange, vom Grigno durchströmte **Tesinothal** nach der *Cima d'Asta* (2844 m), von wo man in's Avisiothal gelangen kann.

Le Tezze ist der letzte Tiroler Ort mit österr. Zollamt, ¼ St. weiter das ital. Zollamt. Die Felsen rücken enge zusammen. Bei ³/₄ St. **Primolano** (222 m, *Post*, sehr bescheiden), auf ital. Gebiete, fanden 1866 zwischen Italienern und Oesterreichern heftige Kämpfe statt. Die Strasse betritt eine von gigantischen 1000—1200 m hohen Felswänden eingeengte, von der Brenta durchströmte Schlucht; jenseits Primolano's in einer Felsgrotte die Ruinen der Veste *Covelo*, deutsch *Kofel*, 1848 Kampfplatz zwischen Innsbrucker Studenten und ital. Freischärlern.

Es folgt das freundliche (2¼ St.) Dorf *Valstagna*, am r. Brentaufer. Von hier führt ein Fussweg in 3 St. nach **Asiago** (*Croce*, bescheidenen Ansprüchen entsprechend), dem Hauptorte der *Sette cummuni*, mit 5000 Einw., 2 Kirchen und ansehnlichen Bauten.

Das Gebiet der *Sette communi* breitet sich westl. aus; deren sieben deutsche Gemeinden (30,000 Einw.), rings von Italienern umgeben, haben ihre eigenthümliche Tracht, Sitten und alte Sprache ziemlich erhalten. Von *Enega*, einem Dörfchen zwischen *Primolano* und *Cismone*, führt ein Fusspfad dahin. Ein Besuch der *Grotte von Oliero* bei dem Dorfe Oliero, 20 Min. südl. von *Valstagna*, sehr interessant.

Bassano (143 m; *San Antonio, Mondo*), gut gebaute Handelsstadt in hübscher Lage, mit 15,000 Einw., hat 35 durch werth-

volle Kunstwerke ausgezeichnete Kirchen (namentlich im Dome);
die Gemälde rühren meist von dem hier geborenen Giacomo
da Ponte, genannt Bassano, her; das beste Bild im Oratorio
S. Giuseppe. Eine Arbeit von Canova (Sokrates' Tod) befindet
sich in der *Villa Rezzonico* ($^1/_2$ St.), wo eine köstliche Aussicht.
Des Tyrannen Ezzelino fester Thurm unweit des südwestlichen
Stadtthores (nun Wohnung des Arciprete d. h. Stadtpfarrers) gewährt eine schöne Aussicht. Das *Museum* auf der Piazza S. Fran-
cesco enthält eine werthvolle Gemälde-Galerie, eine Bibliothek
von 60,000 Bänden, sämmtliche Werke Canova's in Gipsabguss
u. a. Die gedeckte Holzbrücke über die Brenta wurde an Stelle
einer von den Franzosen 1796 gesprengten Brücke erbaut. Die
vor dieser bestandene wurde von Palladio hergestellt, fiel jedoch
1748 dem Hochwasser zum Opfer. Napoleon I. erhob Bassano
nach dem Siege über den österr. General Wurmser (8. Sept.
1796) zum Herzogthume; auch 1801, 1805 und 1813 fanden hier
Gefechte zwischen Franzosen und Oesterreichern statt.

Das schön gelegene **Possagno**, 4 St. nordöstl., ist Geburtsort und Grabstätte
des berühmten Bildhauers Canova, der die dortige Kirche im prachtvollen
Tempelstile erbaute und mit einem von ihm gemalten Altarbilde und Erzreliefs
(Grablegung) schmückte. In seinem Wohnhause (Palazzo) sind Abgüsse und
Modelle seiner Werke.

Hinter Bassano breitet sich die venetianische Ebene wie ein
grosser Garten aus. Südöstl. zweigt eine Strasse über *Castel-
franco*, Geburtsort des Malers Giorgione, nach Treviso ab. Unsere
Strasse behält die südl. Richtung über (2 St.) *Cittadella* nach
($3^1/_2$ St.) *Padua*, von wo Eisenbahn bis Venedig. (Näheres siehe
in Grieben's Italien.)

40. Von Landeck über Meran nach Bozen.

Täglich Eilwagen und Stellwagen von Landeck nach Mals
und von Mals nach Meran. Bis Mals ist auch Fusswanderung
lohnend.

Oberhalb Landeck (R. 26) verengt sich das Oberinnthal der-
gestalt, dass die Strasse durch Felsen gebrochen werden musste.
Sie führt am *Urgbach*-Wasserfalle (l. Ufer) vorbei und überschreitet zweimal den Inn, das erste Mal hinter *Fliess* in einer
Schlucht auf der *Pontlazbrücke*. Dieselbe war 1703 und 1809
der Schauplatz einer schweren Niederlage der Franzosen und
Bayern gegenüber den Tirolern, welche von den Höhen V·erderben
in die feindlichen Reihen schleuderten und durch Gewehrfeuer
und herabgewälzte Felsblöcke an 10,000 Mann fast gänzlich auf-
rieben. Dann folgt *Prutz* (861 m; Rose) in sumpfiger Ebene
am Eingange des *Kaunserthales*.

1 St. westl. liegt das Schwefelbad *Ladis* (1184 m) und ¹/₂ St höher *°Obladis* (gut eingerichtetes Bad mit berühmter Sauerbrunnenquelle, vorzugsweise von Nord- und Süddeutschen besucht, gute Gesellschaft und Küche, billige Rechnung); östl. das 8 St. l. **Kaunserthal**, mit dem grossartigen *Gepatschferner*, 11,300 m lang, zu welchem man über *Kauns* (1076 m), *Schloss Berneck*, den Wallfahrtsort *Kaltenbrunn* (1263 m; *Eckhardt*), und *Feuchten* (1269 m; Whs.; mit vielen Wasserfällen) bequem in 8 St. gelangt; sehr lohnende Partie.

(1 St.) **Ried** (869 m; *Post*; *Kreuz*), hübsches Dorf mit einem im 17. Jahrhundert gegen die aus der *Schweiz* vordringende Reformation gegr. Kapuzinerkloster; gegenüber Schloss *Sigmundsried*, Sitz des Bezirksgerichtes. Weiter über *(1¹/₂ St.) Tösens* (928 m; Wilder Mann) nach (1¹/₂ St.) **Pfunds** (970 m), aus zwei Dörfern, am l. Ufer *Stuben* (*Traube, Post*), am r. *Pfunds* bestehend. Hier mündet das *Radurschel-* oder *Pfundser Thal*. Im S.W. der *Piz Mondin* (3162 m), im S.O. der *Glockthurm* (3351 m) nebst anderen Gipfeln der Oetzthaler Ferner.

¹/₂ St. hinter Pfunds führt die alte Strasse unten am Flusse, die neue, kunstvoll angelegte Strasse auf der trefflichen *Cajetan-Brücke* über den Inn hinauf zum *°Hochfinstermünz* (1137 m) einige Häuser an der Strasse mit einem *Hôtel*. Es lohnt der Mühe, beide Strassen zu besuchen; sonst mag man die neuere vorziehen. Die Felsen rücken mit jedem Schritte näher zusammen, kühn windet sich die kunstvolle Strasse durch die Schlucht, in welcher der Inn brausend dahinstürzt. Sie steigt an alten Schiessscharten und Trümmern der Burg *Sigmundseck* höher hinauf am Whs. „Finstermünz" vorüber, stets an schroffen Abhängen entlang, und tritt 1¹/₂ Stunde von Pfunds in ein weiteres Thal, nachdem sie einen prächtigen Wasserfall und die engste Stelle mit den Festungswerken, fast 977 m ü. M., passirt. Die grossartige Natur rings herum macht diesen Engpass zu einem der schönsten der Welt. Unten liegt der alte Thurm der *Finstermünz* (*Sigmundseck*) nebst der vom Hochwasser im Jahre 1879 halbzerstörten Brücke.

Die Strasse verlässt nun den Inn und berührt das Dorf (1¹/₂ St.) **Nauders** (1362 m; *Post*; *Mondschein*). Auf einem Hügel thront die Veste *Naudersberg*, Sitz des k. k. Bezirksgerichtes. [Hier zweigt die Strasse westl. über *Martinsbruck* in's schweizerische *Engadin* ab.] Von Nauders an steigt die Strasse allmählich und überschreitet die *Reschen-Scheideck* (1493 m), ein Gebirgssattel und gleichzeitig Wasserscheide zwischen dem Schwarzen und dem Adriatischen Meere. Dorf *Reschen* (1490 m; Stern) am *Reschensee* gelegen; von letzterem prachtvolle Fernsicht auf die Schnee- und Eisfelder der Ortlergruppe s. u. In der Nähe entspringt die *Etsch* und durchfliesst sowohl den Reschen- als auch den *Mitter-* und *Haidersee*.

Auf dieser rauhen, ganz von der kalten Düsterkeit einer nordischen

Gletscherwelt umgebenen, von der riesenhaften Nachbarschaft des Ortler und Laaser Ferner überragten Wasserscheide tritt plötzlich eines der schönsten Gebirgspanoramen in Sicht, dessen Hintergrund die Schneefelder und Eishäupter der Ortlerkette bilden: links die *Suldener* und *Laaser Ferner*, vor diesen die *Tschengelser Hochwand* (3371 m), im Hintergrunde der *Zufall (Ceve dale)*, das *Ende der Welt*, die pyramidenförmige *Königsspitze (Monte Zebru)* (3854 m), rechts die 3905 m h. *Ortlerspitze*.

Es folgt das Oertchen *Graun* (1521 m; Traube) [seitwärts zieht sich das 5 St. l. freundliche *Langtaufererthal* mit der Langtaufererspitze (3548 m) und der Weisskugel (3741 m) bis an die Oetzthaler Ferner], dann nach (2 St.) St. Valentin *auf der Haide* (1431 m; *Post*), ehemals ein Hospiz, zwischen dem *Mitter-* und *Haidersee* gelegen. Unterhalb des Letztgenannten nimmt die *Malser Haide* ihren Anfang, 1499 der Schauplatz eines mörderischen Kampfes zwischen 8000 Schweizern und einer doppelt so starken kaiserlichen Armee, welcher siegreich für die Ersteren ausfiel. An der Strasse, welche die Haide durchschneidet, liegen: *Burgeis (Kreuz)*, kleines Dorf mit dem Schlosse *Fürstenburg*, einst den Bischöfen von Chur gehörig, jetzt Wohnsitz armer Familien; gegenüber die stattliche Benediktiner-Abtei *Marienberg*. Stets im Angesichte des Ortler nähert man sich mehr und mehr dem fruchtreichen, freundlichen *Vintschgau*. (2¹/₂ St.) **Mals** (1045 m; *Adler* oder *Post*; *Hirsch*; *Bär*; *Greif*), Marktflecken auf einer ehemaligen Römerstation, Hauptort des *Oberen Vintschgau*, mit Kapuzinerkloster; in der Pfarrkirche ein gutes Bild (der sterbende Josef) von Knoller. Seitwärts das befestigte Städtchen *Glurns*.

Ausserordentlich lohnender Ausflug von 2 Tagen in die Schweiz durch das *Münsterthal*. 1¹/₂ St. von Mals das hochgelegene Dorf *Taufers* mit 3 Kirchen, von hier Fahrstrasse, in ¹/₄ St. die Schweizer Grenze, ¹/₄ St. weiter das erste schw. Dorf *Münster* (Whs.); ³/₄ St. *St. Maria* (Kreuz). Nun hinan zum **Wormser Joch** und zwar zur *Cantoniera von St. Maria* (Whs. und italien. Zollamt), von wo man über die *Franzenshöhe* (Whs., Anblick des höchsten Ortler-Gipfels), *Trafoi* (Post, lohnender Besuch der heil. 3 Brunnen, ³/₄ St.) und *Prad* (Rössl) zur *Vintschgauer Strasse* zurückkehrt.

Ausser *Mals* auf der Höhe der uralte Thurm der *Fröhlichsburg*. Ueber *Tartsch* nach (1¹/₄ St.) *Schluderns* (918 m); hier mündet das interessante *Matscher Thal*. L. die restaurirte *Churburg*, Eigenthum des Grafen Trapp, mit sehenswerther und werthvoller Waffensammlung. Nur ab und zu der Besichtigung geöffnet.

Bei *Spondinig* (889 m; Hirsch) zweigt r. die Strasse zum Wormser Joch und zum Suldenthal ab. In ¹/₂ St. das Dörfchen *Prad* (Rössl), nach 1 St. bei *Gomagoi* Eingang in's grossartige Suldenthal mit (3 St.) dem Hauptorte **St. Gertraud** (Hôtel *Eller* und Gasthaus *zum Ortler* des Franz Angerer, auch beim Kuraten Unterkunft), 1845 m ü. d. M. auf grüner Matte in grossartiger Umgebung gelegen. Der *Cevedale*, die *Königs-* und *Suldenspitze*, der *Zebru* und *Ortler* (alle diese Gipfel ragen über 3000 m empor) sind grösstentheils schon vom Thalboden aus sichtbar. Hier ist der beste, sicherste, nächste und seit neuester Zeit fast allgemein angenommene **Ausgangspunkt** zur **Besteigung des Ortler**, des **höchsten** Gipfels der **deutschen Alpen**, 3905 m. Zwei Führer nöthig, Taxe nach Tarif, 7 St. — Aussicht: sämmtliche Centralalpen bis zum Grossglockner, Jamthaler Gletscher, Bernina, Tödi und in weiter Ferne die Finsterahorngruppe und Monte Rosa, Adamello, Presanella, Marmolada u. s. w.

(2 St.) **Eyrs** (899 m; *Post*), in dessen Nähe das kleine Schwefelbad *Schgums*, von den Bewohnern der Umgebung viel besucht. In der Nähe von *Laas* (869 m; 2 Whser.) mündet das kleine *Laaser Thal*; östl. die eisbedeckte *Laaser Spitze* (3299 m). Die Strasse geht über *Kortsch* (793 m) nach (1¹/₂ St.) **Schlanders** (721 m, *Kreuz*; *Post*), hat eine Kirche mit alten Grabmälern. Nächst dem Dorfe *Göflan*, am l. Etschufer. Brücke von weissem Marmor; weiterhin südl. das romantische *Martellthal*, am Eingang in dasselbe die Ruinen von *Ober-* und *Unter-Montan*. Vor und hinter **Latsch** (643 m; Hirsch) überschreitet die Strasse zweimal die Etsch und führt nach (1 St.) *Castelbell*. An *Staben* (550 m) und der Mündung des *Schnalserthales* vorüber nach (³/₄ St.) **Naturns** (511 m; *Post*) mit Burgruine und dem Schlosse *Dornsberg* am r. Ufer; von hier aus gelangt man über die grossartigen Oetzthaler Ferner in's Oetzthal (R. 43). weiter *Rabland*. Jenseits des Gebirgssattels der *Töll* öffnet sich tief unten das *Meraner Thal*; das eigentliche Tiroler Paradies. Die Strasse überschreitet die brausende *Etsch*. Am Fusse des *Marlinger Berges* r. d. *Forster Brauerei*, weiter l. die Ruine des Schlosses Forst, abermals über die Etsch, und in kaum ³/₄ St. nach **Meran** (Route 41).

Die Poststrasse nach Bozen (6 St., tägl. mehrere Stellwagen) berührt sehr fruchtbares, zum Theil sumpfiges Land, aber stets malerische Gegenden. Sie läuft an den Burgen *Fragsburg* und *Katzenstein* vorbei über *Burgstall* (mit Burgtrümmern) nach *Gargazon*, *Vilpian* (Post) und *Terlan* (243 m), in einer vorzüglichen Weingegend (dennoch der Wein hier schlecht), mit schiefem Pfarrthurm aus dem 14. Jahrh., darüber die malerischen Ruinen des Schlosses *Maultasch*, einst von dem Mannweibe Margarethe Maultasch bewohnt. Zwischen den edelsten Weinpflanzungen Tirols und durch üppige Maisfelder kommt man nach dem Dörfchen *Siebeneich*, berühmt durch seinen Weinbau und in der Geschichte durch den Ritter Hartmann von Siebeneich, welcher 1168 den Kaiser Friedrich Barbarossa zu Susa vor Meuchelmördern gerettet. Ueber den Weiler *Moritzing* und das grosse schöne Dorf *Gries* (s. S. 133), nach der im Kranze hoher Berge wundervoll gelegenen Stadt **Bozen** (R. 31).

41. Meran und Umgebung.

Gasthöfe I. Ranges: *Post* oder *Erzherzog Johann*; Hôtel *Graf von Meran*; *Hôtel *Hassfurter*; *Hôtel *Schwarz* (die beiden letztgenannten mit Pension); Hôtel *Starkenhof Erzherzog Rainer* (Obermais) in schöner Lage. — II. Ranges: Hôtel *Forsterbräu*; *Sonne*; *Kreuz*; *Raffl*; *Krone*; *Lamm* u. A. m.

Kurhaus, 1874 erbaut, an der Giselapromenade, mit hübschem Kursaal, Café und Lesesalon, Restauration (Table d'hôte um ½ 1 Uhr, das Couvert 1 fl. 40 kr.); Badeanstalt, pneumatischer Apparat etc. etc.

Kurtaxe: Jeder Fremde, der nicht in Geschäften länger als 8 Tage im Kurbezirke sich aufhält, hat ohne Unterschied eine Taxe von 1 fl.-per Woche, für längeren Aufenthalt im Herbst und Frühjahr je 4 fl., im Winter 6 fl. zu zahlen.

Kurmusik in den Kuranlagen Herbst und Frühjahr tägl. zweimal, im Winter tägl. einmal.

Kurvorstand. Zur Wahrung der Interessen der Fremden besteht eine eigene „Kurvorstehung" aus 11 Mitgliedern und einem Vorstande, welche auch auf persönliche oder schriftliche Anfrage über die Verhältnisse des Heilortes unentgeltlich Auskunft giebt.

Kaffeehäuser: *Café* im *Kurhaus*, Café *Meran*, am Pfarrplatz, Café *Paris* mit Garten, Café *Tirol*.

Restaurationen: *Kurhaus-Terasse*, *Kurhaus-Schwemme*, *Forsterbräu*, *Sonne*, *Sandhof*. (In allen einheimisches und fremdes Bier).

Pensionen in der Stadt: *Hassfurter*. *Schwarz*, *Sandhof*, *Neuhaus*, *Deutsches Haus*, *Holzeisen*, *Ladürner*; in **Obermais:** v. *Weinhardt*, *Warmegg*, *Aders*, *Ludwig Mazegger*, *Rolandin*, *Lichtenegg*, *Petersburg*, *Tschoner*, *Regina*; in **Untermais:** *Maja*, *Adelheid*.

Privatwohnungen: für einen längeren Aufenthalt kann man auch Privatwohnungen miethen. Als solche heben wir hervor: *Moser*, *Dr. Pircher*. *Dr. Gottlieb Putz*, *Dr. Kuhn*, *Passerhof*, *Germania*, *Nitsche*, *Villa Fanny*; dann in Ober- und *Untermais*: *Hermannshöhe*, *Dr. Mazegger*, *Freihof*, *Hedwigsburg*, *Streithof*, *Jägerhaus*, *Bellevue*, *Schillerhof*, *Edelweiss*, *Hoferhaus*, *Imansruhe*, *Reibmayr*, *Karlsruhe*, *Neu Meran* u. viele A. (Preise im Allgemeinen 10—45 fr. per Monat für das Zimmer, je nach Lage, Jahreszeit und Einrichtung.) Solche Wohnungen sind durchschnittlich vollständig, ja oft sogar sehr luxuriös eingerichtet mit sämmtlichen Möbeln, Tisch- und Silberzeug, Betten, Fortepianos u. dergl. und man braucht nur einzuziehen. Grössere Familien leben in solchen angenehmer und billiger, thun aber wohl, die Köchin von Haus aus mitzubringen, da hier daran oft grosser Mangel herrscht. Ein Verzeichniss leerer Wohnungen — der Kurort hat im Ganzen über 3000 Fremdenzimmer — liegt jederzeit in Pötzelberger's Buchhandlung, Pfarrplatz, auf.

Geldwechsler: *Biedermann* und Hermann *Blümel*.

Einspänner: pr. St. 1 fl., pr. Tag 7 fl.; Zweispänner; pr. St. 2 fl., pr. Tag 10—12 fl.

Reitpferde sammt Begleiter: pr. ¹/₂ Tag 2 fl., Trinkgeld 35 kr.; pr. Tag 4 fl., Trinkgeld 70 kr. (Nach der Entfernung verschiedene, festgesetzte Taxen.)

Eisenbahn: Die auf dem linkseitigen Ufer der regulirten *Etsch* angelegte schmalspurige Eisenbahn von Meran nach Bozen ist nun im Betrieb; täglich 4 Züge hin und zurück.

Post nach Bozen täglich 2 mal, nach Mals-Landeck 1 mal.

Stellwagen nach Bozen täglich 3—5 mal; nach Mals-Landeck 1 mal.

Meran (320 m), früher Hauptstadt von Tirol, nun ein freundliches, stilles, aber grössten Comfort bietendes Städtchen mit 4300 Einwohnern, am r. Ufer der *Passer* und am südl. Fusse des *Küchelberges* gelegen, wird seines gleichmässig milden Klimas wegen von Brustkranken sehr häufig als Winteraufenthalt gewählt; ist bekannt als klimatischer, Molken- und Trauben-Curort.

An **Sehenswürdigkeiten** bietet die Stadt: Die *Pfarrkirche* im goth. Stil (aus dem 14. Jahrh.) mit Gemälden von Knoller, Helfenrieder und Pussjäger und einem der höchsten Thürme Tirols (von dort schöne Rundsicht). — Die *landesfürstliche* *Burg, Laubengasse, höchst interessanter, mittelalterlicher Profanbau; während der letzten Jahre mit grossem Verständniss und Pietät restaurirt; Inneres und Einrichtung besonders sehenswerth. (Trinkgeld 30 kr.). — Die *Spitalkirche*, schöne gothische Hallenkirche mit sehenswerthem Eingangsthor und altdeutschen Schnitzwerken. Die *Schillerbüste* von Prof. *Zumbusch* im Garten des von Oscar von Redwitz bewohnten *Schillerhofes* in Obermais.

Frühlings- (Molken-) Saison ist vom 1. April bis Ende Juni, man kann auch schon Anfang März Molken haben. Im Juli und August bleiben nur solche Gäste zurück, welche den Sommer in der nächsten kühleren Umgebung zubringen wollen, z. B. im Bade *Verdins* (820 m, Whs.), Schloss *Lebenberg*, *Josephsberg*, Pension 2¹/₂—3 fl., Bad *Ergart*, *Partschins.* — *Trauben- (Herbst-) Saison*, die Glanzperiode des Meraner Klimas, vom 1. September bis Ende Oktober, ebenso zahlreich von Touristen als Kurgästen (7000—8000) besucht. — *Wintersaison* vom 1. November bis Ende März, ausgezeichnet durch eine grosse Anzahl heiterer, wolkenloser, aber mitunter in den Morgen- und Abendstunden auch kalter Tage.

Unter den ebenso zahlreichen als schönen und grossartigen Ausflügen steht der nach dem Schloss **Tirol** (653 m) obenan. Bei der Kirche r. den *Küchelberg* hinauf, ¹/₄ St. lang gepflasterter Weg. (³/₄ St.) Dorf Tirol (Whs.), durch den verdeckten Gang „Knappenloch" zum (¹/₄ St.) Schlosse, der Stammburg des Landes, bis 1363 Sitz der alten Grafen von Tirol, deren ältester Theil in Trümmern liegt, während ein anderer mit einigen Zimmern neu hergestellt ist. Jetzt ist das Schloss Eigenthum des Staates.

Das Portal der Kapelle ist mit symbolischen Figuren aus dem 11. Jahrhundert (Triumph des Christenthums über das Heidenthum) geschmückt. Unvergleichlich schön ist die Aussicht (aus den Fenstern des Kaisersaales) namentlich bei Sonnenuntergang. Castellan Trinkgeld nach Belieben. — Rückweg entgegengesetzt über das alte Dörfchen *St. Peter*, den steilen Stationsweg hinab nach *Gratsch* und durch Wiesen, oder besser auf der Hochebene weiter am romantischen Schlosse *Durnstein* vorbei (1¹/₂ St. von Meran) zur Pfarrkirche von *Algund* hinab. Ein anderer bequemer Weg führt über die *Zenoburg*, l. um den Küchelberg und auf dessen Höhe nach Dorf *Tirol* (625 m; Whs. zum Rimmele mit lohnender Aussicht von der Terrasse).

Von den umliegenden Schlössern ist *Lebenberg (569 m; Whs.) am r. Ufer der Etsch, 1¹/₂ St. s. von Meran, eines der grössten und schönsten, einst im Besitze des Grafen v. Fuchs, jetzt eines Privaten Herrn Jos. Waibl. Es ist noch gut erhalten, mit komischen Wandgemälden von Lentner und Ernst v. Lasaulx geschmückt, und bietet die reizendste Aussicht auf das Unter-Etschthal, sowie auf die Mendelspitze und die Dolomitberge von Bozen. Der Weg führt jenseits der Passer eine kleine Steintreppe hinab, über Wiesen zur Etsch (¹/₄ St.), dann am r. Ufer entlang zur Höhe, zuletzt steil. Rückweg über *Marling* (1 St.), mit herrlichem Blicke vom Kirchhofe; dann stets auf der Höhe r. der Etsch und zum Schlosse *Forst* (Bräuhaus), ³/₄ St. Von hier auf der Landstrasse am linken Ufer und über Wiesen ³/₄ St. nach Meran zurück.

Von Lebenberg lohnender Ausflug in's *Ultner Thal* über (³/₄ St.) *Tscherms* und (2¹/₄ St.) *St. Pankraz* [l. seitwärts bleibt *Lana*] zum (1 St.) *Mitterbad*. Weiter kann man über 4 St. *Gertrud* und das *Drei Kirchberger-Joch* (2478 m) nach dem *Rabbibad* (s. S. 141) hinabsteigen: von Meran 13 St.

Zur **Fragsburg** (730 m) führt der Weg über die Passer nach Schloss *Rametz* (herrlicher Blick in's Thal), hinab zur kleinen sehenswerthen Wallfahrtskirche *St. Valentin* (¹/₂ St.) und nach *Trautmannsdorf*, mit Park und Schloss; weiter 1. hinauf nach Schloss *Katzenstein* (¹/₂ St.), an mehreren Berghöhen vorbei an's Ziel (¹/₄ St.). Die Burg gewährt eine prächtige Uebersicht der wundervollen Landschaft. Der Besuch der Fragsburg und des Parkes ist jedoch in neuerer Zeit von dem Besitzer in engherzigster Weise untersagt; Begünstigte erhalten auf vorherige Anfrage zuweilen Erlaubnisskarten. Rückweg: am besten bei Katzenstein an den Trümmern eines durch Felssturz zerschmetterten Hauses, rechts ab, und auf wenig betretenem Pfade in den Thalkessel des *Sinich-Grundes*, wo ein grossartiger Wasserfall.

Aus dem Kranze alter Burgen, die Meran umgeben, möge noch **Schönna**, 580 m, genannt werden, am Eingang in's Thal

Passeyr, im 12. Jahrh. erbaut, jetzt Eigenthum des Grafen von Meran, Sohn des Erzherzogs Johann († 1859), 1¼ St. von der Stadt. Im Gesellschaftszimmer sehenswerth die schönen Hochreliefs (der Reichsverweser mit seinem Sohn). Auf einem Vorsprung des Berges, dem malerischsten Punkte des ganzen Etschwinkels, die prachtvolle goth. Grabkapelle des Erzherzogs Johann, dessen Ueberreste 1869 von Graz hierher gebracht wurden, mit Gruft und Glasgemälden. Gasthaus *Prunner*. — 1 St. weiter das Bad *Verdins*,· ½ St in die sehenswerthe *Masulschlucht*.

Für Solche, welche länger in Meran verweilen, ist zu empfehlen: „Meran, Führer für Kurgäste und Touristen von Hugo Knoblauch mit Karte der Stadt und Umgegend. Meran bei Pötzelberger. 1881.

42. Das Thal Passeyr.

Das von der reissenden Passer durchströmte Passeyr-Thal, namentlich wegen der Erinnerungen an den Sandwirth *Andreas Hofer* (geb. 22. Novbr. 1767, gefangen 27. Jänner 1810, erschossen zu Mantua 20. Febr 1810, den „Blutzeugen von Tirol") besucht, bietet im Allgemeinen wenig; denn das untere Thal ist arm an Naturschönheiten. Wer jedoch über das Timbler Joch bis in das gewaltige Oetzthal, oder doch wenigstens bis Moos wandert, wird reichlich belohnt. Auch die Wanderung über den Jaufen nach Sterzing bietet herrliche Landschaftsbilder. Gepäckträger von Meran bis St. Leonhard 1½ fl.; von da bis Sterzing 3 fl.

Von Meran entweder über *Zenoburg* und *Riffian*, Wallfahrtsort, oder auf dem interessanteren Wege längs der Passer über *Schönna* nach (2½ St.) *Saltaus* (475 m; Whs. im ehemaligen Schildhof); gegenüber die Dörfer *Prenn* und· *Schweinsteg* (herrliches Trinkwasser); folgt (2 St.) *St. Martin* (569 m; Unterwirth), oberhalb des Ortes Schloss *Steinhaus*, diesem gegenüber der *Pfandlerhof*, in welchem sich Andreas Hofer 1809 verborgen hielt, ¾ St. höher die *Hoferhütte*, in welcher er am 27. Jänner 1810 um 4 Uhr Morgens gefangen wurde. Dann folgt das (½ St.) Wirthshaus *am Sand*, Geburtsstätte Hofer's, wo noch verschiedene Reliquien des Freiheitshelden und ein interessantes Fremdenbuch aufbewahrt werden. (½ St.) **St. Leonhard**, oder schlechtweg *Passeyr* genannt (679 m; *Brühwirth*; *Strobl* und *Theiss*), Hauptort des Thales, der Friedhof wurde 1809 nach hartnäckiger Gegenwehr seitens der Franzosen von den Tirolern erstürmt. Auf einem grünen Hügel die Ruinen der *Jaufenburg*, mit weiter *Aussicht.

Rechts ö. gelangt man durch das *Waltenthal* über *Walten* (Whs.) bis an den (2 St.) *Jaufen*, weiter auf beschwerlichem Saumpfade in 2 St. über den 2094 m h. *Jaufenpass* (zwei sehr einfache Wirthshäuser) nach (3 St.) *Sterzing* an der Brenner-

11*

strasse, Führer willkommen, obgleich entbehrlich. Wiederholt prächtige Fernsicht auf die Oetzthaler Ferner. Links westl. von St. Leonhard geht's durch den wildesten und engsten Theil des Passeyr über (1¹/₂ St.) *Platt* und (¹/₂ St.) *Moos* (1018 m), wo gegenüber der mächtige *Wasserfall* des Pfeldererbaches, dann r. steil bergan (oben ein Whs.) und wieder hinab zum (1¹/₄ St.) *Seehaus* (¹/₂ St.) *Rabenstein*, 1370 m, (³/₄ St.) *Schönau.* Von dort ist bei ungünstigem Wetter ein Führer nöthig für das an 2480 m hohe *Timbler Joch*, 2¹/₂ Stunde. Weiter gelangt man über den (1 St.) *Timblerbach*, am (1 St.) *Gurgler Thal* vorüber, gerade fort in's Oetzthal (s. u.), in welches man l. steil über (³/₄ St.) *Zwieselstein* nach (1¹/₄ St.) *Sölden* hinabsteigt. Bis *Lengenfeld* noch 4, von dort bis *Haimingen* im Innthale 8 St.

Von Meran aus durch das Schnalserthal über das **Niederjoch** in's Oetzthal einzudringen, ist so beschwerlich, dass selbst rüstige Bergsteiger den Weg vermeiden mögen, dagegen ist die Wanderung über das **Hochjoch** zu empfehlen.

43. Das Oetzthal und seine Gletscher.

Das vom Innthale bei Haimingen (Route 26) südlich abzweigende, 15 St. lange *Oetzthal*, das längste Seitenthal des Inn, reich bewässert und ausgezeichnet durch seine landschaftlichen Reize, bietet Gelegenheit zu einer der grossartigsten Gebirgswanderungen und verdient in Folge der überwältigend schönen und imposanten Gletscherwelt an seinem oberen Ende den Besuch jedes Tirol besuchenden Touristen. Das Thal wird häufig durch Muhren (Schlammströme) und Lawinen (Winter und Frühjahr) verheert. Die Wege im inneren Oetzthale, wie überhaupt auch der Thalweg sind häufigen Beschädigungen ausgesetzt, welche oft nur oberflächlich sanirt werden. Rathsam ist es daher, sich vorher über deren Zustand zu erkundigen. Wo es an Wirthshäusern mangelt, bieten meist die Pfarrhöfe gute Verpflegung und Unterkunft. Für das Hauptthal bis Vent (Fend) oder Gurgl ist ein Führer nicht von Nöthen, bei Uebergängen dagegen unentbehrlich. — Fussgängern ist als der lohnendste und gleichzeitig nächste Weg von Innsbruck aus in das innere Oetzthal jener durch das *Stubaithal*, und über das *Bildstöckljoch* zu empfehlen, weniger jener Uebergang durch das *Selrain* über das *Gleirscher Jöchl* nach Umhausen.

Rüstige Bergsteiger werden von Zwieselstein aus den Weg über Fend oder Gurgl und die Oetzthaler Ferner wählen. — Von Fend aus führt über das Hochjoch ein neuer, auf Veranlassung des früheren, um das Oetzthal hochverdienten Fender Curaten *Frz. Senn* (jetzt in Nauders) angelegter Saumpfad in das Schnalser Thal und nach Meran. Es ist hier fast täglich Gelegenheit geboten, diese sehr lohnende gefahrlose Partie auf Maulthieren zurückzulegen. Die viel weniger lohnende Tour ist jene über das Timbler Joch in's Passeyr.

Gute ländliche Wirthshäuser sind fast auf allen Stationen; in *Fend* gewährt die Wirthschaft des Curaten *Daniel Kuprian* gutes Unterkommen.

Von Haimingen oder Silz im Innthale bis Längenfeld 6 St., weiter bis Fend 8 St., über das Niederjoch nach Unser-Frau im Schnalser Thale 7 St. (über das Hochjoch 8 St.), von hier nach Naturns im Etschthale 5½ St. — Einsp. von Imst bis Umhausen in 4 St. für 8, Zweisp. 10 fl.

Bei *Haimingen*, unweit *Silz*, führt ein Fahrweg bei einer Kapelle, von der Landstrasse abzweigend (*Sautens*, das erste Dorf des hier sehr üppigen Thales bleibt r. liegen) durch herrlichen Wald über *Brunau* und den *Stuibenbach*, der hier einen schönen Fall bildet, nach (3 St.) **Oetz** (820 m; **Cassianwirth*), stattliches Dorf am Fusse des *Achenkogls* (3005 m) gelegen. Weiter am *Gsteig* mühsam aufwärts, schöner Blick in den Thalkessel, an *Tumpen*, inmitten einer grossartigen, von Cascaden belebten Scenerie und an der riesigen, nahezu senkrechten *Engelswand* vorüber nach (2 St.) **Umhausen** (1036 m; **Krone* [Marberger]), an der Mündung des *Horlach-* oder *Hairlachthales* gelegen.

Seitwärts ¾ St. stürzt der **Grosse Stuibenfall* des Hairlachbaches in zwei Absätzen an 150 m hoch herab: Der malerischste Staubbachfall Tirols, welcher wegen der verschiedenen Standpunkte am besten mit einem Führer besucht wird.

Weiter die Ache mehrmals überschreitend, durch düstere Felspartien in der wilden Thalenge *Maurach*; dann öffnet sich endlich das Thal in eine breite, grüne Matte. Ueberaus malerisch liegt (2¼ St.) **Längenfeld** (1164 m; *Oberwirth*; **Unterwirth*; *Jos. Gstrein* und *Chr. Steinmüller* Führer), mit grosser alter Pfarrkirche, an der Mündung des *Sulzthales*.. [In dasselbe lohnender Ausflug.] Die Fahrstrasse führt ansteigend, an einem kl. Schwefelbade vorbei, über (½ St.) *Huben* (Erfrischungen beim Herrn Kuraten) an den Weilern *Platten, Bruggen*, (1 St.) *Brand* vorüber, dann mehrmals die Ache überschreitend, zum Weiler *Kaiser* und hinab nach (1 St.) **Sölden** (1401 m; *Grüner's Gasthaus zum „Alpenverein"*; **Oberwirth Fiegl*; **Unterwirth Gstrein*), Gesammtname für diesen Theil des Thales; südl. im Hintergrunde der *Nöderkogl* (3159 m); Führer: *Pius Fiegl*.

Ueber das *Bildstöckljoch* in 10 St. sehr beschwerlich nach *Ranalt* im Stubaithale (s. Route 30).

Die Landschaft gestaltet sich wilder und grossartiger. Der Weg führt auf das r. Ufer, dann einer Bergwand entlang ansteigend durch die imposant schöne *Kühtreien-Schlucht*, in der Tiefe braust die Ache, nach (1 St.) **Zwieselstein** (1456 m; *Prantl*). wo sich das Thal „zwieselt" (verzweigt), links das *Gurgler Thal*, rechts das *Fender (Venter) Thal*.

Führer weder nach Gurgl, noch nach Vent oder Fend unbedingt nöthig, aber angenehm; über das Timbler Joch nach

Passeyr aber bis Schönau für alle Fälle zu empfehlén (bis
St. Leonhard 10 St. s. Route 42).

a) Das Gurgler Thal.

Bis Ober-Gurgl 3¹/₂ St., ziemlich guter Fussweg.
Von Zwieselstein führt der Weg auf das l. Ufer der *Gurgler
Ache* und einen waldigen Vorberg des *Nöderkogls* steil hinauf.
Hat man die Höhe erstiegen, so geht es mit stets schönem Vor-
blick auf den gletscherumsäumten Hintergrund des Thales ziem-
lich eben, bald am r., bald am l. Ufer der Ache zum Weiler
Pill (oder Unter-Gurgl). Von hier an Einzelhöfen vorbei in
2 St. nach

Ober-Gurgl, 1910 m, höchst gelegenes Dorf Tirols mitten
zwischen Alpenwiesen, mächtigen Bergen, Wasserfällen und
Gletschern (Unterkunft beim Herrn Kuraten, freundliche und
billige Aufnahme, vom Pfarrhause prächtige Aussicht auf den
Gurgler Gletscher, besonders Morgens und bei Mondenschein).

Auf dem Friedhof ruht Dr. Bürstenbinder aus Berlin, der 1845 auf dem
Gurgler Gletscher verunglückte, weil er sich gegen den Rath der Führer nicht
hatte an's Seil binden lassen; sein Grabstein 1867 erneuert.

Das Pfarrhaus in Ober-Gurgl ist Standquartier für Gletscherwanderer.
Führer: Blasius Grüner, Alois und Peter Gstrein, Nikolaus und Tobias Santer,
Method, Alois, Martin und Rupert Scheiber; behördlich festgesetzte Führertaxe.

Touren von Gurgl:

1) In's **Gaisbergthal** und zum Gletscher gl. N., 1¹/₂ St. mit
Führer, einer der leichtesten und grossartigsten Spaziergänge.

2) Zum **Gurgler Eissee**, 2383 m, und zum Gurgler Gletscher,
der gewöhnlichste Ausflug der Reisenden (2¹/₂ St. mit Führer
2 fl. 20 kr.). Man kann letzteren in seinem unteren, sehr platten
Ende ganz gefahrlos betreten. Der *Eissee* (Gurgler Lacke, ¹/₂ St.
lang, ¹/₄ St. breit), in welchem in den herrlichsten Farbentönen
schimmernde mächtige Eisblöcke (ein ächtes Bild der Polar-
gegenden) herumschwimmen, fliesst jährlich im Juni oder Anfangs Juli ab und vor dieser Zeit ist er am schönsten. — Bester
Ueberblick über See und Gletscher, 1¹/₂ St. weiter aufwärts bis
zum „Steinernen Tisch" (2914 m).

3) Ueber das ***Ramoljoch** (3182 m) nach **Vent** oder **Fend**
in 7—8 St.; seit der Anlegung eines Fusssteiges nicht mehr so
beschwerlich; Führer (4 fl. 40 kr.) nöthig. Vom Joche prachtvolle Aussicht.

4) Ueber den Gurgler Gletscher in's **Pfossen-** und **Schnal-
ser-Thal**, eine selten (unter Andern vom Prinzen Adalbert von
Preussen vor etwa 20 Jahren) unternommene und anstrengende,

aber unendlich grossartige Tour, zu der 2 Führer (à 6 fl.) durchaus nöthig sind. Bis zum *Eishof* im Pfossenthal (mit dürftiger Unterkunft) sind 8 St., von denen man 5 über Eis wandern muss. Von hier über *Karthaus* in's Etschthal 5 St.

5) Auf den *Schalfkogl (3535 m). Für rüstige Bergsteiger mit Führer (7 fl. 50 kr.) in 10 St. Sehr lohnenswerth.

b) Das Venter- (Fender-) Thal und das Hochjoch.

Vor Zwieselstein führt ein Saumweg über die steile Höhe von *Heiligenkreuz* (1640 m, Unterkunft beim Herrn Kuraten) in 4 St. nach dem kleinen Alpendorfe Vent (**Fend**), 1892 m (Unterkunft beim Herrn Kuraten), Standquartier für Gletscherwanderer. Führer: Joh. *Falkner*, Quir. *Fiegl*, Jos. *Gstrein*, Tob. *Kuprian*, G. *Praxmarer*, N. *Santer*, Jos. *Scheiber*. Bestimmte Taxe.

Von Vent aus ist der Uebergang in's *Etschthal* am leichtesten und gefahrlosesten *auch für Damen* zu unternehmen, da über das Hochjoch (2943 m) der von dem um die Touristik hochverdienten Curaten *Franz Senn* angelegte gute Saumweg dahin führt, und in der Regel täglich eine Reitgelegenheit auf Maulthieren (à 5—7 fl.) hier zu finden ist. Führer bis *Kurzras* unbedingt nöthig.

Man geht zu den *Rofener Höfen* ($^1/_8$ St.), dann den Saumweg entlang zur *Zwergwand*, passirt eine Muräne des berüchtigten *Vernagtgletschers* und gelangt zum (2 St.) *Kreuzbödele*, woselbst gegenwärtig das an Stelle des alten von *Jos. Grüner* aus Sölden neu und gegen Lawinen geschützt erbaute Hochjoch-Hospitz (2429 m) mit 20 guten Betten, guter Küche und ebenso Getränken steht.

Von hier führt ein vom Hospizbesitzer Grüner mit vieler Mühe und Kosten angelegter Pfad zur *Kreuzpitze* oder *Similaun*, 3454 m, im Verhältnisse zur geringen Mühe die lohnendste Bergbesteigung im Oetzthal, 2$^1/_2$ St. mit Führer (3 fl.). Uebersicht des ganzen Oetzthaler Gletscherstockes nebst Fernsicht auf die Tauernkette bis zum Glockner, Südtiroler Dolomiten, Adamello, Ortler, Bernica, Piz Linard u. a.

Nun bald über den gut gangbaren Gletscher fast 2 St. über Eis hinauf zur Jochhöhe (2943 m), wo von allen Seiten die herrlichsten Gletscher in den interessantesten Gestalten niederdräuen und das Auge, soweit es blickt, nur Schnee und Eis gewahr wird.

Jenseits des Gletschers setzt sich der Saumweg fort und führt in's *Schnalser Thal* hinab nach *Kurzras* (2011 m; einfaches Whs.), 1$^1/_4$ St. vom Ende des Gletschers entfernt. Weiter geht es über *Obervernagt* nach *Unserer lieben Frau* (2 St. Oberwirth; *Mitterwirth*; Unterwirth), weiter *Karthaus* 1 St. (Whs.), ehemaliges Karthäuserkloster, *Ratteis* (1 St.), Schloss *Juval* (1 St.) nach *Naturns* (1 St.) im Etschthale (Route 40).

Ausflüge von *Vent* aus: Auf den **Vorderen Ramolkogel** (3545 m) in 5 St. Führer 5 fl. Vom Gipfel prächtige Aussicht; — auf die **Kreuzspitze** (3454 m), sehr lohnend und wenig beschwerlich; Führer 4 fl. — Aussicht jener vom Ramolkogel gleich; — auf die **Wildspitze** (3776 m) in 6½ St. nur mit 2 Führern (à 8 fl.) für ganz tüchtige und schwindelfreie Bergsteiger zu unternehmen; — auf die ***Weisskugel** (3741 m) vom *Hochjoch-Hospiz* aus in 7—8 St., zwei Führer à 10 fl.; beschwerlicher Weg.

Uebergänge: Von *Vent* über das *Ramoljoch* nach *Gurgl* in 7 St., nicht schwierig, sehr lohnend. — Ueber das *Taufkarjoch* nach *Mittelberg* im *Pitzthal,* ziemlich beschwerlich, aber ohne jede Gefahr in 8—9 St., zwei Führer à 7 fl.